REALSCHULABSCHLUSS

Original-Prüfungsaufgaben mit Lösungen

Mathematik

Sachsen-Anhalt

2007–2013

STARK

21. neu bearbeitete Auflage
www.stark-verlag.de

Inhalt

Abschlussprüfungsaufgaben

Autoren:

Übungsaufgaben: Olaf Klärner, Walter Naumann, Günther Wirth, Werner Wirth, Wolfgang Zettl
Abschlussprüfungsaufgaben:
Beate Lorenz, Walter Naumann (bis 2010)
Wolfgang Zettl (ab 2011)

Vorwort

Liebe Schülerinnen, liebe Schüler,

das vorliegende Buch hilft Ihnen bei der **langfristigen und zielgerichteten Vorbereitung** auf die schriftliche Abschlussprüfung im Fach Mathematik an Sekundarschulen im Land Sachsen-Anhalt und vermittelt Ihnen einen Eindruck über das Anforderungsniveau der Abschlussprüfung.
Das Buch enthält die Aufgaben der schriftlichen Abschlussprüfungen der Jahrgänge 2007 bis 2013. Die Aufgaben wurden zentral vom Kultusministerium erstellt.
Ab 2012 setzt sich die schriftliche Abschlussprüfung aus **Pflichtteil 1** (Arbeitszeit 20 Minuten), **Pflichtteil 2** und **Wahlpflichtteil** (Einlesezeit 20 Minuten und Arbeitszeit 160 Minuten) zusammen. Die Schüler müssen alle Pflichtaufgaben und eine Wahlpflichtaufgabe bearbeiten, wobei sich der Schüler selbst für eine von drei Wahlpflichtaufgaben entscheidet und diese auf dem Aufgabenblatt ankreuzt.
Zeichengeräte sowie ein Rechtschreibwörterbuch sind als Hilfsmittel zugelassen.
Für Pflichtteil 1 – den **hilfsmittelfreien Teil** – sind weder Taschenrechner noch Formelsammlung erlaubt.
Für den Pflichtteil 2 sowie für den Wahlpflichtteil sind Formelsammlung und Taschenrechner (nicht programmierbar, nicht grafikfähig, ohne Formelspeicher) zugelassen.
Neben den Abschlussprüfungsaufgaben enthält die Aufgabensammlung vielfältige **Übungsaufgaben** zu ausgewählten Stoffgebieten. Im Stil der **Aufgabenstruktur ab 2012** wurden fünf hilfsmittelfreie Teile und drei **komplette Muster-Abschlussprüfungen** erstellt.

Zur Überprüfung der Ergebnisse und als Hilfestellung bei der Bearbeitung wird zu jeder Aufgabe ein **Lösungsweg** vorgestellt. Betrachten Sie den aufgezeigten Lösungsvorschlag als Anregung, als *einen* möglichen Weg.
In den Lösungen finden Sie grau markierte **Hinweise und Tipps**, die Ihnen helfen sollen, den Weg zur Lösung einer Aufgabe zu finden, auch wenn Sie am Anfang gar nicht wissen, wo Sie ansetzen sollen. Wenn der Lösungsweg klar ist, wäre es wichtig, dass Sie die Aufgabe auch wirklich **selbstständig lösen** – hierbei wollen wir Ihnen helfen, denn nur durch selbstständiges Arbeiten bereiten Sie sich gut auf die Prüfung vor.

Beim Arbeiten mit der Aufgabensammlung ist zu beachten, dass
- die Abbildungen aus Platzgründen z. T. maßstäblich verkleinert sind,
- die sinnvolle Genauigkeit von Ergebnissen aus dem praktischen Sachverhalt der Aufgabe abzuleiten ist,
- Konstruktionsbeschreibungen vereinfacht angegeben sind.

Der Stark Verlag und die Autoren wünschen Ihnen für die Prüfung viel Erfolg!

Sollten nach Erscheinen dieses Bandes noch wichtige Änderungen in der Abschlussprüfung 2016 vom Kultusministerium Sachsen-Anhalt bekannt gegeben werden, finden Sie aktuelle Informationen dazu im Internet unter: www.stark-verlag.de/pruefung-aktuell

Wolfgang Zettl

Thematische Übungsaufgaben
Terme und Gleichungen

1. Vereinfachen Sie folgende Terme so weit wie möglich.

a) $\dfrac{a \cdot \frac{a}{2}}{2}$

b) $\dfrac{1}{2}ab \cdot \sin 90° - \dfrac{\frac{a}{2} \cdot b}{2}$

c) $\dfrac{\pi}{4}(3a)^2 \cdot 2a$

d) $\dfrac{3x(7-x) - 5(-3x^2 + 2x) - 11x}{2x} \qquad (x \neq 0)$

e) $\dfrac{2a \cdot 3b^5 \cdot 7a^4 \cdot \left(-\frac{1}{6}b^2\right)}{5a^2b} \qquad (a, b \neq 0)$

2. Stellen Sie die Gleichung nach der angegebenen Variablen um.

a) $V = \dfrac{\pi}{3}r^2h$ — nach h umstellen

b) $V = \dfrac{4\pi r^3}{3}$ — nach r umstellen

c) $c^2 = a^2 + b^2 - 2ab \cdot \cos\gamma$ — nach $\cos\gamma$ umstellen

d) $\dfrac{4\pi r^3}{3} = \pi r^2 h$ — nach h umstellen

e) $\dfrac{G}{100} = \dfrac{P}{p}$ — nach p umstellen

3. Prüfen Sie mit dem Satz des Pythagoras, ob das abgebildete Dreieck rechtwinklig ist.

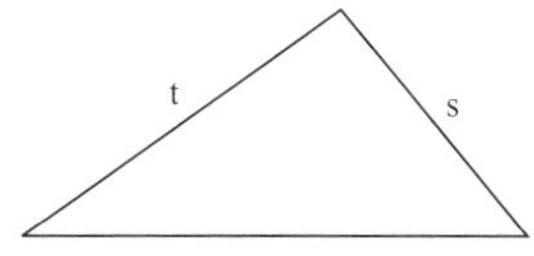

$s = \dfrac{3}{5}u$

$t = \dfrac{4}{5}u$

(Skizze nicht maßstäblich)

4. Zeigen Sie allgemein, dass die Oberfläche des abgebildeten Zylinders mit der Formel $A_O = 6\pi r^2$ berechnet werden kann.

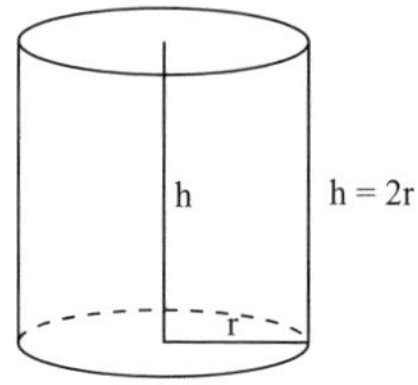

(Skizze nicht maßstäblich)

5. Für einen Körper gelten folgende Zusammenhänge:

   $V = \frac{1}{3} A_G \cdot h, \quad A_G = \frac{a^2}{4}\sqrt{3} \quad \text{und} \quad h = a \cdot \sqrt{\frac{2}{3}}.$

   Zeigen Sie, dass das Volumen des Körpers mit der Formel $V = \frac{a^3}{12}\sqrt{2}$ berechnet werden kann.

6. Bestimmen Sie die Lösungsmenge.

   a) $0 = x^2 - 4x - 5$ $\quad (x \in \mathbb{R})$

   b) $0 = (x-4) \cdot (x+1)$ $\quad (x \in \mathbb{R})$

   c) $8 \cdot \sin\alpha = 4$ $\quad (0 \leq \alpha < 360°)$

7. Berechnen Sie mit dem Taschenrechner folgende Terme:

   a) $\sqrt{\frac{(-3)^2}{4} - (-4)}$

   b) $(x - 4{,}2) \cdot (1{,}6 - 2x)$ für $x = 1{,}8$

   c) $\frac{5{,}2^2 + 4{,}2^2 - 4{,}78^2}{2 \cdot 5{,}2 \cdot 4{,}2}$

   d) $7{,}8 \cdot 10^{18} \cdot 4{,}2 \cdot 10^{-7}$

   e) $2^{1{,}5}$

   f) $\sin 78°$

   g) $\sin \frac{\pi}{4}$

Lösungen

1. a) $\dfrac{a \cdot \frac{a}{2}}{2} = \dfrac{a \cdot a}{2 \cdot 2} = \underline{\underline{\dfrac{a^2}{4}}}$

   b) $\dfrac{1}{2}ab \cdot \sin 90° - \dfrac{\frac{a}{2} \cdot b}{2} = \dfrac{1}{2}ab \cdot 1 - \dfrac{a \cdot b}{2 \cdot 2}$

   $= \dfrac{ab}{2} - \dfrac{ab}{4}$

   $= \underline{\underline{\dfrac{ab}{4}}}$

   c) $\dfrac{\pi}{4}(3a)^2 \cdot 2a = \dfrac{\pi}{4} \cdot 9a^2 \cdot 2a$

   $= \dfrac{9 \cdot 2 \cdot \pi}{4} a^2 \cdot a$

   $= \underline{\underline{\dfrac{9\pi}{2} a^3}}$

   d) $\dfrac{3x(7-x) - 5(-3x^2 + 2x) - 11x}{2x} = \dfrac{21x - 3x^2 + 15x^2 - 10x - 11x}{2x}$

   $= \dfrac{12x^2}{2x}$

   $= \underline{\underline{6x}}$

   e) $\dfrac{2a \cdot 3b^5 \cdot 7a^4 \cdot \left(-\frac{1}{6}b^2\right)}{5a^2b} = \dfrac{-2 \cdot 3 \cdot 7a^5b^7}{5 \cdot 6a^2b}$

   $= \underline{\underline{-\dfrac{7}{5}a^3b^6}}$

2. a) $V = \dfrac{\pi}{3}r^2h \quad | \cdot 3$

   $3V = \pi r^2 h \quad | : (\pi r^2)$

   $\dfrac{3V}{\pi r^2} = h \quad |$ Seiten tauschen

   $\underline{\underline{h = \dfrac{3V}{\pi r^2}}}$

b)
$$V = \frac{4\pi r^3}{3} \qquad |\cdot 3$$
$$3V = 4\pi r^3 \qquad |:(4\pi)$$
$$\frac{3V}{4\pi} = r^3 \qquad |\sqrt[3]{}$$
$$\sqrt[3]{\frac{3V}{4\pi}} = r \qquad |\text{Seiten tauschen}$$
$$\underline{\underline{r = \sqrt[3]{\frac{3V}{4\pi}}}}$$

c)
$$c^2 = a^2 + b^2 - 2ab \cdot \cos\gamma \qquad |+2ab\cos\gamma$$
$$c^2 + 2ab\cos\gamma = a^2 + b^2 \qquad |-c^2$$
$$2ab \cdot \cos\gamma = a^2 + b^2 - c^2 \qquad |:(2ab)$$
$$\underline{\underline{\cos\gamma = \frac{a^2 + b^2 - c^2}{2ab}}}$$

d)
$$\frac{4\pi r^3}{3} = \pi r^2 h \qquad |:(\pi r^2)$$
$$\frac{4\pi r^3}{3\pi r^2} = h \qquad |\text{kürzen und Seiten tauschen}$$
$$\underline{\underline{h = \frac{4}{3}r}}$$

e)
$$\frac{G}{100} = \frac{P}{p} \qquad |\text{Kehrwert bilden}$$
$$\frac{100}{G} = \frac{p}{P} \qquad |\cdot P$$
$$\frac{100 \cdot P}{G} = p \qquad |\text{Seiten tauschen}$$
$$\underline{\underline{p = \frac{100 \cdot P}{G}}}$$

3. Da s und t kürzer als u sind, müsste u die Hypotenuse sein. Der Satz des Pythagoras müsste dann wie folgt lauten:
$s^2 + t^2 = u^2$
Wir werden die linke Seite der Gleichung berechnen und hoffen, dass wir als Ergebnis die rechte Seite erhalten.

$$\begin{aligned} s^2 + t^2 &= \left(\frac{3}{5}u\right)^2 + \left(\frac{4}{5}u\right)^2 \\ &= \frac{9}{25}u^2 + \frac{16}{25}u^2 \\ &= \frac{25}{25}u^2 \\ &= \underline{\underline{u^2}} \end{aligned}$$

Es gilt wirklich $s^2 + t^2 = u^2$. Das Dreieck ist also rechtwinklig.

4. Oberfläche des Kreiszylinders (Grundfläche A_G, Mantelfläche A_M):

$$\begin{aligned} A_O &= 2A_G + A_M && | \text{ ersetzen: } A_G = \pi r^2 \\ &= 2\pi r^2 + A_M && | \text{ ersetzen: } A_M = 2\pi rh \\ &= 2\pi r^2 + 2\pi rh && | \text{ ersetzen: } h = 2r \\ &= 2\pi r^2 + 2\pi r \cdot 2r \\ &= 2\pi r^2 + 4\pi r^2 \\ &= \underline{\underline{6\pi r^2}} && \text{w. z. b. w.} \end{aligned}$$

5.
$$\begin{aligned} V &= \frac{1}{3}A_G \cdot h && | \text{ ersetzen: } A_G = \frac{a^2}{4}\sqrt{3} \\ &= \frac{1}{3} \cdot \frac{a^2}{4}\sqrt{3} \cdot h && | \text{ ersetzen: } h = a \cdot \sqrt{\frac{2}{3}} \\ &= \frac{1}{3} \cdot \frac{a^2}{4}\sqrt{3} \cdot a \cdot \sqrt{\frac{2}{3}} && | \text{ zusammenfassen} \\ &= \frac{a^3}{12} \cdot \sqrt{3} \cdot \sqrt{\frac{2}{3}} && | \text{ Wurzelgesetz } \sqrt{a} \cdot \sqrt{b} = \sqrt{a \cdot b} \\ &= \frac{a^3}{12} \cdot \sqrt{3 \cdot \frac{2}{3}} \\ &= \underline{\underline{\frac{a^3}{12} \cdot \sqrt{2}}} && \text{w. z. b. w.} \end{aligned}$$

6. a) $0 = x^2 - 4x - 5$ ist eine quadratische Gleichung vom Typ
$0 = x^2 + px + q$ mit $p = -4$ und $q = -5$
Wir benutzen die Lösungsformel:

$$x_{1,2} = -\frac{p}{2} \pm \sqrt{\frac{p^2}{4} - q}$$

$$= -\frac{(-4)}{2} \pm \sqrt{\frac{(-4)^2}{4} - (-5)}$$

$$= 2 \pm 3$$

$\underline{x_1 = 5}$ $\underline{x_2 = -1}$

Probe für x_1: $0 = 5^2 - 4 \cdot 5 - 5$?
$0 = 0$ w. A.
Probe für x_2: $0 = (-1)^2 - 4 \cdot (-1) - 5$?
$0 = 0$ w. A.

Lösungsmenge: $\underline{\underline{L = \{5; -1\}}}$

b) $0 = (x - 4) \cdot (x + 1)$

Lösungsweg 1:
Ein Produkt aus zwei Termen ist genau dann gleich null, wenn einer der Terme null ist.
$(x - 4)$ wird null für $\underline{x = 4}$
$(x + 1)$ wird null für $\underline{x = -1}$

Probe für $x = 4$: $0 = (4 - 4) \cdot (4 + 1)$?
$0 = 0$ w. A.
Probe für $x = -1$: $0 = (-1 - 4) \cdot (-1 + 1)$?
$0 = 0$ w. A.

Lösungsmenge: $\underline{\underline{L = \{4; -1\}}}$

Lösungsweg 2:

$0 = (x - 4) \cdot (x + 1)$

$0 = x^2 + x - 4x - 4$
$0 = x^2 - 3x - 4$
Die Gleichung wird wie im Aufgabenteil a gelöst.
Die Lösungsformel liefert
$x_{1,2} = 1{,}5 \pm 2{,}5$
$\underline{x_1 = 4}$ $\underline{x_2 = -1}$

Probe und Lösungsmenge wie beim Lösungsweg 1.

c) $8 \cdot \sin\alpha = 4 \quad |:8$

$\sin\alpha = 0{,}5 \quad |\text{arcsin, Einstellung am Taschenrechner DEG}$

$\underline{\alpha = 30°}$

Das ist aber nur ein Teil der Lösung.

Die Abbildung zeigt den Graphen der Sinusfunktion im Bereich $0 \leq \alpha < 360°$. Wir erkennen, dass es noch einen zweiten Winkel gibt, der ebenfalls den Sinuswert 0,5 hat.

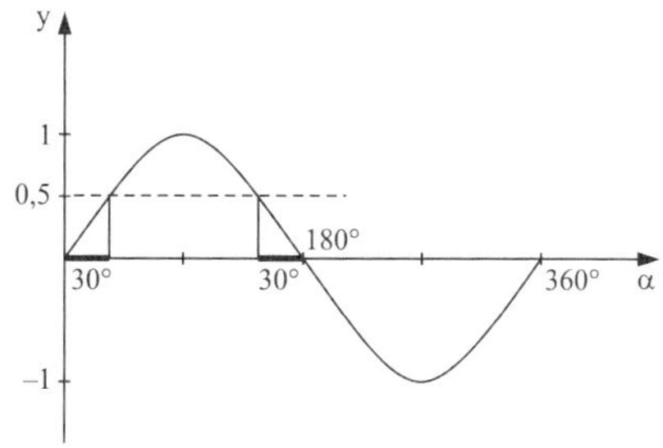

$\alpha_2 = 180° - 30°$

$\underline{\alpha_2 = 150°}$

Lösungsmenge: $\underline{\underline{L = \{30°; 150°\}}}$

7. a) **Vorüberlegung:**
Damit der Term in der Wurzel als Ganzes berechnet wird, müssen wir ihn durch zusätzliche Klammern zusammenfassen.

$$\sqrt{\left(\frac{(-3)^2}{4} - (-4)\right)}$$

Die Klammern um die negativen Zahlen –3 und – 4 müssen nicht eingetippt werden. Wir verwenden die Vorzeichentaste: 3 [+/_] bzw. 4 [+/_].

Tastenfolge: je nach Taschenrechnermodell

√ (3 [+/_] [x²] ÷ 4 – 4 [+/_]) =

oder (3 [+/_] [x²] ÷ 4 – 4 [+/_]) √

Ergebnis: $\underline{\underline{2{,}5}}$

b) **Vorüberlegung:**
Die heute üblichen Taschenrechner „wissen" in der Regel, dass „Punktrechnung vor Strichrechnung" geht.

Tastenfolge: (1,8 – 4,2) * (1,6 – 2 * 1,8) =

Ergebnis: $\underline{\underline{4{,}8}}$

c) **Vorüberlegung:**
Den Term über dem Bruchstrich müssen wir mit einer zusätzlichen Klammer „zusammenhalten".
Das Gleiche gilt unter dem Bruchstrich.

$$\frac{(5{,}2^2+4{,}2^2-4{,}78^2)}{(2\cdot 5{,}2\cdot 4{,}2)}$$

Tastenfolge: (5,2 [x²] + 4,2 [x²] – 4,78 [x²]) ÷ (2 * 5,2 * 4,2) =

Ergebnis: $\underline{\underline{0{,}4998}}$

d) **Vorüberlegung:**
Bei Zahlen mit abgetrennten Zehnerpotenzen wie z. B. $7{,}8 \cdot 10^{18}$ benutzen wir die Taste [EE] (manchmal auch mit [EEX] beschriftet): 7,8 [EE] 18
Das Malzeichen und die 10 werden nicht eingetippt.

Tastenfolge: 7,8 [EE] 18 * 4,2 [EE] 7 [+/_] =

Ergebnis: $\underline{\underline{3{,}276\cdot 10^{12}}}$

In der Anzeige des Taschenrechners steht die 10 zwar nicht, aber die 12 ist als Exponent der Zehnerpotenz zu verstehen.

e) **Vorüberlegung:**
Die Taste [EE] ist nur für Zehnerpotenzen benutzbar.

Tastenfolge: 2 [y^x] 1,5 =

Ergebnis: $\underline{\underline{2{,}828}}$

f) **Vorüberlegung:**
Der Winkel ist im Gradmaß gegeben. Der Taschenrechner muss auf [DEG] eingestellt werden (Vorsicht: nicht mit [GRAD] verwechseln. Test: sin 90° muss den Wert 1 ergeben.)

Tastenfolge: je nach Taschenrechnermodell
sin 78 = oder 78 sin

Ergebnis: $\underline{\underline{0{,}9781}}$

(Bei Sinus- und Kosinuswerten ist großzügiges Runden gefährlich. 4 Stellen nach dem Komma sollten es schon sein.)

g) **Vorüberlegung:**
Der Winkel ist im Bogenmaß gegeben. Der Taschenrechner muss auf [RAD] eingestellt werden. (Test: $\sin\frac{\pi}{2}$ muss den Wert 1 ergeben.)

Tastenfolge: je nach Taschenrechnermodell
sin(π ÷ 4) = oder (π ÷ 4)sin

Ergebnis: $\underline{\underline{0{,}7071}}$

Thematische Übungsaufgaben
Strecken- und Winkelberechnungen

1. a) Berechnen Sie:

$\overline{FE} =$

$\overline{AF} =$

$\alpha_1 =$ $\qquad$ $\alpha_5 =$

$\alpha_2 =$ $\qquad$ $\alpha_6 =$

$\alpha_3 =$ $\qquad$ $\alpha_7 =$

$\alpha_4 =$ $\qquad$ $\alpha_8 =$

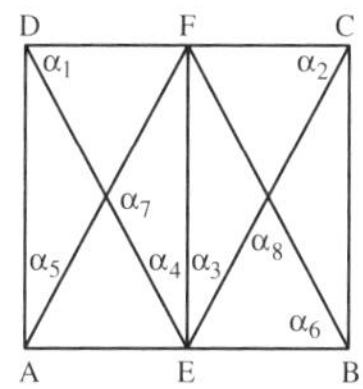

$\overline{DE} = \overline{EC} = \overline{CD} = a;\ [FE] \perp [DC]$

b) Berechnen Sie:

$\overline{DC} =$ $\qquad$ $\overline{AF} =$ $\qquad$ $\overline{FG} =$

$\overline{AD} =$ $\qquad$ $\overline{GC} =$ $\qquad$ $\overline{FH} =$

$\alpha_1 =$ $\qquad$ $\alpha_2 =$

$\alpha_3 =$ $\qquad$ $\alpha_4 =$

$A_{ABCD} =$ $\qquad$ $A_{FGCD} =$

$\dfrac{A_{ABCD}}{A_{FGCH}} = \text{——}$

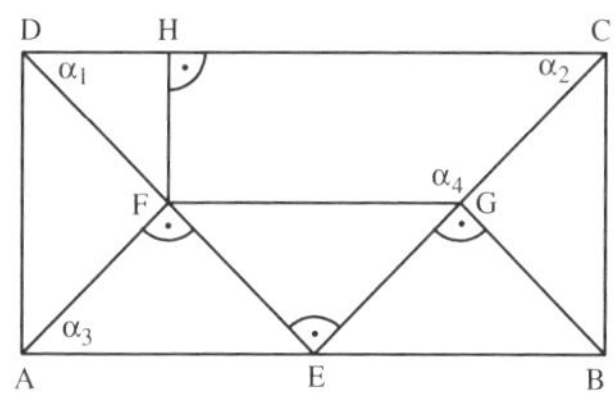

$\overline{DE} = \overline{EC} = a;\ [AB] \perp [AD]$

2. Berechnen Sie $\overline{AD}$ und $\overline{AC}$!

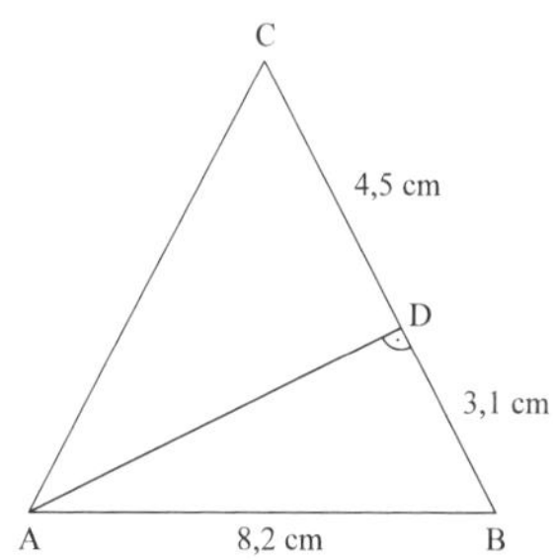

3. Berechnen Sie x!

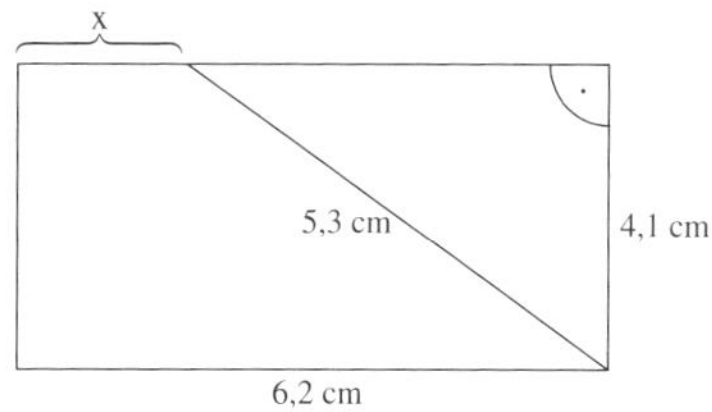

4. $\overline{DC} = 6{,}4\text{ cm}$ $\overline{AF} = 10{,}2\text{ cm}$

$\overline{AE} = 3{,}2\text{ cm}$

Berechnen Sie alle anderen Strecken!

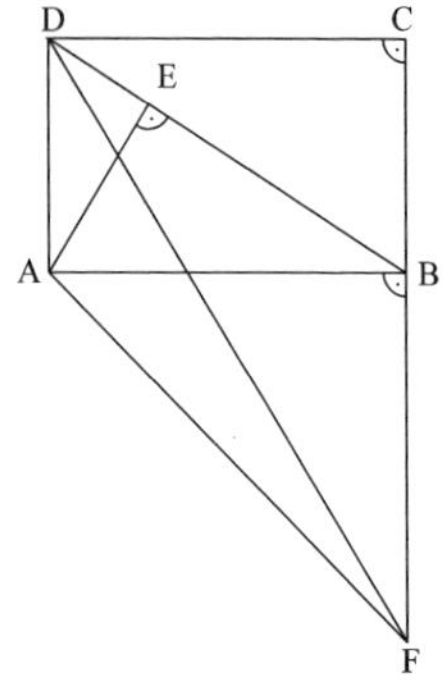

5. $\sphericalangle\ ACB = 33°, \overline{AC} = \overline{BC}$
Berechnen Sie $\sphericalangle\ BAC = \alpha$ und
$\sphericalangle\ CBA = \beta$.

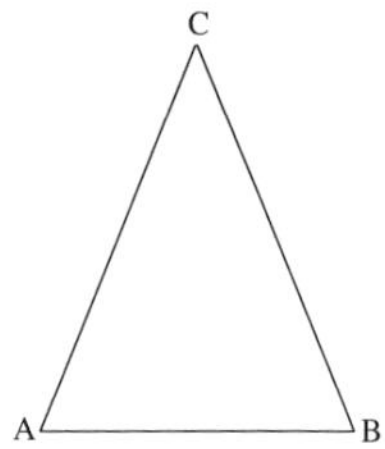

6. $\alpha = 62°$
Berechnen Sie β, γ_1, γ_2!

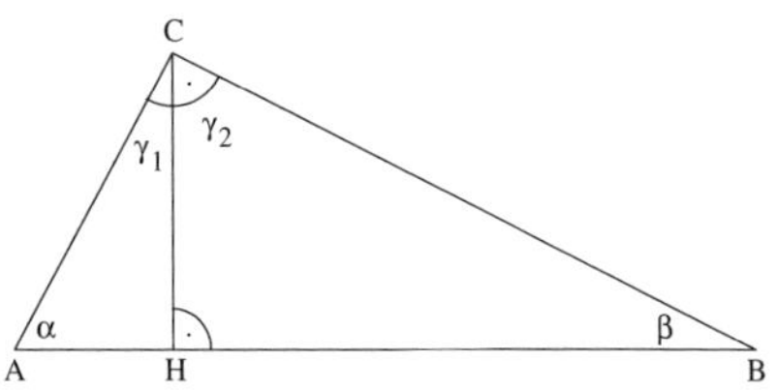

7. Wie nennt man dieses Viereck?
Berechnen Sie die fehlenden Winkel, wenn gilt:
$\delta = 120°$ $\gamma = \beta + 10°$

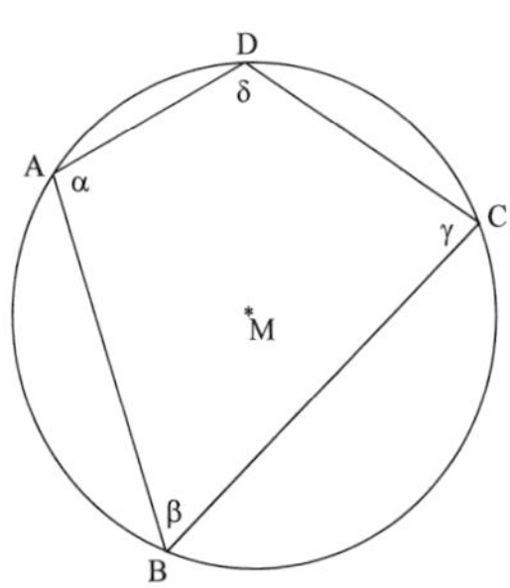

8. Berechnen Sie β, γ, δ, wenn $\alpha = 73°$!

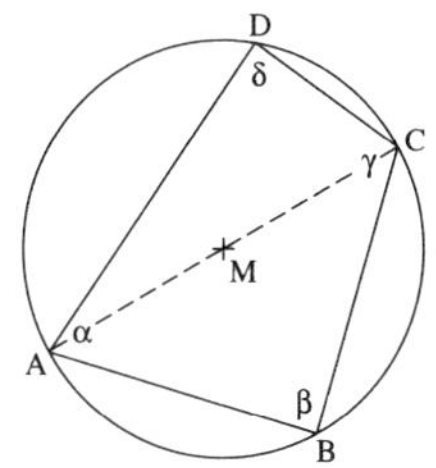

9. Beweisen Sie durch Rechnung, dass für die Fläche eines gleichseitigen Dreiecks mit der Seitenlänge a gilt:

$$A = \frac{a^2}{4}\sqrt{3}$$

10. Berechnen Sie in nebenstehender (nicht maßstabgerechter) Skizze die Maße der nicht gegebenen Winkel.

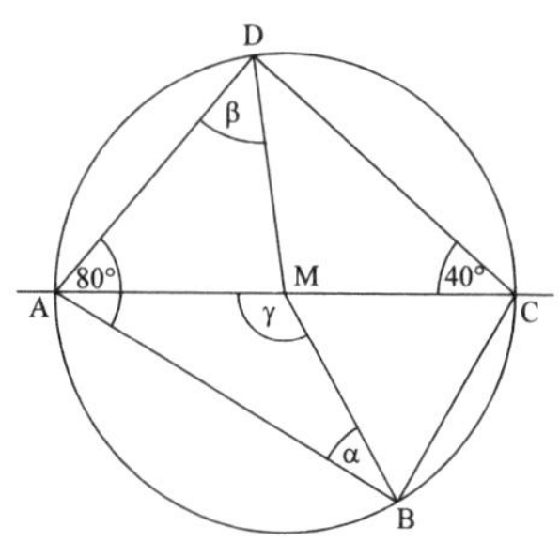

Lösungen

1. a) $\overline{FE} = \frac{a}{2}\sqrt{3}$

$\overline{AF} = a$

$\alpha_1 = 60°$ $\quad \alpha_5 = 30°$

$\alpha_2 = 60°$ $\quad \alpha_6 = 60°$

$\alpha_3 = 30°$ $\quad \alpha_7 = 120°$

$\alpha_4 = 30°$ $\quad \alpha_8 = 60°$

b) $\overline{DC} = a\sqrt{2} \quad \overline{AF} = \frac{a}{2} \quad \overline{FG} = \frac{a}{2}\sqrt{2}$

$\overline{AD} = \frac{a}{2}\sqrt{2} \quad \overline{GC} = \frac{a}{2} \quad \overline{FH} = \frac{a}{4}\sqrt{2}$

$\underline{\underline{\alpha_1 = 45° \quad \alpha_2 = 45° \quad \alpha_3 = 45° \quad \alpha_4 = 135°}}$

$A_{ABCD} = a\sqrt{2} \cdot \frac{a}{2}\sqrt{2} = \underline{\underline{a^2}}$ $\qquad A_{FGCD} = \frac{a\sqrt{2} + \frac{a}{2}\sqrt{2}}{2} \cdot \frac{a}{4}\sqrt{2} = \underline{\underline{\frac{3}{8}a^2}}$

$\frac{A_{ABCD}}{A_{FGCD}} = \frac{a^2}{\frac{3}{8}a^2} = \frac{a^2 \cdot 8}{3 \cdot a^2} = \underline{\underline{\frac{8}{3}}}$

2. $\overline{AD}^2 = 8{,}2^2 - 3{,}1^2$ $\qquad \overline{AC}^2 = 7{,}59^2 + 4{,}5^2$

$\overline{AD}^2 = 57{,}63$ $\qquad \underline{\underline{\overline{AC} = 8{,}82\text{ cm}}}$

$\underline{\underline{\overline{AD} = 7{,}59\text{ cm}}}$

3. $y^2 = 5{,}3^2 - 4{,}1^2 \qquad x = 6{,}2 - 3{,}36$

$\underline{\underline{y = 3{,}36\text{ cm}}} \qquad \underline{\underline{x = 2{,}84\text{ cm}}}$

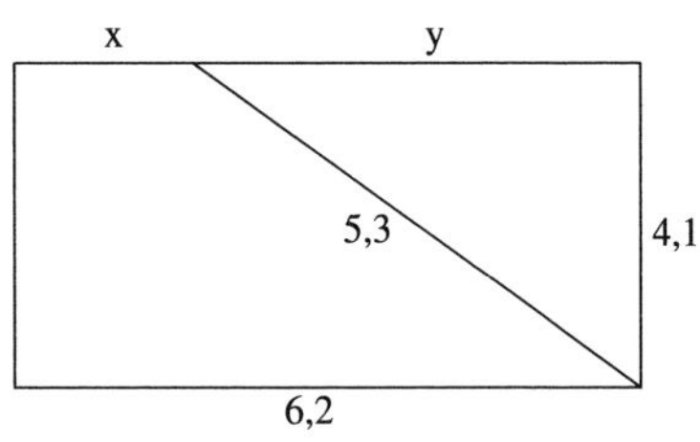

4. Ges.: $\overline{DF}, \overline{BC}, \overline{AB}, \overline{DE}, \overline{EB}$

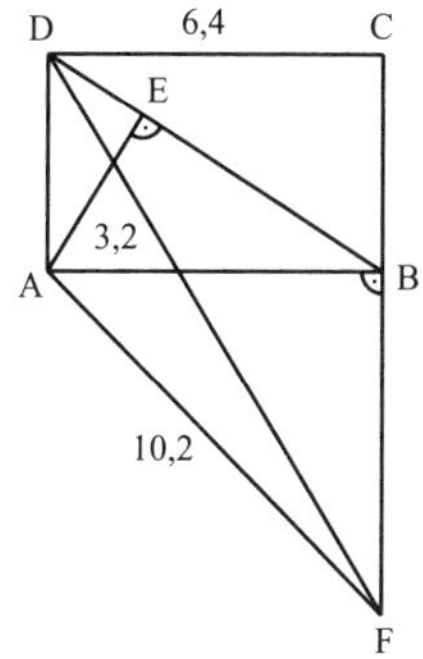

Lsg.: $\overline{AB} = 6,4 \text{ cm}$

$\overline{EB}^2 = 6,4^2 - 3,2^2$

$\overline{EB}^2 = 30,72$

$\overline{EB} = 5,54 \text{ cm}$

$\overline{AE}^2 = EB \cdot ED$

$\overline{ED} = \dfrac{\overline{AE}^2}{\overline{EB}}$

$\overline{ED} = \dfrac{3,2^2}{5,54}$

$\overline{ED} = 1,85 \text{ cm}$

$\overline{DB} = 5,54 + 1,85$

$\overline{DB} = 7,39 \text{ cm}$

$\overline{BC}^2 = \overline{DB}^2 - \overline{DC}^2$

$\overline{BC}^2 = 7,39^2 - 6,4^2$

$\overline{BC}^2 = 13,65$

$\overline{BC} = 3,69 \text{ cm}$

$\overline{BF}^2 = \overline{AF}^2 - \overline{AB}^2$

$\overline{BF}^2 = 10,2^2 - 6,4^2$

$\overline{BF}^2 = 63,08$

$\overline{BF} = 7,94 \text{ cm}$

$\overline{FC} = 7,94 + 3,69$

$\overline{FC} = 11,63 \text{ cm}$

$\overline{DF}^2 = \overline{DC}^2 + \overline{FC}^2$

$\overline{DF}^2 = 6,4^2 + 11,63^2$

$\overline{DF}^2 = 176,22$

$\overline{DF} = 13,27 \text{ cm}$

5. Das Dreieck ist gleichschenklig $\Rightarrow \alpha = \beta$

$180° - 33° = 147°$

$\alpha + \beta = 147°$

$\alpha = 73,5°$ $\beta = 73,5°$

6. Das Dreieck ABC ist rechtwinklig:

$\beta = 90° - \alpha$

$\beta = 90° - 62°$

$\beta = 28°$

Das Dreieck AHC ist rechtwinklig:

$\gamma_1 = 90° - \alpha$

$\gamma_2 = 90° - 62°$

$\underline{\underline{\gamma_1 = 28°}}$

$\gamma_1 + \gamma_2 = 90°$

$\gamma_2 = 90° - 28°$

$\underline{\underline{\gamma_2 = 62°}}$

7. Das Viereck heißt Sehnenviereck, weil alle Seiten Kreissehnen sind.

$\beta = 180° - 120°$ (Weil im Sehnenviereck die Summe zweier gegenüberliegender Winkel stets 180° beträgt.)

$\underline{\underline{\beta = 60°}}$

$\Rightarrow \gamma = 60° + 10°$

$\underline{\underline{\gamma = 70°}}$

$\Rightarrow \alpha = 180° - \gamma$

$\alpha = 180° - 70°$

$\underline{\underline{\alpha = 110°}}$

8. Das Viereck ist ein Sehnenviereck.
β und δ sind jeweils 90°, weil der Umkreis des Vierecks der Thaleskreis über der Strecke [AC] ist.

$\Rightarrow \underline{\underline{\beta = 90°}} \quad \underline{\underline{\delta = 90°}}$

$\gamma = 360° - 90° - 90° - 73°$

$\underline{\underline{\gamma = 107°}}$

9. Fläche in jedem Dreieck:

$$\boxed{A = \frac{1}{2} g \cdot h}$$

$$\Rightarrow A = \frac{1}{2} a \cdot h$$

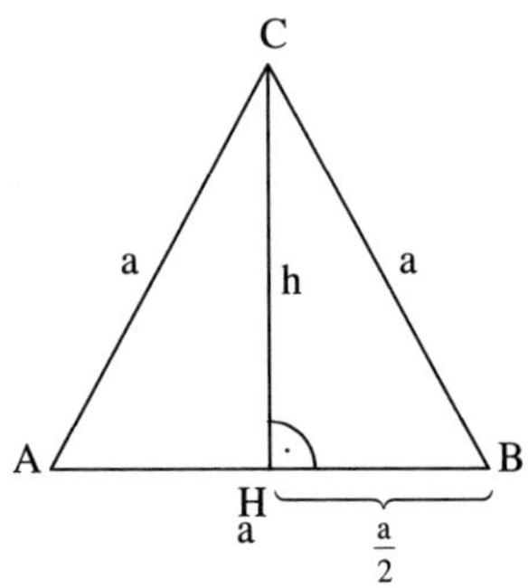

Dreieck HBC ist rechtwinklig, es gilt also der Satz des Pythagoras:

$$a^2 = h^2 + \left(\frac{a}{2}\right)^2$$

$$h^2 = a^2 - \left(\frac{a}{2}\right)^2$$

$$h^2 = a^2 - \frac{a^2}{4}$$

$$h^2 = \frac{3}{4}a^2$$

$$h = \frac{a}{2}\sqrt{3} \quad \Rightarrow \quad A = \frac{1}{2} \cdot a \cdot \frac{a}{2}\sqrt{3}$$

$$\underline{\underline{A = \frac{a^2}{4}\sqrt{3}}}$$

10. Um α und β zu berechnen, müssen vorher einige andere Winkel bestimmt werden (siehe nebenstehende, nicht maßstabgerechte Skizze).

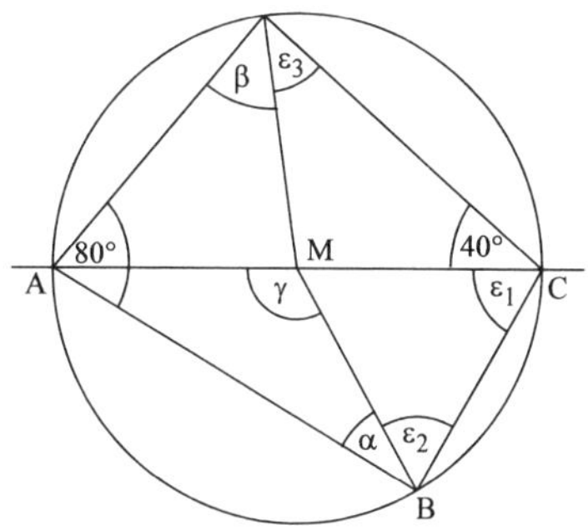

$\sphericalangle$ bei A + $\sphericalangle$ bei C = 180° (Sehnenviereck!)

$\Rightarrow$ $\sphericalangle$ bei C = 100°

$\Rightarrow$ $\varepsilon_1 = 100° - 40°$

$\varepsilon_1 = 60°$

$\varepsilon_2 = \varepsilon_1$ (gleichschenkliges Dreieck BCM)

$\Rightarrow$ $\varepsilon_2 = 60°$

$\alpha + \varepsilon_2 = 90°$ (Thaleskreis über [AC])

$\Rightarrow$ $\underline{\underline{\alpha = 30°}}$

$\varepsilon_3 = 40°$ (gleichschenkliges Dreieck MCD)

$\beta + \varepsilon_3 = 90°$ (Thaleskreis über [AC])

$\Rightarrow$ $\underline{\underline{\beta = 50°}}$

$\gamma = \varepsilon_1 + \varepsilon_2$ (Außenwinkel im Dreieck BCM)

$\Rightarrow$ $\underline{\underline{\gamma = 120°}}$

Thematische Übungsaufgaben
Prozent- und Zinsrechnung

1. In welchem der Getränke ist der prozentuale Fruchtanteil am höchsten?

   a) 200 $m\ell$ Getränk enthalten 67 $m\ell$ Fruchtsaft.

   b) 55 $m\ell$ Fruchtsaft ergeben 150 $m\ell$ Getränk.

   c) 56 $m\ell$ Fruchtsaft wurden mit 124 $m\ell$ Wasser gemischt.

2. Drei Personen haben jeweils Geld für ein Jahr angelegt.
   Wer hatte den höchsten Zinssatz?

   a) Für 280 € gab es 7,56 € Zinsen.

   b) Aus 500 € wurden 509 €.

   c) Durch 8,50 € Zinsen waren es am Ende 348,50 €.

3. a) Ein Tisch für 239 € wurde bar bezahlt. Deshalb gab der Verkäufer 3 % Skonto.
   Wie hoch ist der zu zahlende Betrag?

   b) In einem Katalog wird ein Arbeitstisch für 350 € zuzüglich Mehrwertsteuer (19 %) angeboten.
   Berechnen Sie den Bruttopreis.

   c) In dem Preis von 37,49 € für einen Pullover sind 19 % Mehrwertsteuer enthalten.
   Berechnen Sie den Nettopreis.

   d) Ein T-Shirt, das ursprünglich 15,69 € kostete, wird für 13,18 € angeboten.
   Wie viel Prozent beträgt der Preisnachlass?

   e) Auf den Nettopreis für ein Fahrrad werden 19 % Mehrwertsteuer aufgeschlagen. In der Angebotswoche wird das Rad mit 30 % Rabatt angeboten.
   Berechnen Sie den ursprünglichen Nettopreis, wenn das Rad in der Angebotswoche 111 € kostet.

4. Eine Sommerjacke für 59,95 € wird im Sommerschlussverkauf um 60 % gesenkt. Weil sich trotzdem kein Käufer findet, wird nochmals ein Nachlass von 35 % gewährt.

   a) Zu welchem Preis wird die Jacke zuletzt angeboten?

   b) Um wie viel Prozent wurde der Preis insgesamt gesenkt?

5. Ein Waldstück ist zu 32 % mit Nadelhölzern und zu 56 % mit Laubhölzern bewachsen. Die restlichen 3 ha werden von einem See bedeckt.

   a) Stellen Sie die Flächenaufteilung in einem Kreisdiagramm dar.

   b) Berechnen Sie die Größe des gesamten Waldes und der einzelnen Baumbestände.

6. Eine Familie will einen Lottogewinn von 10 000 € über 3 Jahre gewinnbringend anlegen.

   Angebot A: Für jedes Jahr gibt es 3,1 % Zinsen, die aber erst am Ende der Laufzeit gesammelt ausgezahlt werden.

   Angebot B: Jährlich werden dem Konto 3 % Zinsen gutgeschrieben und im nächsten Jahr mitverzinst.

   Angebot C: Der jährliche Zinssatz wächst von 2,5 % im ersten Jahr über 3,0 % im zweiten auf 3,5 % im dritten Jahr. Die Zinsen werden im Folgejahr mitverzinst.

   Welches der drei Angebote ist das beste?

7. Eine junge Familie nimmt für größere Anschaffungen einen Kredit auf. Die Bank bietet einen Kredit über 10 000 € mit 60 Monaten Laufzeit. 14 Tage nach Auszahlung des Kredites ist die erste Monatsrate von 205,72 € fällig. Danach folgen in Monatsabständen Raten von je 215 €.

   a) Berechnen Sie, wie viel die Familie über die eigentliche Kreditsumme hinaus bezahlen muss. Geben Sie diesen Wert auch als Prozentsatz der Kreditsumme an.

   b) Nach drei Jahren kann die hohe monatliche Rate nicht mehr bezahlt werden. Berechnen Sie den Gesamtbetrag der noch nicht bezahlten Raten.

   c) Um die offenen Raten bezahlen zu können, nimmt die Familie einen zweiten Kredit auf, der über 72 Monate läuft. Die erste Rate beträgt 51,85 € und die Folgeraten betragen jeweils 97 €. Bei diesem Kredit übersteigt die Summe der Raten die Kreditsumme um 38,777 %.
   Berechnen Sie die Kreditsumme.

8. Anton, Bert und Conrad spielen als Tippgemeinschaft Lotto. Der Gewinn von 1 800 € soll so aufgeteilt werden, dass Anton ein Viertel erhält. Bert soll 80 % des Anteils von Conrad bekommen.
   Berechnen Sie für jeden den Anteil in €.

Lösungen

1. *Lösungsweg 1 – Dezimalbrüche in Prozente umrechnen*

a) $\frac{67\ m\ell}{200\ m\ell} = 0{,}335 = \underline{33{,}5\ \%}$

b) $\frac{55\ m\ell}{150\ m\ell} = 0{,}367 = \underline{36{,}7\ \%}$

c) Die Mischung ergibt 180 $m\ell$ des Getränkes.

$\frac{56\ m\ell}{180\ m\ell} = 0{,}311 = \underline{31{,}1\ \%}$

Im Getränk b) ist der Fruchtanteil am höchsten.

Lösungsweg 2 – Verhältnisgleichungen

a)

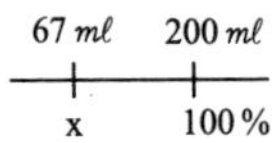

$$\frac{x}{100\ \%} = \frac{67\ m\ell}{200\ m\ell} \quad |\cdot 100\ \%$$

$$x = \frac{67 \cdot 100\ \%}{200}$$

$$\underline{x = 33{,}5\ \%}$$

Hinweis zum Taschenrechner: Die Prozenttaste wird hier nicht benötigt. Sie berechnen nur 67 · 100 : 200.

b)

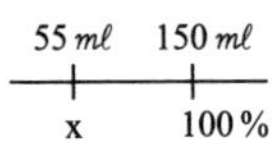

$$\frac{x}{100\ \%} = \frac{55\ m\ell}{150\ m\ell} \quad |\cdot 100\ \%$$

$$x = \frac{55 \cdot 100\ \%}{150}$$

$$\underline{x = 36{,}7\ \%}$$

c)

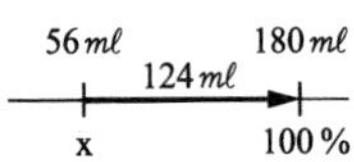

$$\frac{x}{100\ \%} = \frac{56\ m\ell}{180\ m\ell} \quad |\cdot 100\ \%$$

$$x = \frac{56 \cdot 100\ \%}{180}$$

$$\underline{x = 31{,}1\ \%}$$

Lösungsweg 3 – Dreisatz

a)
$$200\,m\ell \mathrel{\hat{=}} 100\,\% \qquad \big|:200$$
$$1\,m\ell \mathrel{\hat{=}} \frac{100\,\%}{200} \qquad \big|\cdot 67$$
$$67\,m\ell \mathrel{\hat{=}} \frac{67\cdot 100\,\%}{200}$$
$$67\,m\ell \mathrel{\hat{=}} \underline{\underline{33{,}5\,\%}}$$

b)
$$150\,m\ell \mathrel{\hat{=}} 100\,\% \qquad \big|:150$$
$$1\,m\ell \mathrel{\hat{=}} \frac{100\,\%}{150} \qquad \big|\cdot 55$$
$$55\,m\ell \mathrel{\hat{=}} \frac{55\cdot 100\,\%}{200}$$
$$55\,m\ell \mathrel{\hat{=}} \underline{\underline{36{,}7\,\%}}$$

c)
$$180\,m\ell \mathrel{\hat{=}} 100\,\% \qquad \big|:180$$
$$1\,m\ell \mathrel{\hat{=}} \frac{100\,\%}{180} \qquad \big|\cdot 56$$
$$56\,m\ell \mathrel{\hat{=}} \frac{56\cdot 100\,\%}{200}$$
$$56\,m\ell \mathrel{\hat{=}} \underline{\underline{31{,}1\,\%}}$$

2. *Lösungsweg 1 – Verhältnisgleichungen*

a)

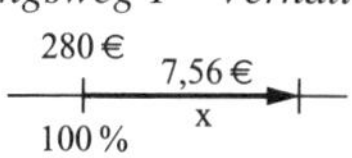

$$\frac{x}{100\,\%} = \frac{7{,}56\,€}{280\,€} \qquad \big|\cdot 100\,\%$$
$$x = \frac{7{,}56\cdot 100\,\%}{280}$$
$$\underline{\underline{x = 2{,}7\,\%}}$$

b)

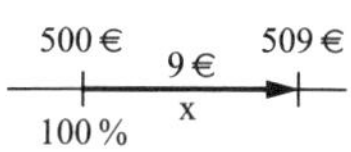

$$\frac{x}{100\,\%} = \frac{9\,€}{500\,€} \qquad \big|\cdot 100\,\%$$
$$x = \frac{9\cdot 100\,\%}{500}$$
$$\underline{\underline{x = 1{,}8\,\%}}$$

c) 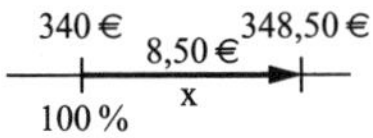

$$\frac{x}{100\,\%} = \frac{8{,}50\,€}{340\,€} \quad |\cdot 100\,\%$$

$$x = \frac{8{,}50 \cdot 100\,\%}{340}$$

$$\underline{x = 2{,}5\,\%}$$

Den höchsten Zinssatz hatte die Person a.

Lösungsweg 2 – Dreisatz

a)

$$280\,€ \triangleq 100\,\% \quad |:280$$

$$1\,€ \triangleq \frac{100\,\%}{280} \quad |\cdot 7{,}56$$

$$7{,}56\,€ \triangleq \frac{7{,}56 \cdot 100\,\%}{280}$$

$$7{,}56\,€ \triangleq \underline{2{,}7\,\%}$$

b)

$$500\,€ \triangleq 100\,\% \quad |:500$$

$$1\,€ \triangleq \frac{100\,\%}{500} \quad |\cdot 9$$

$$9\,€ \triangleq \frac{9 \cdot 100\,\%}{500}$$

$$9\,€ \triangleq \underline{1{,}8\,\%}$$

c)

$$340\,€ \triangleq 100\,\% \quad |:340$$

$$1\,€ \triangleq \frac{100\,\%}{340} \quad |\cdot 8{,}50$$

$$8{,}50\,€ \triangleq \frac{8{,}50 \cdot 100\,\%}{340}$$

$$8{,}50\,€ \triangleq \underline{2{,}5\,\%}$$

3. a) 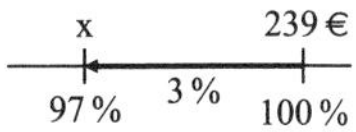

mit Verhältnisgleichung

$$\frac{x}{239\,€} = \frac{97\,\%}{100\,\%} \quad |\cdot 239\,€$$

$$x = \frac{97 \cdot 239\,€}{100}$$

$$x = \underline{\underline{231{,}83\,€}}$$

oder *mit Dreisatz*

$$100\,\% \mathrel{\hat{=}} 239\,€ \quad |:100$$

$$1\,\% \mathrel{\hat{=}} \frac{239\,€}{100} \quad |\cdot 97$$

$$97\,\% \mathrel{\hat{=}} \frac{97 \cdot 239\,€}{100}$$

$$97\,\% \mathrel{\hat{=}} \underline{\underline{231{,}83\,€}}$$

Nach Abzug von 3 % Skonto kostet der Tisch 231,83 €.

b) 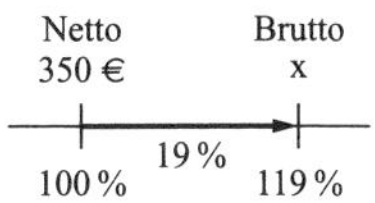

mit Verhältnisgleichung

$$\frac{x}{350\,€} = \frac{119\,\%}{100\,\%} \quad |\cdot 350\,€$$

$$x = \frac{119 \cdot 350\,€}{100}$$

$$x = \underline{\underline{416{,}5\,€}}$$

oder *mit Dreisatz*

$$100\,\% \mathrel{\hat{=}} 350\,€ \quad |:100$$

$$1\,\% \mathrel{\hat{=}} \frac{350\,€}{100} \quad |\cdot 119$$

$$119\,\% \mathrel{\hat{=}} \frac{119 \cdot 350\,€}{100}$$

$$119\,\% \mathrel{\hat{=}} \underline{\underline{416{,}5\,€}}$$

Der Bruttopreis des Arbeitstisches beträgt 416,5 €.

c) Die Mehrwertsteuer wird immer vom Nettopreis ausgehend berechnet.

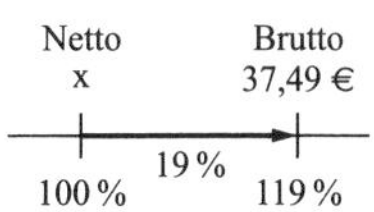

mit Verhältnisgleichung

$$\frac{x}{37{,}49\,€} = \frac{100\,\%}{119\,\%} \quad |\cdot 37{,}49\,€$$

$$x = \frac{100 \cdot 37{,}49\,€}{119}$$

$$x \approx \underline{\underline{31{,}50\,€}}$$

oder *mit Dreisatz*

$$119\,\% \mathrel{\hat{=}} 37{,}49\,€ \quad |:119$$

$$1\,\% \mathrel{\hat{=}} \frac{37{,}49\,€}{119} \quad |\cdot 100$$

$$100\,\% \mathrel{\hat{=}} \frac{100 \cdot 37{,}49\,€}{119}$$

$$100\,\% \mathrel{\hat{=}} \underline{\underline{31{,}50\,€}}$$

Der Nettopreis beträgt ungefähr 31,50 €.

d) 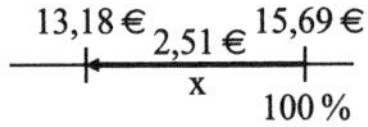

mit Verhältnisgleichung

$$\frac{x}{100\,\%} = \frac{2{,}51\,€}{15{,}69\,€} \quad \big|\cdot 100\,\%$$

$$x = \frac{2{,}51 \cdot 100\,\%}{15{,}69}$$

$$x = \underline{\underline{16\,\%}}$$

oder *mit Dreisatz*

$$15{,}69\,€ \triangleq 100\,\% \quad \big|:15{,}69$$

$$1\,€ \triangleq \frac{100\,\%}{15{,}69} \quad \big|\cdot 2{,}51$$

$$2{,}51\,€ \triangleq \frac{2{,}51 \cdot 100\,\%}{15{,}69}$$

$$2{,}51\,€ \triangleq \underline{\underline{16\,\%}}$$

Der Preisnachlass beträgt 16 %.

e) **Bruttopreis:**

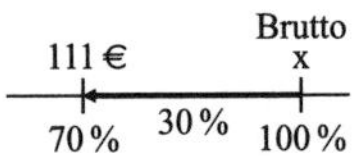

mit Verhältnisgleichung

$$\frac{x}{111\,€} = \frac{100\,\%}{70\,\%} \quad \big|\cdot 111\,€$$

$$x = \frac{100 \cdot 111\,€}{70}$$

$$x = \underline{158{,}57\,€}$$

oder *mit Dreisatz*

$$70\,\% \triangleq 111\,€ \quad \big|:70$$

$$1\,\% \triangleq \frac{111\,€}{70} \quad \big|\cdot 100$$

$$100\,\% \triangleq \frac{100 \cdot 111\,€}{70}$$

$$100\,\% \triangleq \underline{158{,}57\,€}$$

Nettopreis:
Bei Berechnungen mit der Mehrwertsteuer entspricht der Nettowert 100 %.

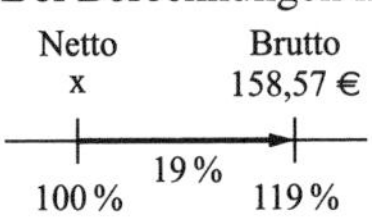

mit Verhältnisgleichung

$$\frac{x}{158{,}57\,€} = \frac{100\,\%}{119\,\%} \quad \big|\cdot 158{,}57\,€$$

$$x = \frac{100 \cdot 158{,}57\,€}{119}$$

$$x \approx \underline{\underline{133{,}25\,€}}$$

oder *mit Dreisatz*

$$119\,\% \triangleq 158{,}57\,€ \quad \big|:119$$

$$1\,\% \triangleq \frac{158{,}57\,€}{119} \quad \big|\cdot 100$$

$$100\,\% \triangleq \frac{100 \cdot 158{,}57\,€}{119}$$

$$100\,\% \triangleq \underline{\underline{133{,}25\,€}}$$

Der Nettopreis des Fahrrads betrug ungefähr 133,25 €.

4. a) **Preis nach der ersten Preissenkung:**

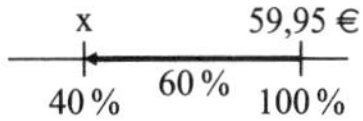

mit Verhältnisgleichung

$$\frac{x}{59{,}95\,€} = \frac{40\,\%}{100\,\%} \quad \Big|\cdot 59{,}95\,€$$

$$x = \frac{40 \cdot 59{,}95\,€}{100}$$

$$x = \underline{\underline{23{,}98\,€}}$$

oder *mit Dreisatz*

$$100\,\% \mathrel{\hat{=}} 59{,}95\,€ \quad \Big|:100$$

$$1\,\% \mathrel{\hat{=}} \frac{59{,}95\,€}{100} \quad \Big|\cdot 40$$

$$40\,\% \mathrel{\hat{=}} \frac{40 \cdot 59{,}95\,€}{100}$$

$$40\,\% \mathrel{\hat{=}} \underline{\underline{23{,}98\,€}}$$

Preis nach der zweiten Preissenkung:

Der Zwischenpreis entspricht jetzt wieder 100 %.

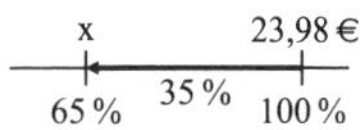

mit Verhältnisgleichung

$$\frac{x}{23{,}98\,€} = \frac{65\,\%}{100\,\%} \quad \Big|\cdot 23{,}98\,€$$

$$x = \frac{65 \cdot 23{,}98\,€}{100}$$

$$x = \underline{\underline{15{,}59\,€}}$$

oder *mit Dreisatz*

$$100\,\% \mathrel{\hat{=}} 23{,}98\,€ \quad \Big|:100$$

$$1\,\% \mathrel{\hat{=}} \frac{23{,}98\,€}{100} \quad \Big|\cdot 65$$

$$65\,\% \mathrel{\hat{=}} \frac{65 \cdot 23{,}98\,€}{100}$$

$$65\,\% \mathrel{\hat{=}} \underline{\underline{15{,}59\,€}}$$

Die Jacke kostet zuletzt 15,59 €.

b) Für die gesamte Preissenkung entspricht der Ausgangspreis 100 %.

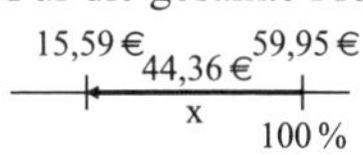

mit Verhältnisgleichung

$$\frac{x}{100\,\%} = \frac{44{,}36\,€}{59{,}95\,€} \quad \Big|\cdot 100\,\%$$

$$x = \frac{44{,}36 \cdot 100\,\%}{59{,}95}$$

$$x = \underline{\underline{74{,}0\,\%}}$$

oder *mit Dreisatz*

$$59{,}95\,€ \mathrel{\hat{=}} 100\,\% \quad \Big|:59{,}95$$

$$1\,€ \mathrel{\hat{=}} \frac{100\,\%}{59{,}95} \quad \Big|\cdot 44{,}36$$

$$44{,}36\,€ \mathrel{\hat{=}} \frac{44{,}36 \cdot 100\,\%}{59{,}95}$$

$$44{,}36\,€ \mathrel{\hat{=}} \underline{\underline{74{,}0\,\%}}$$

Der Preis der Jacke wurde insgesamt um 74 % gesenkt.

5. a) Für die Winkel im Kreisdiagramm gilt:

$100\,\% \mathrel{\hat{=}} 360° \quad \big|\,:100$

$1\,\% \mathrel{\hat{=}} 3{,}6°$

	Anteil	Winkel
Nadelhölzer	32 %	$32 \cdot 3{,}6° = 115{,}2° \approx 115°$
Laubhölzer	56 %	$56 \cdot 3{,}6° = 201{,}6° \approx 202°$
See	12 %	$12 \cdot 3{,}6° = 43{,}2° \approx 43°$
Summe	100 %	360°

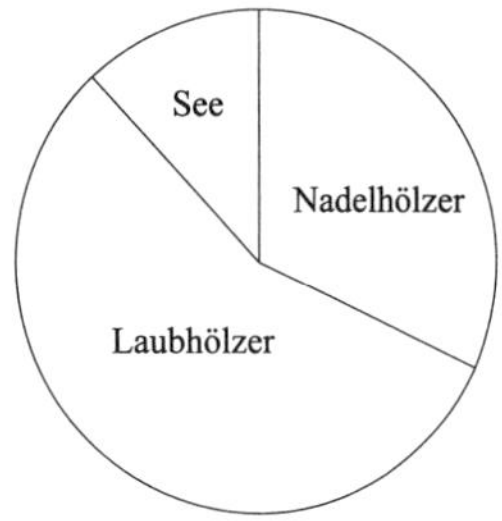

b) **Größe des Waldes:**

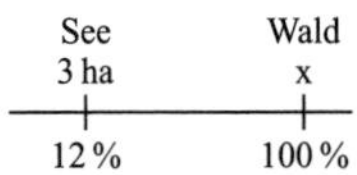

mit Verhältnisgleichung

$$\frac{x}{3\,\text{ha}} = \frac{100\,\%}{12\,\%} \quad \big|\cdot 3\,\text{ha}$$

$$x = \frac{100 \cdot 3\,\text{ha}}{12}$$

$$x = \underline{\underline{25\,\text{ha}}}$$

Der Wald hat eine Fläche von 25 ha.

oder *mit Dreisatz*

$$12\,\% \mathrel{\hat{=}} 3\,\text{ha} \quad \big|:12$$

$$1\,\% \mathrel{\hat{=}} \frac{3\,\text{ha}}{12} \quad \big|\cdot 100$$

$$100\,\% \mathrel{\hat{=}} \frac{100 \cdot 3\,\text{ha}}{12}$$

$$100\,\% \mathrel{\hat{=}} \underline{\underline{25\,\text{ha}}}$$

Fläche des Nadelholzbestandes:

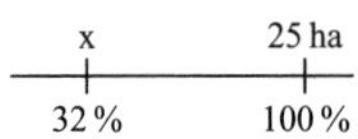

mit Verhältnisgleichung

$$\frac{x}{25\,\text{ha}} = \frac{32\,\%}{100\,\%} \quad \big|\cdot 25\,\text{ha}$$

$$x = \frac{32 \cdot 25\,\text{ha}}{100}$$

$$x = \underline{\underline{8\,\text{ha}}}$$

8 ha sind mit Nadelhölzern bewachsen.

oder *mit Dreisatz*

$$100\,\% \mathrel{\hat{=}} 25\,\text{ha} \quad \big|:100$$

$$1\,\% \mathrel{\hat{=}} \frac{25\,\text{ha}}{100} \quad \big|\cdot 32$$

$$32\,\% \mathrel{\hat{=}} \frac{32 \cdot 25\,\text{ha}}{100}$$

$$32\,\% \mathrel{\hat{=}} \underline{\underline{8\,\text{ha}}}$$

Fläche des Laubholzbestandes:

$25\,\text{ha} - 3\,\text{ha} - 8\,\text{ha} = \underline{\underline{14\,\text{ha}}}$

14 ha sind mit Laubhölzern bewachsen.

6. **Angebot A:**

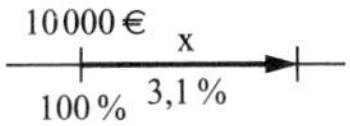

mit Verhältnisgleichung

$$\frac{x}{10000\,€} = \frac{3{,}1\,\%}{100\,\%} \quad \big|\cdot 10000\,€$$

$$x = \frac{3{,}1 \cdot 10000\,€}{100}$$

$$x = \underline{310\,€}$$

oder *mit Dreisatz*

$$100\,\% \triangleq 10000\,€ \quad \big|:100$$

$$1\,\% \triangleq \frac{10000\,€}{100} \quad \big|\cdot 3{,}1$$

$$3{,}1\,\% \triangleq \frac{3{,}1 \cdot 10000\,€}{100}$$

$$3{,}1\,\% \triangleq \underline{310\,€}$$

In einem Jahr fallen 310 € Zinsen an. In drei Jahren also 930 €. Nach drei Jahren stehen 10 930 € zur Verfügung.

Angebot B:

1. Jahr:

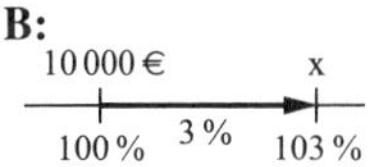

mit Verhältnisgleichung

$$\frac{x}{10000\,€} = \frac{103\,\%}{100\,\%} \quad \big|\cdot 10000\,€$$

$$x = \frac{103 \cdot 10000\,€}{100}$$

$$x = \underline{10300\,€}$$

oder *mit Dreisatz*

$$100\,\% \triangleq 10000\,€ \quad \big|:100$$

$$1\,\% \triangleq \frac{10000\,€}{100} \quad \big|\cdot 103$$

$$103\,\% \triangleq \frac{103 \cdot 10000\,€}{100}$$

$$103\,\% \triangleq \underline{10300\,€}$$

Das Guthaben am Ende des ersten Jahres entspricht 100 % für die Berechnung des zweiten Jahres.

2. Jahr:

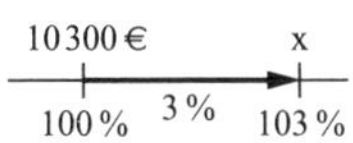

Die Rechnung verläuft wie im 1. Jahr.

$$x = \frac{103 \cdot 10300\,€}{100} = \underline{10609\,€}$$

3. Jahr:

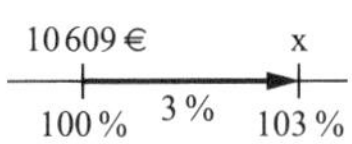

Die Rechnung verläuft wie im 1. und 2. Jahr.

$$x = \frac{103 \cdot 10609\,€}{100} = \underline{\underline{10927{,}27\,€}}$$

Nach 3 Jahren stehen 10 927,27 € zur Verfügung.

Angebot C:

Die Rechnung verläuft wie beim Angebot B.

1. Jahr:

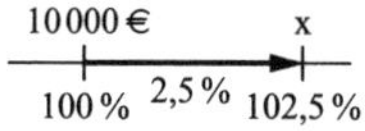

$$x = \frac{102{,}5 \cdot 10\,000\ €}{100} = \underline{10\,250\ €}$$

2. Jahr:

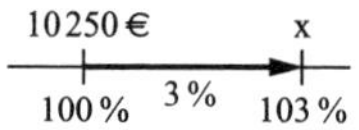

$$x = \frac{103 \cdot 10\,250\ €}{100} = \underline{10\,557{,}50\ €}$$

3. Jahr:

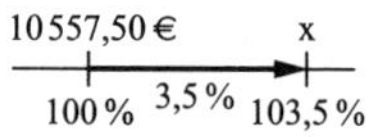

$$x = \frac{103{,}5 \cdot 10\,557{,}50\ €}{100} = \underline{\underline{10\,927{,}01\ €}}$$

Nach 3 Jahren stehen 10 927,01 € zur Verfügung.

Die drei Angebote unterscheiden sich nur wenig. Das Angebot A ist das beste.

7. a) **zu zahlen:**

$$205{,}72\ € + 59 \cdot 215\ € = \underline{\underline{12\,890{,}72\ €}}$$

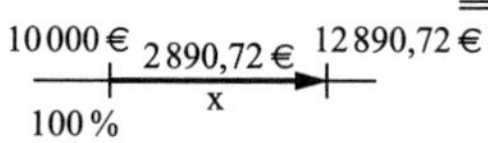

mit Verhältnisgleichung

$$\frac{x}{100\ \%} = \frac{2\,890{,}72\ €}{10\,000\ €} \quad \big| \cdot 100\ \%$$

$$x = \frac{2\,890{,}72 \cdot 100\ \%}{10\,000}$$

$$x = \underline{\underline{28{,}9\ \%}}$$

oder *mit Dreisatz*

$$10\,000\ € \mathrel{\hat{=}} 100\ \% \quad \big| : 10\,000$$

$$1\ € \mathrel{\hat{=}} \frac{100\ \%}{10\,000} \quad \big| \cdot 2\,890{,}72$$

$$2\,890{,}72\ € \mathrel{\hat{=}} \frac{2\,890{,}72 \cdot 100\ \%}{10\,000}$$

$$2\,890{,}72\ € \mathrel{\hat{=}} \underline{\underline{28{,}9\ \%}}$$

Die Familie muss 2 890,72 € mehr bezahlen, als sie erhalten hat. Das entspricht 28,9 % der Kreditsumme.

b) Nach 3 Jahren sind 36 Monatsraten bezahlt. Von den 60 Monatsraten sind noch 24 offen.

$$24 \cdot 215\ € = \underline{\underline{5160\ €}}$$

Es fehlen noch 5 160 €.

c) **zu zahlen:**

$$51{,}85\ € + 71 \cdot 97\ € = \underline{6\,938{,}85\ €}$$

Kreditsumme:

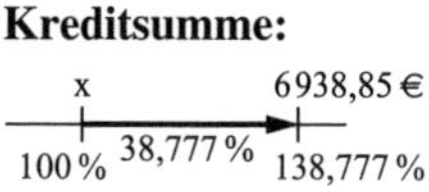

mit Verhältnisgleichung oder *mit Dreisatz*

$$\frac{x}{6938{,}85\,€} = \frac{100\,\%}{138{,}777\,\%} \quad |\cdot 6938{,}85\,€$$

$$x = \frac{100 \cdot 6938{,}85\,€}{138{,}777}$$

$$x = \underline{\underline{5000\,€}}$$

$$138{,}777\,\% \mathrel{\hat{=}} 6938{,}85\,€ \quad |:138{,}777$$

$$1\,\% \mathrel{\hat{=}} \frac{6938{,}85\,€}{138{,}777} \quad |\cdot 100$$

$$100\,\% \mathrel{\hat{=}} \frac{100 \cdot 6938{,}85\,€}{138{,}777}$$

$$100\,\% \mathrel{\hat{=}} \underline{\underline{5000\,€}}$$

Die Kreditsumme beträgt 5 000 €.

8. **Anton:**

$1800\,€ : 4 = \underline{\underline{450\,€}}$

Bert und Conrad zusammen:

$1800\,€ - 450\,€ = \underline{1350\,€}$

Conrad:

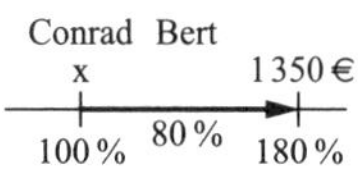

mit Verhältnisgleichung oder *mit Dreisatz*

$$\frac{x}{1350\,€} = \frac{100\,\%}{180\,\%} \quad |\cdot 1350\,€$$

$$x = \frac{100 \cdot 1350\,€}{180}$$

$$x = \underline{\underline{750\,€}}$$

$$180\,\% \mathrel{\hat{=}} 1350\,€ \quad |:180$$

$$1\,\% \mathrel{\hat{=}} \frac{1350\,€}{180} \quad |\cdot 100$$

$$100\,\% \mathrel{\hat{=}} \frac{100 \cdot 1350\,€}{180}$$

$$100\,\% \mathrel{\hat{=}} \underline{\underline{750\,€}}$$

Bert:

$1350\,€ - 750\,€ = \underline{\underline{600\,€}}$

Anton erhält 450 €, Bert 600 € und Conrad 750 €.

Thematische Übungsaufgaben
Zusammengesetzte Körper

1. Der abgebildete Körper setzt sich aus Würfeln mit 2 cm Kantenlänge zusammen.

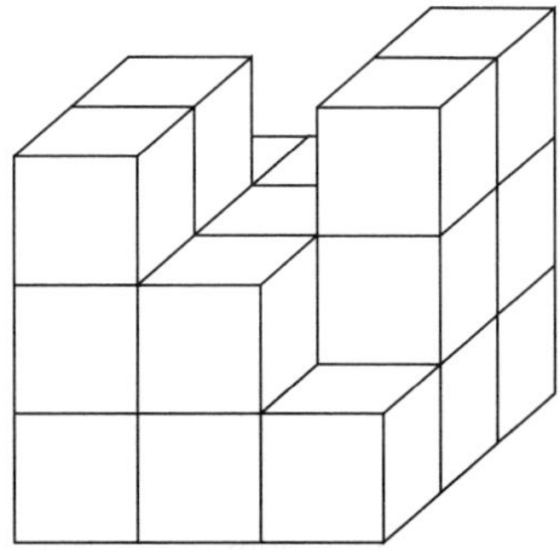

   a) Berechnen Sie das Volumen dieses Körpers.

   b) Die abgebildeten Körper I, II und III bestehen ebenfalls aus Würfeln mit 2 cm Kantenlänge. Welcher dieser Körper ergänzt den nebenstehend abgebildeten Körper zu einem kompletten Würfel?

I

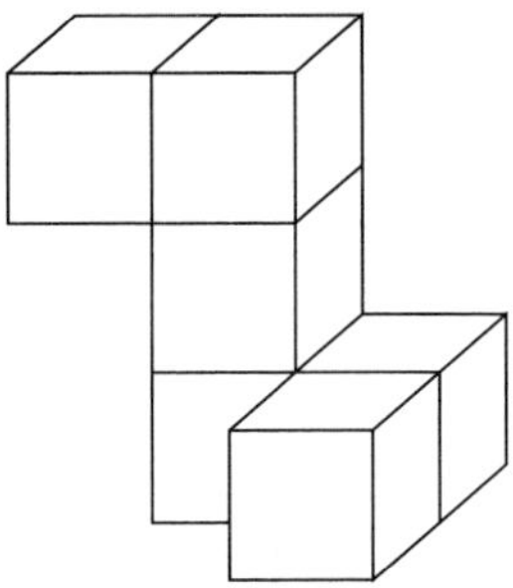

II

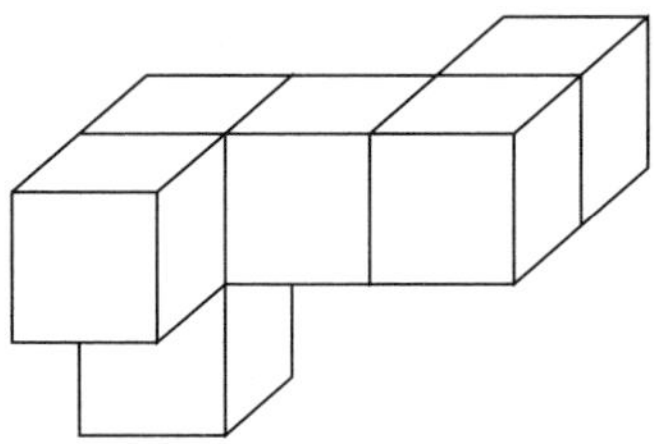

III

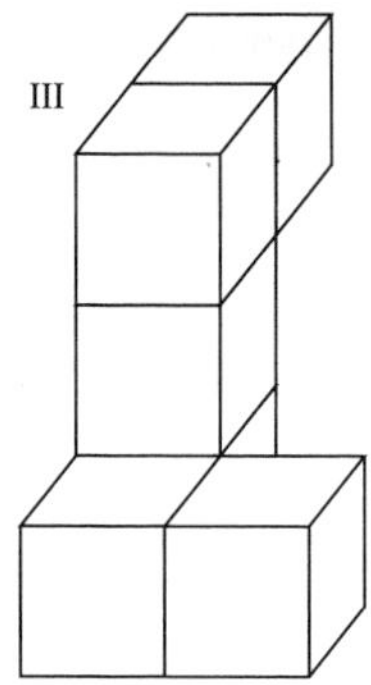

2. Das abgebildete Bauteil mit Bohrung soll aus 5 mm dickem Stahlblech angefertigt werden. Berechnen Sie die Masse des fertigen Bauteils. (Die Dichte von Stahl beträgt $\rho = 7{,}8\frac{g}{cm^3}$.)

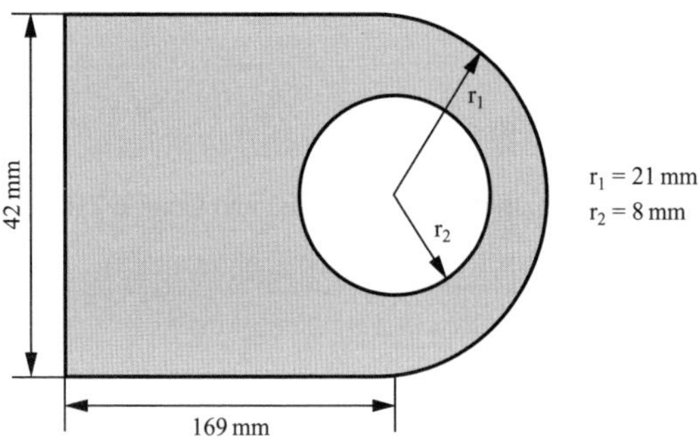

Skizze (nicht maßstäblich)

3. Die Seitenkanten zweier Würfel verhalten sich wie 2 : 1. Wie verhalten sich die Rauminhalte?

4. Ein Quader und ein Zylinder haben beide das gleiche Volumen $V = 480\ cm^2$ und die gleiche Höhe $h = 12$ cm. Die Grundfläche des Quaders ist ein Quadrat.

   a) Berechnen Sie die Länge der Seiten der Quadergrundfläche und den Radius der Zylindergrundfläche!

   b) Berechnen Sie die Oberfläche der beiden Körper!

5. Berechnen Sie d_1, d_2, r für

   a) a = 6,2 cm b = 4,1 cm c = 3,6 cm

   b) a = 10,3 cm b = 5,8 cm c = 8,2 cm

   c) a = 7,1 cm b = 6,5 cm c = 4 cm

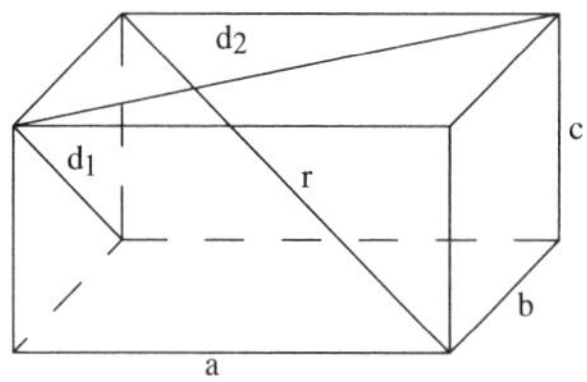

6. $\overline{AB} = 8{,}2\ cm$ $\overline{MS} = 10{,}5\ cm$ $\overline{MR} = 7{,}3\ cm$

   ABCD ist ein Rechteck mit der Fläche $A = 52{,}48\ cm^2$

   $[MS] \perp [MB]$; $[AM] \parallel [TR]$

   Berechnen Sie $\overline{BC}$, $\overline{MB}$, $\overline{BS}$, $\overline{TR}$!

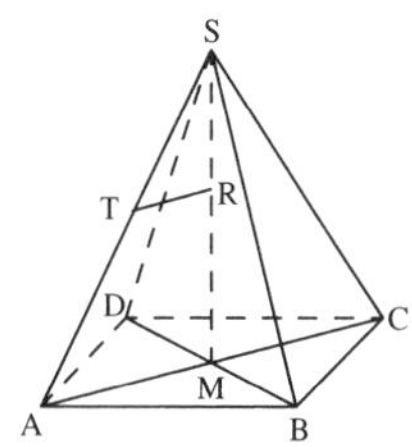

7. Es gilt: $\overline{AB} = \overline{BC} = \overline{CD} = \overline{DA} = 6\ cm$

   $\overline{ME} = \overline{MF} = 8\ cm$

   a) Berechnen Sie die Kantenlänge $\overline{EB}$!

   b) Berechnen Sie das Volumen des Körpers!

   c) Berechnen Sie die Oberfläche des Körpers!

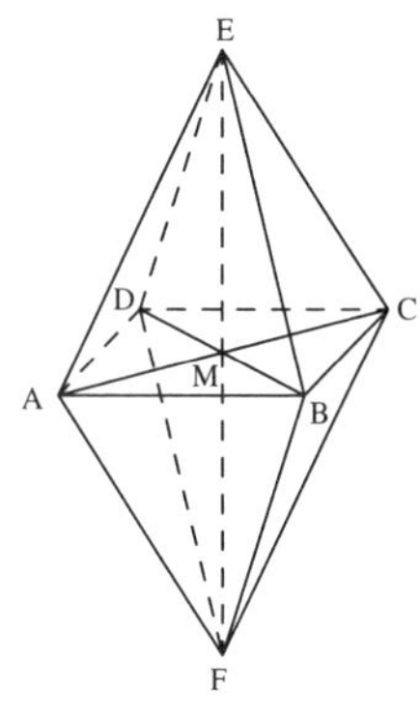

1. a) **Volumen eines Würfels:**

$$V = a^3 = (2\text{ cm})^3$$
$$\underline{V = 8\text{ cm}^3}$$

Volumen des Körpers:

Der Körper besteht aus 21 Würfeln.

$$21 \cdot 8\text{ cm}^3 = \underline{\underline{168\text{ cm}^3}}$$

b) Zusammen mit dem Körper III ergibt sich ein kompletter Würfel.

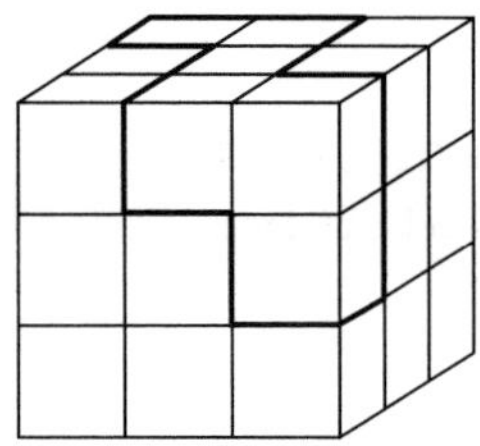

2. Da die Dichte in $\frac{\text{g}}{\text{cm}^3}$ gegeben ist, führen wir alle Berechnungen in cm statt in mm aus. Außerdem werden wir zuerst die schraffierte Grundfläche des Bauteils berechnen, die wir dann nur noch mit der Höhe (Dicke des Blechs) multiplizieren müssen.

Flächeninhalt A_1 des Rechtecks:

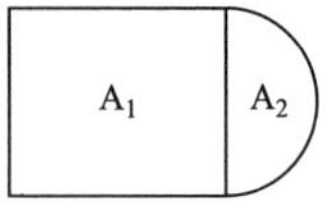

Skizze (nicht maßstäblich)

$$A_1 = 16{,}9\text{ cm} \cdot 4{,}2\text{ cm} = \underline{71{,}0\text{ cm}^2}$$

Flächeninhalt A_2 des Halbkreises:

$$A_2 = \frac{1}{2} \cdot \pi r_1^2 = \frac{1}{2} \cdot \pi \cdot (2{,}1\text{ cm})^2$$
$$\underline{A_2 = 6{,}9\text{ cm}^2}$$

Flächeninhalt A_3 der Bohrung:

$$A_3 = \pi \cdot r_2^2 = \pi \cdot (0{,}8\text{ cm})^2$$
$$\underline{A_3 = 2{,}0\text{ cm}^2}$$

Flächeninhalt A_G der Grundfläche des Bauteils:

$$A_G = A_1 + A_2 - A_3$$
$$= 71{,}0\,cm^2 + 6{,}9\,cm^2 - 2{,}0\,cm^2$$
$$\underline{A_G = 75{,}9\,cm^2}$$

Volumen des Bauteils:

$$V = A_G \cdot h$$
$$= 75{,}9\,cm^2 \cdot 0{,}5\,cm$$
$$\underline{V = 37{,}95\,cm^3}$$

Masse des Bauteils:

$$37{,}95\,cm^3 \cdot 7{,}8\frac{g}{cm^3} = \underline{\underline{296{,}0\,g}}$$

Das Bauteil hat eine Masse von 296 g.

3. $a_1 = 2a_2$

$V_1 = a_1^3 \quad V_2 = a_2^3$

$V_1 = (2a_2)^3$

$V_1 = 8a_2^3 \Rightarrow \qquad \frac{V_1}{V_2} = \frac{8\cancel{a_2^3}}{\cancel{a_2^3}} = \frac{8}{1}$

$\underline{\underline{V_1 : V_2 = 8 : 1}}$

4. a) Quader:

$V = a^2 \cdot h$

$a^2 = \frac{V}{h}$

$a^2 = \frac{480}{12}$

$a^2 = 40$

$\underline{\underline{a = 6{,}32\,cm}}$

Zylinder:

$V = r^2\pi \cdot h$

$r^2 = \frac{V}{h\pi}$

$r^2 = \frac{480}{12\pi}$

$r^2 = 12{,}73$

$\underline{\underline{r = 3{,}57\,cm}}$

b) Quader:

$O = 2 \cdot G + M$

$G = 6{,}32^2 = 39{,}94\,cm^2$

$M = 4 \cdot 6{,}32 \cdot 12$

$M = 303{,}36\,cm^2$

$O = 2 \cdot 39{,}94 + 303{,}36$

$\underline{\underline{O = 383{,}24\,cm^2}}$

Zylinder:

$O = 2 \cdot G + M$

$G = 3{,}57^2\,\pi = 40{,}04$

$M = 2 \cdot r \cdot \pi h$

$M = 2 \cdot 3{,}57 \cdot \pi \cdot 12 = 269{,}17$

$O = 2 \cdot 40{,}04 + 269{,}17$

$\underline{\underline{O = 349{,}25\,cm^2}}$

5. a) $d_1 = \sqrt{4{,}1^2 + 3{,}6^2}$
$\underline{\underline{d_1 = 5{,}46 \text{ cm}}}$

$d_2 = \sqrt{6{,}2^2 + 4{,}1^2}$
$\underline{\underline{d_2 = 7{,}43 \text{ cm}}}$

$r = \sqrt{6{,}2^2 + 4{,}1^2 + 3{,}6^2}$
$\underline{\underline{r = 8{,}26 \text{ cm}}}$

b) $d_1 = \sqrt{5{,}8^2 + 8{,}2^2}$
$\underline{\underline{d_1 = 10{,}04 \text{ cm}}}$

$d_2 = \sqrt{10{,}3^2 + 5{,}8^2}$
$\underline{\underline{d_2 = 11{,}82 \text{ cm}}}$

$r = \sqrt{10{,}3^2 + 5{,}8^2 + 8{,}2^2}$
$\underline{\underline{r = 14{,}39 \text{ cm}}}$

c) $d_1 = \sqrt{6{,}5^2 + 4^2}$
$\underline{\underline{d_1 = 7{,}63 \text{ cm}}}$

$d_2 = \sqrt{7{,}1^2 + 6{,}5^2}$
$\underline{\underline{d_2 = 9{,}27 \text{ cm}}}$

$r = \sqrt{7{,}1^2 + 6{,}5^2 + 4^2}$
$\underline{\underline{r = 10{,}42 \text{ cm}}}$

6.
$A = \overline{AB} \cdot \overline{BC}$
$52{,}48 = 8{,}2 \cdot \overline{BC}$
$\underline{\underline{\overline{BC} = 6{,}4 \text{ cm}}}$

$\overline{BD}^2 = 6{,}4^2 + 8{,}2^2$
$\overline{BD} = 10{,}4 \text{ cm} \Rightarrow \underline{\underline{\overline{MB} = 5{,}2 \text{ cm}}}$

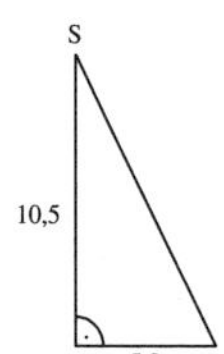

$\overline{BS}^2 = 10{,}5^2 + 5{,}2^2$
$\underline{\underline{\overline{BS} = 11{,}72 \text{ cm}}}$

Anwendung des Strahlensatzes:

$\frac{\overline{TR}}{5{,}2} = \frac{3{,}2}{10{,}5}$

$\overline{TR} = \frac{5{,}2 \cdot 3{,}2}{10{,}5}$

$\underline{\underline{\overline{TR} = 1{,}58 \text{ cm}}}$

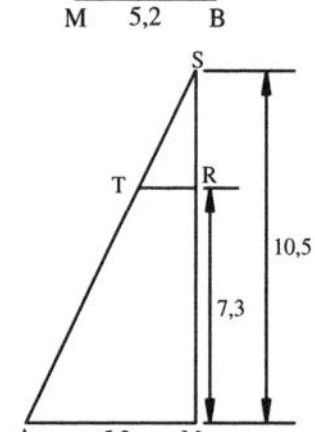

7. Lösungshinweis:

Das Volumen des Körpers ist die Summe der Rauminhalte von zwei Pyramiden.
Die Oberfläche des Körpers ist **nicht** die Summe der Oberfläche von zwei Pyramiden.

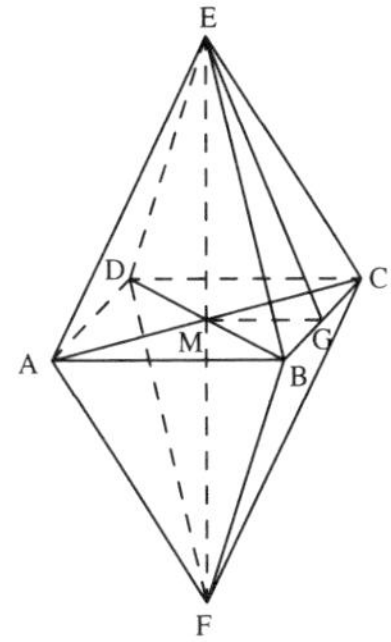

a) $\overline{EB}^2 = 8^2 + (3\sqrt{2})^2$

$\overline{EB}^2 = 82$

$\overline{EB} = 9{,}06\text{ cm}$

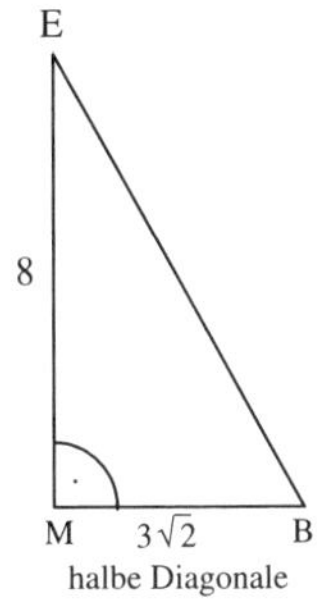

b) $V = 2 \cdot \frac{1}{3} G \cdot h$

$V = 2 \cdot \frac{1}{3} \cdot 6^2 \cdot 8$

$V = 192\text{ cm}^3$

c) $O = 8 \cdot A_S$

$O = 8 \cdot 25{,}62$

$O = 204{,}96\text{ cm}^2$

$\overline{EG}^2 = 8^2 + 3^2$

$\overline{EG}^2 = 73$

$\overline{EG} = 8{,}54\text{ cm}$

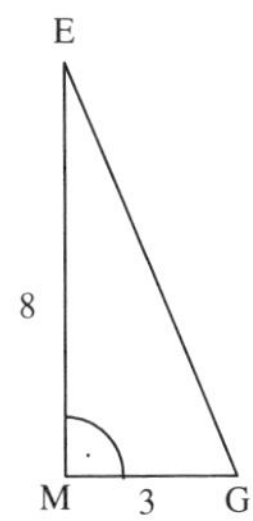

$A_S = \frac{1}{2} \cdot 6 \cdot 8{,}54$

$A_S = 25{,}62\text{ cm}^2$

Thematische Übungsaufgaben
Lineare Gleichungssysteme

1. Bestimmen Sie die Lösungsmenge.
   I $y = 2x + 1$
   II $y = 7 - x$

2. Bestimmen Sie die Lösungsmenge.
   I $7x + 3y = 5$
   II $y = x + 5$

3. Bestimmen Sie die Lösungsmenge.
   I $4x + 3y = 1$
   II $2x + y = -1$

4. Die Schüler Anton, Bert und Conrad lösen ein Gleichungssystem.
   I $7x - 2y = 18$
   II $y = 3x - 2$

   Alle drei verwenden das Einsetzungsverfahren, kommen aber zu unterschiedlichen Gleichungen.
   Anton: $7x - 2 \cdot (3x - 2) = 18$
   Bert: $7x - 6x - 2 = 18$
   Conrad: $7x - 3x - 2 = 18$
   Wer hat Recht? Welche Fehler machten die anderen?

5. Bestimmen Sie graphisch die Lösungsmenge des Gleichungssystems.
   I $y = \frac{x}{3} - 4$
   II $y + 2x = 3$

6. a) Bestimmen Sie die Lösungsmenge.
   I $2y + 2 = x$
   II $4y - 2x = 12$

   b) Was sagt die Lösungsmenge über die Lage der beiden zu den entsprechenden Funktionsgraphen gehörenden Geraden aus?

7. Unter einem tropfenden Wasserhahn steht eine leere Dose. In jeder Stunde steigt der Wasserspiegel in der Dose um 0,5 cm.
   In einem undichten Eimer daneben steht das Wasser zu Beginn 7,5 cm hoch. In jeder Stunde sinkt der Wasserspiegel im Eimer um 2 cm.

   a) Stellen Sie in einem gemeinsamen Koordinatensystem dar, wie sich die Wasserstände in den nächsten Stunden entwickeln werden. (x-Achse: 1 cm $\hat{=}$ 1 Stunde)

   b) Zu welchem Zeitpunkt steht in beiden Gefäßen das Wasser gleich hoch?

Lösungen

1. **I** $y = 2x + 1$
   II $y = 7 - x$

   Die linken Seiten der Gleichungen **I** und **II** stimmen überein. Deshalb können wir das Gleichsetzungsverfahren anwenden.

   I = II

   $$
   \begin{aligned}
   2x + 1 &= 7 - x && |+x \\
   3x + 1 &= 7 && |-1 \\
   3x &= 6 && |:3 \\
   \underline{x} &\underline{= 2}
   \end{aligned}
   $$

   Wir setzen x in die Gleichung **I** ein:

   $y = 2 \cdot 2 + 1$

   $\underline{y = 5}$

   Probe in **I**: $5 = 2 \cdot 2 + 1$?
   $5 = 5$ w.A.

   Probe in **II**: $5 = 7 - 2$?
   $5 = 5$ w.A.

   Lösungsmenge: $\underline{\underline{L = \{(2; 5)\}}}$

2. **I** $7x + 3y = 5$
   II $y = x + 5$

   Die linken Seiten der Gleichungen **I** und **II** stimmen **nicht** überein. Deshalb kann das Gleichsetzungsverfahren hier nicht angewendet werden. Weil die zweite Gleichung bereits nach y aufgelöst ist, können wir das Einsetzungsverfahren verwenden.

   $$
   \begin{aligned}
   \textbf{I} \quad 7x + 3y &= 5 && |\text{ersetzen: } y = x + 5 \\
   7x + 3 \cdot (x + 5) &= 5 \\
   7x + 3x + 15 &= 5 && |-15 \\
   10x &= -10 && |:10 \\
   \underline{x} &\underline{= -1}
   \end{aligned}
   $$

   Wir berechnen y, indem wir x in die Gleichung **II** einsetzen:

   II $y = -1 + 5$

   $\underline{y = 4}$

   Probe in **I**: $7 \cdot (-1) + 3 \cdot 4 = 5$?
   $5 = 5$ w.A.

   Probe in **II**: $4 = -1 + 5$?
   $4 = 4$ w.A.

   Lösungsmenge: $\underline{\underline{L = \{(-1; 4)\}}}$

3. **I** $4x+3y=1$
   II $2x+y=-1$

   Das Gleichsetzungs- oder Einsetzungsverfahren wie im Teil a oder b sind nicht anwendbar. Wir verwenden das Additionsverfahren. Damit beim Addieren der beiden Gleichungen das y verschwindet, multiplizieren wir die Gleichung **II** mit –3.

   II $2x+y=-1 \quad |\cdot(-3)$
   II* $-6x-3y=3$

   Jetzt addieren wir die Gleichungen **I** und **II***.

   I $4x+3y=1$
   II* $-6x-3y=3$

   $-2x = 4 \quad |:(-2)$

   $\underline{x=-2}$

   Um y zu berechnen, setzen wir x in die Gleichung **II** ein.

   II $2\cdot(-2)+y=-1$

   $-4+y=-1 \quad |+4$

   $\underline{y=3}$

   Probe in **I**: $4\cdot(-2)+3\cdot 3=1$?
   $1=1$ w.A.
   Probe in **II**: $2\cdot(-2)+3=-1$?
   $-1=-1$ w.A.

   Lösungsmenge: $\underline{\underline{L=\{(-2;3)\}}}$

4. Wir ersetzen in der Gleichung **I** die Variable y durch den Term, der in der Gleichung **II** angegeben ist.

   I $7x-2y=18 \quad |$ y ersetzen durch $3x-2$

   $7x-2\cdot(3x-2)=18$

   Anton hat Recht.

   Wir lösen die Klammer auf.

   $7x-6x\underline{+4}=18$

   Bert hat nicht richtig ausmultipliziert.

   Conrad liegt ganz falsch, denn er hat den Faktor –2 vor dem y nicht beachtet.

5. Die Gerade zur Funktionsgleichung **I** schneidet die y-Achse an der Stelle –4 und hat den Anstieg $\frac{1}{3}$.

   Die Gleichung **II** müssen wir in die Form $y=mx+n$ umwandeln.

   II $y+2x=3 \quad |-2x$
   II* $\underline{y=-2x+3}$

Die Gerade zur Funktionsgleichung **II*** schneidet die y-Achse an der Stelle 3 und hat den Anstieg –2.

Schnittpunkt: S(3; –3)

Probe in **I**: $-3 = \frac{3}{3} - 4$?

$-3 = -3$ w. A.

Probe in **II**: $-3 + 2 \cdot 3 = 3$?

$3 = 3$ w. A.

Lösungsmenge: $\underline{\underline{L = \{(3; -3)\}}}$

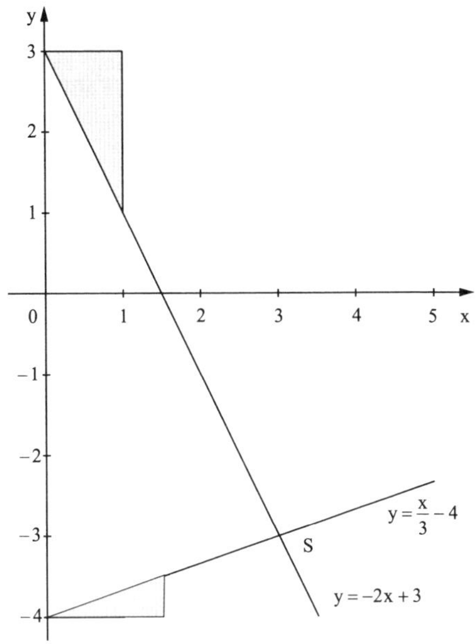

6. a) **I** $2y + 2 = x$

II $4y - 2x = 12$

Wir verwenden das Additionsverfahren. Wenn wir die Gleichung **I** mit –2 multiplizieren, dann verschwindet beim Addieren das y.

I $2y + 2 = x$ $\quad | \cdot (-2)$

I* $-4y - 4 = -2x$

Jetzt addieren wir die Gleichungen **I*** und **II**.

I* $-4y - 4 = -2x$

II $4y - 2x = 12$

$$-4 - 2x = -2x + 12 \quad | + 2x$$

$$\underline{-4 = 12} \quad \text{f. A.}$$

Wir erhalten einen Widerspruch. Das Gleichungssystem ist nicht lösbar. Die Lösungsmenge ist leer.

$\underline{\underline{L = \varnothing}}$

b) Die Lösungsmenge eines linearen Gleichungssystems entspricht dem Schnittpunkt (allgemein: den gemeinsamen Punkten) der zugehörigen Geraden im Koordinatensystem. Wenn die Lösungsmenge leer ist, dann haben die beiden Geraden keinen gemeinsamen Punkt. Sie liegen also parallel zueinander.
Zur Probe wandeln wir beide Gleichungen in die Form $y = mx + n$ um.

I $2y + 2 = x \quad |-2$

$2y = x - 2 \quad |:2$

$\underline{y = \frac{x}{2} - 1}$

II $4y - 2x = 12 \quad |+2x$

$4y = 2x + 12 \quad |:4$

$\underline{y = \frac{x}{2} + 3}$

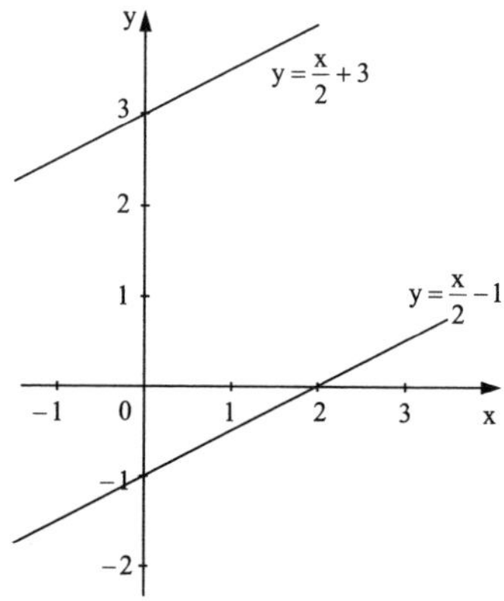

7. a) **Festlegung der Variablen:**
x… Zeit in Stunden
y… Wasserstand in cm

Funktionsgleichungen:
Dose: $y = 0{,}5x$ (Anstieg 0,5)
Eimer: $y = 7{,}5 - 2x$ (Anstieg –2)

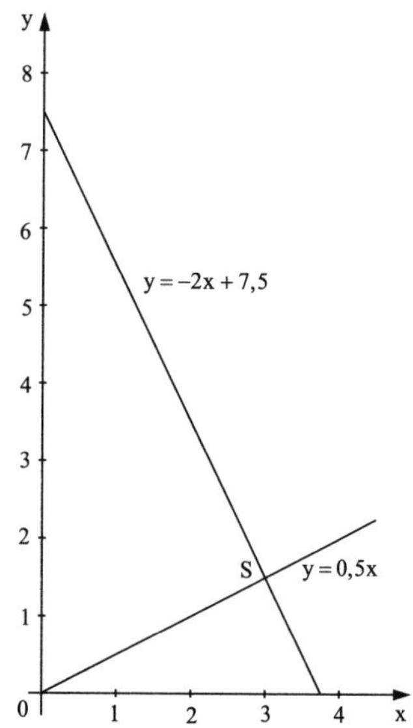

b) Schnittpunkt: S(3; 1,5)

Probe für die Dose: $1{,}5 = 0{,}5 \cdot 3$?
$1{,}5 = 1{,}5$ w. A.

Probe für den Eimer: $1{,}5 = 7{,}5 - 2 \cdot 3$?
$1{,}5 = 1{,}5$ w. A.

Nach 3 Stunden steht das Wasser in beiden Gefäßen gleich hoch.

Thematische Übungsaufgaben
Funktionen

1. Zeichnen Sie die Graphen der Funktionen.

   a) $y = f(x) = \frac{2}{3}x + 1$

   b) $y = g(x) = -2x + 4$

   c) $y = h(x) = x - 1{,}5$

2. Zeichnen Sie die Graphen der Funktionen.

   a) $y = f(x) = (x+2)^2 + 1$

   b) $y = g(x) = x^2 - 2x + 1{,}5$

   c) $y = h(x) = x^2 - 3x + \frac{1}{4}$

3. Legen Sie eine Wertetabelle an und zeichnen Sie die Graphen der Funktionen im Bereich $-4 \le x \le 4$.

   a) $y = f(x) = -\frac{1}{4}x^2$

   b) $y = g(x) = 6 \cdot x^{-1}$

   c) $y = h(x) = 4 \cdot \sin x$

4. Gegeben ist die Funktion f mit $y = f(x) = x^2 + 2x - 1$.

   a) Prüfen Sie rechnerisch, ob der Punkt P(1,5; 4) auf dem Graphen der Funktion f liegt.

   b) Auf dem Graphen der Funktion f liegen die Punkte $P_1(-2; y_1)$ und $P_2(2; y_2)$. Durch diese Punkte verläuft eine Gerade g. Geben Sie die zu der Gerade g gehörende Funktionsgleichung an.

5. Bestimmen Sie die Nullstellen der Funktionen.

   a) $y = f(x) = \frac{3}{4}x + 6$

   b) $y = g(x) = x^2 + 7x - 3{,}75$

   c) $y = h(x) = (x+1) \cdot (x-5)$

   d) $y = i(x) = x^2 + 2x + 3$

6. Gegeben ist eine Funktion f mit der Gleichung $y = f(x) = x^2 + px + q \quad (p, q \in \mathbb{R})$.

   a) Die Funktion f hat nur eine Nullstelle und der Wert für p beträgt 3.
   Berechnen Sie den Wert für q.

   b) Geben Sie für jede der folgenden Aussagen den Wahrheitswert an:

   A_1: Der Graph der Funktion f ist eine nach oben geöffnete Parabel.
   A_2: Der Graph der Funktion f berührt die x-Achse an genau einer Stelle.
   A_3: Der Wertebereich der Funktion f enthält nur positive Zahlen.

Lösungen

1. Alle drei Funktionen sind vom Typ $y = mx + n$.
   n ist die Stelle, an der der Graph die y-Achse schneidet, m ist der Anstieg der Geraden (Anstiegsdreieck).

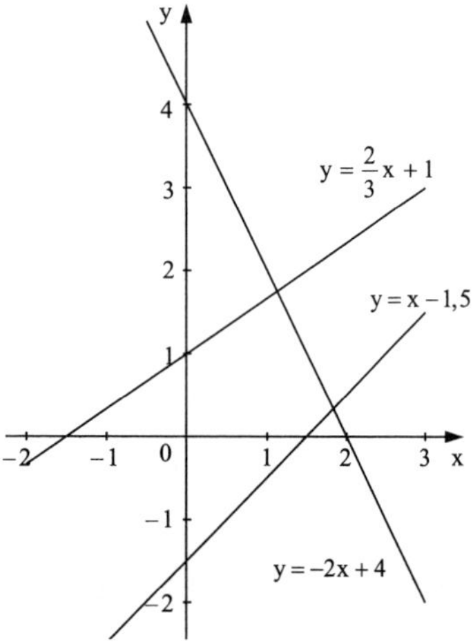

2. In allen drei Fällen handelt es sich um quadratische Funktionen, die als Graph eine nach oben geöffnete Normalparabel haben.

   a) Die Funktion liegt in der Scheitelpunktform $y = (x + d)^2 + e$ vor. Der Scheitelpunkt liegt dann bei $S(-d;\, e)$, also in unserem Fall bei $\underline{\underline{S(-2;\, 1)}}$.

   b) Die Funktion liegt in der Normalform $y = x^2 + px + q$ vor; $p = -2$, $q = 1{,}5$.
   Scheitelpunkt $S(x_S,\, y_S)$:

$$x_S = -\frac{p}{2} \qquad\qquad y_S = -\frac{p^2}{4} + q$$

$$x_S = -\frac{(-2)^2}{2} = \underline{1} \qquad\qquad y_S = -\frac{(-2)^2}{4} + 1{,}5 = \underline{0{,}5}$$

$$\underline{\underline{S(1;\, 0{,}5)}}$$

   c) Der Lösungsweg ist wie bei 2 b), mit $p = -3$ und $q = \frac{1}{4}$.
   Scheitelpunkt: $\underline{\underline{S(1{,}5;\, -2)}}$

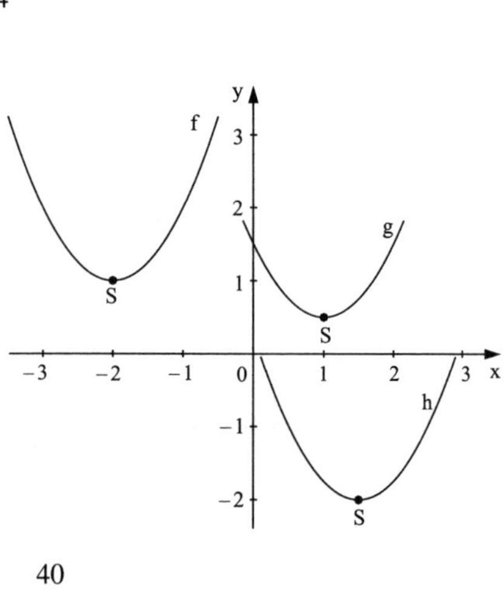

3. a)

x	−4	−3	−2	−1	0	1	2	3	4
y	−4	−2,25	−1	−0,25	0	−0,25	−1	−2,25	−4

b)

x	−4	−3	−2	−1	0	1	2	3	4
y	−1,5	−2	−3	−6	nicht definiert	6	3	2	1,5

c) Die Funktion hat den Typ $y = a \cdot \sin x$.
Ihre Nullstellen liegen bei $x_k = k \cdot \pi$ ($k \in \mathbb{Z}$). An den Stellen $x_k = k \cdot \frac{\pi}{2}$ ($k \in \mathbb{Z}$) hat sie Maxima und Minima. Deshalb nehmen wir die x-Werte $-\pi, -\frac{\pi}{2}, \frac{\pi}{2}$ und π in die Wertetabelle auf.

x	−4	−π	−3	−2	$-\frac{\pi}{2}$	−1	0	1	$\frac{\pi}{2}$	2	3	π	4
y	3,0	0	−0,6	−3,6	−4	−3,4	0	3,4	4	3,6	0,6	0	−3,0

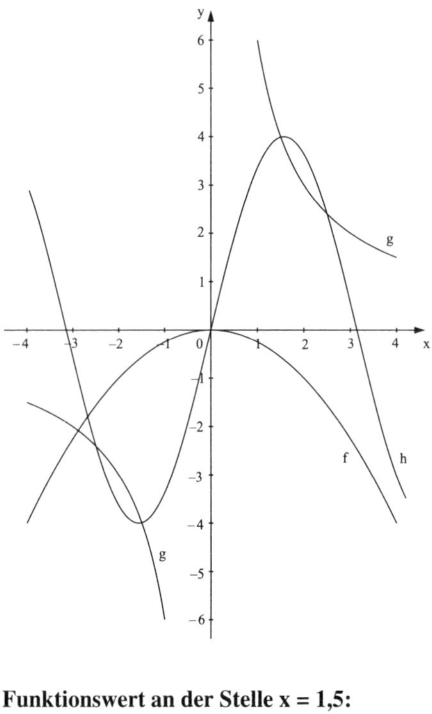

4. a) **Funktionswert an der Stelle x = 1,5:**

$y = x^2 + 2x - 1$ | x = 1,5 einsetzen

$y = 1{,}5^2 + 2 \cdot 1{,}5 - 1$

$\underline{y = 4{,}25}$

Der Punkt P(1,5; 4) liegt nicht auf dem Graphen von f.

b) **y-Koordinaten von P_1 und P_2:**

$y = x^2 + 2x - 1 \quad | \ x_1 = -2$ einsetzen

$y_1 = (-2)^2 + 2 \cdot (-2) - 1$

$\underline{y_1 = -1}$

$y = x^2 + 2x - 1 \quad | \ x_2 = 2$ einsetzen

$y_2 = 2^2 + 2 \cdot 2 - 1$

$\underline{y_2 = 7}$

Anstieg m der Geraden:

$$m = \frac{y_2 - y_1}{x_2 - x_2}$$

$$= \frac{7-(-1)}{2-(-2)}$$

$\underline{\underline{m = 2}}$

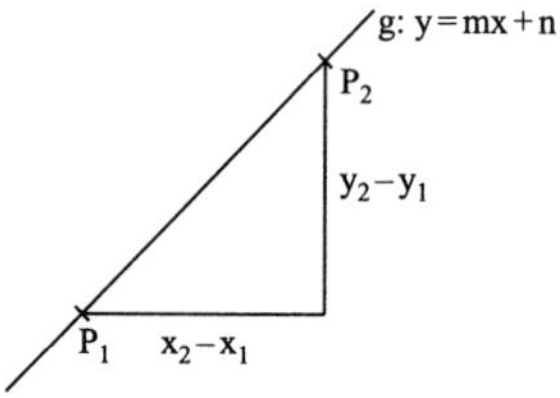

Abschnitt n auf der y-Achse:

$y = 2x + n \quad | \ P_1(-2; -1)$ einsetzen

$-1 = 2 \cdot (-2) + n$

$\underline{3 = n}$

Zu der Gerade g gehört die Funktionsgleichung $y = g(x) = 2x + 3$

5. a) $y = \frac{3}{4}x + 6 \quad | \ y = 0$ einsetzen

$0 = \frac{3}{4}x + 6 \quad | -6$

$6 = \frac{3}{4}x \quad | \cdot \frac{4}{3}$

$\frac{6 \cdot 4}{3} = x$

$\underline{\underline{8 = x}}$

b) $y = x^2 + 7x - 3{,}75 \quad | \ y = 0$ einsetzen

$0 = x^2 + 7x - 3{,}75$

Wir haben eine quadratische Gleichung vom Typ $0 = x^2 + px + q$ mit $p = 7$ und $q = -3{,}75$ erhalten.

$$x_{1,2} = -\frac{p}{2} \pm \sqrt{\frac{p^2}{4} - q}$$
$$= -\frac{7}{2} \pm \sqrt{\frac{7^2}{4} - (-3{,}75)}$$
$$= -\frac{7}{2} \pm 4$$
$$\underline{\underline{x_1 = 0{,}5}} \qquad \underline{\underline{x_2 = -7{,}5}}$$

c) $y = (x + 1) \cdot (x - 5)$ | y = 0 einsetzen
$0 = (x + 1) \cdot (x - 5)$

Das Produkt aus zwei Termen wird genau dann null, wenn einer der Terme null wird.

$x + 1$ wird null für $\underline{\underline{x_1 = -1}}$

$x - 5$ wird null für $\underline{\underline{x_2 = 5}}$

d) $y = x^2 + 2x + 3$ | y = einsetzen
$0 = x^2 + 2x + 3$ quadratische Gleichung mit $p = 2$, $q = 3$

$$x_{1,2} = -\frac{p}{2} \pm \sqrt{\frac{p^2}{4} - q}$$
$$= -\frac{2}{2} \pm \sqrt{\frac{2^2}{4} - 3}$$
$$= -1 \pm \sqrt{-2}$$

$\sqrt{-2}$ ist im Bereich der reellen Zahlen nicht definiert. Es gibt also keine reelle Zahl x, für die $x^2 + 2x + 3$ den Wert null annimmt. Es gibt keine Nullstelle.

6. a) $y = x^2 + px + q$ | p = 3 einsetzen
$y = x^2 + 3x + q$ | y = 0 einsetzen (Nullstelle)
$0 = x^2 + 3x + q$ | Lösungsformel anwenden

$$x_{1,2} = -\frac{3}{2} \pm \sqrt{\frac{3^2}{4} - q}$$
$$= -\frac{3}{2} \pm \sqrt{\frac{9}{4} - q}$$

Da die Funktion f nur eine Nullstelle haben soll, muss der Wert unter der Wurzel null sein.

$$\frac{9}{4} - q = 0$$
$$\underline{\underline{q = \frac{9}{4}}}$$

b) A_1: wahr, denn vor dem x^2 steht kein negativer Faktor
A_2: wahr, diese Stelle ist die Nullstelle
A_3: falsch, denn der Wertebereich enthält auch den y-Wert 0.

Thematische Übungsaufgaben
Trigonometrische Berechnungen

1. A(–1 | –4) B(6 | –1) C(8 | 4)
   Berechnen Sie das Maß des Winkels $\beta = \sphericalangle$ CBA.

2. $\overline{AB} = 8{,}5\,\text{cm}$ $\overline{BD} = 4{,}2\,\text{cm}$ $\overline{DC} = 5{,}3\,\text{cm}$
   Berechnen Sie das Maß des Winkels γ.

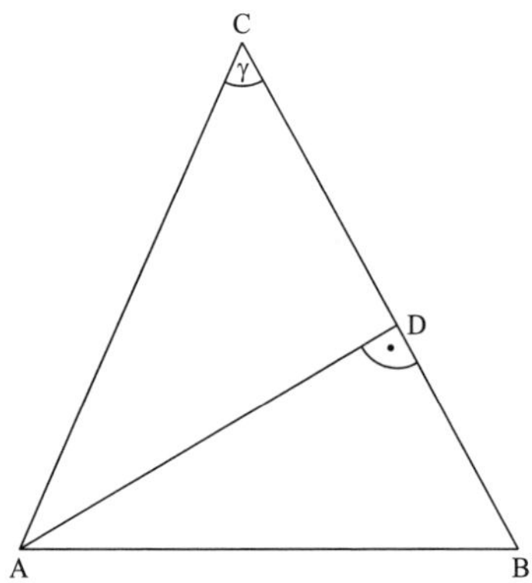

3. a) Berechnen Sie $\overline{BD}$, $\overline{AB}$, $\overline{AD}$.

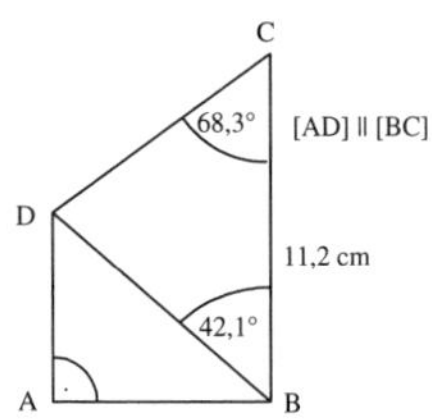

   b) Berechnen Sie $\overline{AC}$, $\overline{AD}$, $\overline{DC}$.

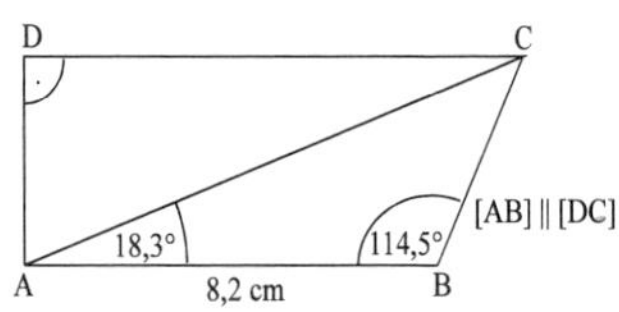

4. Einem Fischereiverein wird ein dreieckiges Grundstück auf beiden Seiten eines Flusses angeboten. Das Grundstück besitzt die Fläche A = 1 582 m^2. Zwei Eckpunkte des Grundstücks liegen auf der südlichen Seite des Flusses und sind 41,5 m voneinander entfernt. Der dritte Eckpunkt liegt auf der nördlichen Seite des Flusses. Er kann von einem Eckpunkt auf der südlichen Seite unter einem Winkel von 62,1° anvisiert werden.

   a) Fertigen Sie eine Skizze an.

   b) Berechnen Sie die Länge der beiden anderen Grundstücksseiten.

5. Zwischen zwei Orten A und B verläuft eine geradlinige Straße. Vom Ort C, von dem man die Straße nicht sehen kann, soll ein möglichst kurzer Verbindungsweg zu dieser Straße angelegt werden. Von den Orten A und B kann der Ort C anvisiert werden.
An welcher Stelle muss der Verbindungsweg auf die Straße treffen? Berechnen Sie die Entfernung zum Ort A.

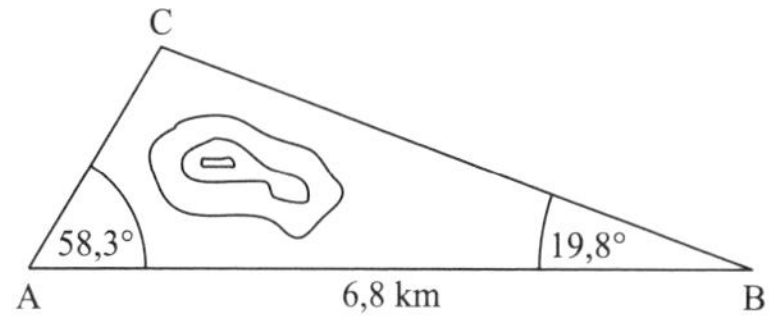

6. Ein Dreieck besitzt die Seitenlängen $\overline{AB} = c = 12{,}1\ \text{cm}$, $\overline{BC} = a = 6{,}9\ \text{cm}$, $\overline{AC} = b = 8{,}5\ \text{cm}$.

   a) Berechnen Sie zuerst α, dann γ.

   b) Berechnen Sie die Fläche des Dreiecks.

   c) Berechnen Sie die Länge der Höhe h_c.

7. Ein Damm von 4,5 m Höhe ist an der Dammkrone 3 m breit und besitzt Böschungslängen von 6 m und 6,4 m.

   a) Berechnen Sie die Breite der Dammsohle.

   b) Berechnen Sie das Maß der beiden Böschungswinkel.

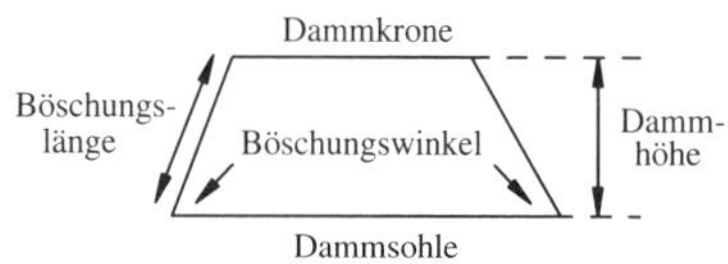

Lösungen

1.

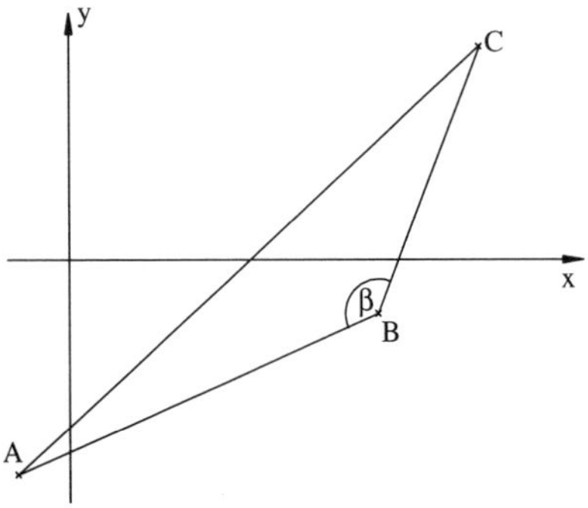

Formel: $\overline{AB} = \sqrt{(x_B - x_A)^2 + (y_B - y_A)^2}$

$$\overline{AB} = \sqrt{(6+1)^2 + (-1+4)^2}$$
$$\overline{AB} = \sqrt{7^2 + 3^2}$$
$$\overline{AB} = 7{,}62 \text{ cm}$$

$$\overline{BC} = \sqrt{(4+1)^2 + (8-6)^2}$$
$$\overline{BC} = \sqrt{5^2 + 2^2}$$
$$\overline{BC} = 5{,}39 \text{ cm}$$

$$\overline{AC} = \sqrt{(8+1)^2 + (4+4)^2}$$
$$\overline{AC} = \sqrt{9^2 + 8^2}$$
$$\overline{AC} = 12{,}04 \text{ cm}$$

$$\overline{AC}^2 = \overline{AB}^2 + \overline{BC}^2 - 2\,\overline{AB}\,\overline{BC}\cos\beta$$
$$\cos\beta = \frac{\overline{AC}^2 - \overline{AB}^2 - \overline{BC}^2}{-2\,\overline{AB}\,\overline{BC}}$$
$$\cos\beta = \frac{12{,}04^2 - 7{,}62^2 - 5{,}39^2}{-2 \cdot 7{,}62 \cdot 5{,}39}$$
$$\underline{\underline{\beta = 134{,}76°}}$$

2.

$$\overline{AD}^2 = \overline{AB}^2 - \overline{BD}^2$$
$$\overline{AD}^2 = 8{,}5^2 - 4{,}2^2$$
$$\underline{\underline{\overline{AD} = 7{,}39 \text{ cm}}}$$

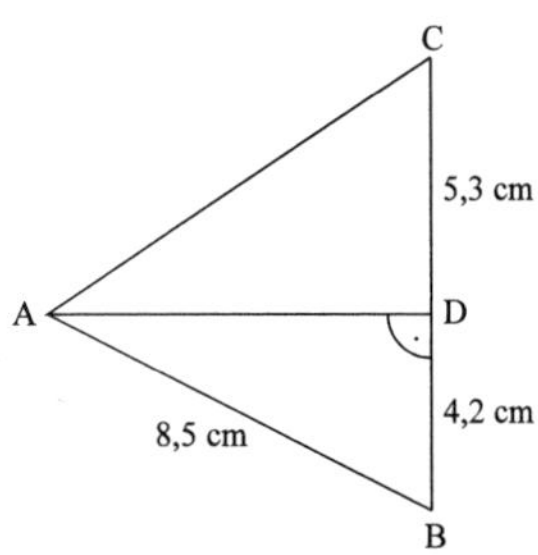

$$\tan\gamma = \frac{\overline{AD}}{\overline{DC}}$$
$$\tan\gamma = \frac{7{,}39}{5{,}3}$$
$$\underline{\underline{\gamma = 54{,}35°}}$$

3. a) $\delta_1 = 180° - 68{,}3° - 42{,}1°$

$\underline{\underline{\delta_1 = 69{,}6°}}$

$\underline{\underline{\delta_2 = 42{,}1°}}$ (Z-Winkel)

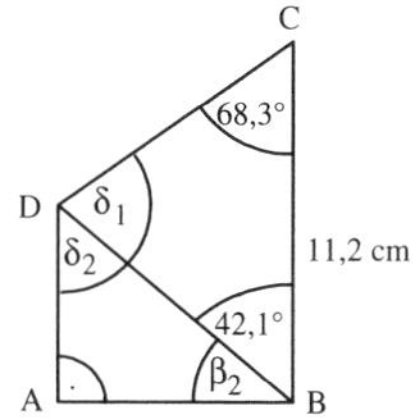

$$\frac{\overline{BD}}{\sin 68{,}3°} = \frac{11{,}2}{\sin 69{,}6°}$$

$$\overline{BD} = \frac{11{,}2 \cdot \sin 68{,}3°}{\sin 69{,}60°}$$

$$\underline{\underline{\overline{BD} = 11{,}10\,\text{cm}}}$$

$\sin \delta_2 = \frac{\overline{AB}}{\overline{BD}}$

$\overline{AB} = \overline{BD} \cdot \sin \delta_2$

$\overline{AB} = 11{,}1 \cdot \sin 42{,}1°$

$\underline{\underline{\overline{AB} = 7{,}44\,\text{cm}}}$

$\beta_2 = 90° - 42{,}1°$

$\beta_2 = 47{,}9°$

$\sin \beta_2 = \frac{\overline{AD}}{\overline{BD}}$

$\overline{AD} = \overline{BD} \cdot \sin \beta_2$

$\overline{AD} = 11{,}1 \cdot \sin 47{,}9°$

$\underline{\underline{\overline{AD} = 8{,}24\,\text{cm}}}$

Weitere Möglichkeiten zur Berechnung von $\overline{AD}$:

- $\cos \delta_2 = \frac{\overline{AD}}{\overline{DB}}$ • $\tan \delta_2 = \frac{\overline{AB}}{\overline{AD}}$ • $\tan \beta_2 = \frac{\overline{AD}}{\overline{AB}}$
- Anwendung des Satzes von Pythagoras: $\overline{AD}^2 = \overline{BD}^2 - \overline{AB}^2$

b) $\gamma_1 = 180° - 114{,}5° - 18{,}3°$

$\underline{\underline{\gamma_1 = 47{,}2°}}$

$\underline{\underline{\gamma_2 = 18{,}3°}}$ (Z-Winkel)

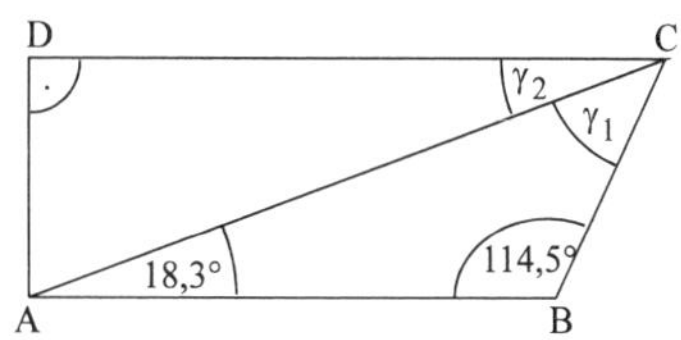

$$\frac{\overline{AC}}{\sin 114{,}5°} = \frac{8{,}2}{\sin 47{,}2°}$$

$$\overline{AC} = \frac{8{,}2 \cdot \sin 114{,}5°}{\sin 47{,}2°}$$

$$\underline{\underline{\overline{AC} = 10{,}17\,\text{cm}}}$$

$\sin \gamma_2 = \frac{\overline{AD}}{\overline{AC}}$

$\overline{AD} = \overline{AC} \cdot \sin \gamma_2$

$\overline{AD} = 10{,}17 \cdot \sin 18{,}3°$

$\underline{\underline{\overline{AD} = 3{,}19\,\text{cm}}}$

$\cos \gamma_2 = \frac{\overline{DC}}{\overline{AC}}$

$\overline{DC} = \overline{AC} \cdot \cos \gamma_2$

$\overline{DC} = 10{,}17 \cdot \cos 18{,}3°$

$\underline{\underline{DC = 9{,}66\,\text{cm}}}$

4. a)

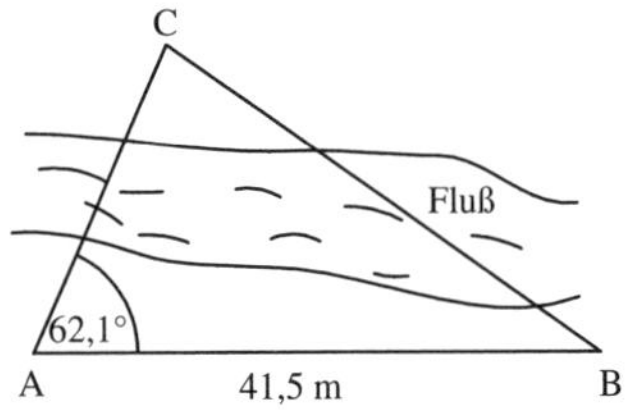

b) Im ΔABC gilt:

$$A = \frac{1}{2}\overline{AB} \cdot \overline{AC} \cdot \sin\alpha$$

$$2 \cdot A = \overline{AB} \cdot \overline{AC} \cdot \sin\alpha$$

$$\overline{AC} = \frac{2A}{\overline{AB} \cdot \sin\alpha}$$

$$\overline{AC} = \frac{2 \cdot 1582}{41{,}5 \cdot \sin 62{,}1^\circ}$$

$$\underline{\underline{\overline{AC} = 86{,}27 \text{ m}}}$$

Anwendung des Kosinussatzes:

$$\overline{BC}^2 = \overline{AB}^2 + \overline{AC}^2 - 2\,\overline{AB}\,\overline{AC} \cdot \cos\alpha$$

$$\overline{BC}^2 = 41{,}5^2 + 86{,}27^2 - 2 \cdot 41{,}5 \cdot 86{,}27 \cdot \cos 62{,}1^\circ$$

$$\underline{\underline{\overline{BC} = 76{,}25 \text{ m}}}$$

5. Damit der Weg möglichst kurz wird, muss der Weg senkrecht auf die Straße treffen.

$$\gamma = 180^\circ - 58{,}3^\circ - 19{,}8^\circ$$

$$\underline{\underline{\gamma = 101{,}9^\circ}}$$

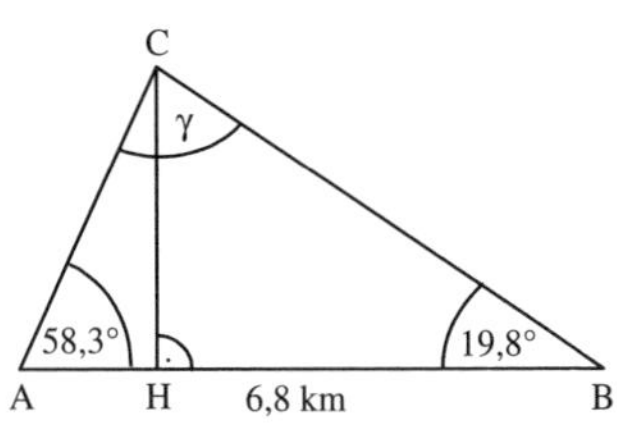

Sinussatz im Dreieck ABC:

$$\frac{\overline{AC}}{\sin 19{,}8^\circ} = \frac{6{,}8}{\sin 101{,}9^\circ}$$

$$\overline{AC} = \frac{6{,}8 \cdot \sin 19{,}8^\circ}{\sin 101{,}9^\circ}$$

$$\overline{AC} = 2{,}35 \text{ km}$$

Im rechtwinkligen Dreieck AHC gilt:

$$\cos 58{,}3^\circ = \frac{\overline{AH}}{\overline{AC}}$$

$\overline{AH} = \overline{AC} \cdot \cos 58{,}3°$

$\overline{AH} = 2{,}35 \cdot \cos 58{,}3°$

$\underline{\underline{\overline{AH} = 1{,}23 \text{ km}}}$

Die Anschlussstelle liegt 1,23 km vom Ort A entfernt.

6. a) Kosinussatz:

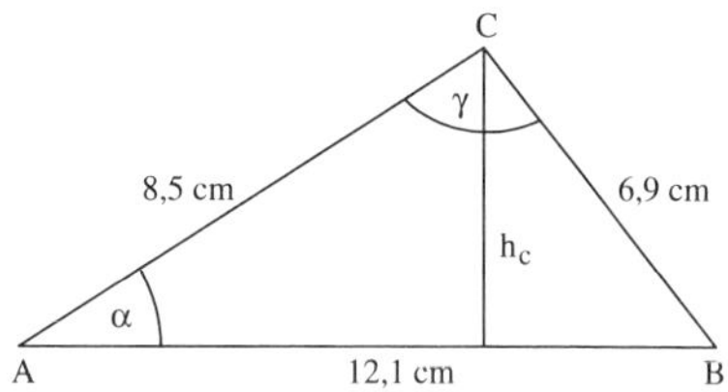

$\overline{BC}^2 = \overline{AB}^2 + \overline{AC}^2 - 2\,\overline{AB}\,\overline{AC} \cdot \cos \alpha$

$\cos \alpha = \dfrac{\overline{BC}^2 - \overline{AB}^2 - \overline{AC}^2}{-2\,\overline{AB}\,\overline{AC}}$

$\text{coa } \alpha = \dfrac{6{,}9^2 - 12{,}1^2 - 8{,}5^2}{-2 \cdot 12{,}1 \cdot 8{,}5}$

$\underline{\underline{\alpha = 33{,}74°}}$

Berechnung von γ mit dem Sinussatz:

$\dfrac{\sin \gamma}{12{,}1} = \dfrac{\sin 33{,}74°}{6{,}9}$

$\sin \gamma = \dfrac{12{,}1 \cdot \sin 33{,}74°}{6{,}9}$

$\hat{\gamma} = 76{,}91° \Rightarrow \gamma = 180° - 76{,}91°$

$\underline{\underline{\gamma = 103{,}09°}}$

Vorsicht beim Sinussatz: Der Taschenrechner zeigt stets einen spitzen Winkel an. Anhand der Zeichnung bzw. der gegebenen Seitenlängen muss man entscheiden, ob der gesuchte Winkel spitz oder stumpf ist.
Im vorliegenden Beispiel muss $\gamma > 90°$ sein, denn der größten Seite muss auch der größte Winkel gegenüberliegen.

b) $A = \dfrac{1}{2}\overline{AB} \cdot \overline{AC} \cdot \sin \alpha$

$A = \dfrac{1}{2} \cdot 12{,}1 \cdot 8{,}5 \cdot \sin 33{,}74°$

$\underline{\underline{A = 28{,}56 \text{ cm}^2}}$

Die Fläche ist das halbe Produkt zweier Seiten, multipliziert mit dem Sinus des eingeschlossenen Winkels!

c) Es bieten sich zwei Möglichkeiten der Berechnung an:

1) $A = \frac{1}{2} \cdot c \cdot h_c \quad |\cdot 2$

$2A = c \cdot h_c \quad |:c$

$h_c = \frac{2 \cdot A}{c}$

$h_c = \frac{2 \cdot 28{,}56}{12{,}1}$

$\underline{\underline{h_c = 4{,}72\text{ cm}}}$

2) $\sin\alpha = \frac{h_c}{\overline{AC}}$

$h_c = \overline{AC} \cdot \sin\alpha$

$h_c = 8{,}5 \cdot \sin 33{,}74°$

$\underline{\underline{h_c = 4{,}72\text{ cm}}}$

7.

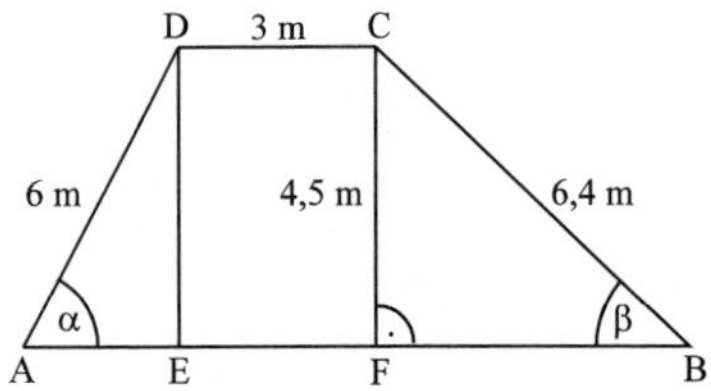

a) Anwendung des Satzes von Pythagoras in den Dreiecken AED und FBC.

$\overline{AD}^2 = \overline{AE}^2 + \overline{ED}^2$

$\overline{AE}^2 = \overline{AD}^2 - \overline{ED}^2$

$\overline{AE}^2 = 6^2 - 4{,}5^2$

$\underline{\underline{\overline{AE} = 3{,}97\text{ m}}}$

$\overline{CB}^2 = \overline{FB}^2 + \overline{FC}^2$

$\overline{FB}^2 = \overline{CB}^2 - \overline{FC}^2$

$\overline{FB}^2 = 6{,}4^2 - 4{,}5^2$

$\underline{\underline{\overline{FB} = 4{,}55\text{ m}}}$

$\overline{AB} = 3{,}97 + 3 + 4{,}55$

$\underline{\underline{\overline{AB} = 11{,}52\text{ m}}}$

Die Länge der Dammsohle beträgt 11,52 m.

b) $\sin\alpha = \frac{\overline{ED}}{\overline{AD}}$ oder $\tan\alpha = \frac{\overline{ED}}{\overline{AE}}$

$\sin\alpha = \frac{4{,}5}{6}$ $\qquad$ $\tan\alpha = \frac{4{,}5}{3{,}97}$

$\underline{\underline{\alpha = 48{,}59°}}$ $\qquad$ $\underline{\underline{\alpha = 48{,}58°}}$

$\sin\beta = \frac{\overline{CF}}{\overline{CB}}$ oder $\tan\beta = \frac{\overline{CF}}{\overline{FB}}$

$\sin\beta = \frac{4{,}5}{6{,}4}$ $\qquad$ $\tan\beta = \frac{4{,}5}{4{,}55}$

$\underline{\underline{\beta = 44{,}68°}}$ $\qquad$ $\underline{\underline{\beta = 44{,}68°}}$

Thematische Übungsaufgaben
Stochastik und Wahrscheinlichkeitsrechnung

1. Bei einer Qualitätskontrolle wurde eine Stichprobe von 20 Teilen untersucht. Die gemessenen Längen (in mm) wurden in folgender Urliste festgehalten:

17,1	17,0	17,2	16,8	17,0	17,1	16,9	17,0	16,9	17,0
17,2	16,9	17,1	17,0	16,8	17,0	16,9	17,1	16,8	17,0

   a) Bestimmen Sie für jede Länge die absolute und die relative Häufigkeit.

   b) Stellen Sie die absoluten Häufigkeiten als Säulendiagramm dar.

   c) Stellen Sie die relativen Häufigkeiten als Kreisdiagramm und als Streifendiagramm dar.

2. Zeichnen Sie zu den folgenden geordneten Listen je ein Histogramm. Markieren Sie die Lage des arithmetischen Mittels $\overline{x}$, des Zentralwertes (Medians) z und des häufigsten Wertes (Modalwert) $\tilde{x}$.

a)	11	12	12	13	13	13	14	14	15
b)	12	12	13	13	13	13	14	14	22
c)	12	12	12	13	13	14	14	15	16

3. Die Lebensdauer einer Glühlampe ist eine Zufallsgröße. Die nebenstehende Tabelle zeigt die zugehörige Wahrscheinlichkeitsverteilung.

   a) Berechnen Sie den Erwartungswert der Lebensdauer.

   b) Mit welcher Wahrscheinlichkeit fällt die Glühlampe schon vorher aus?

Lebensdauer in Stunden	Wahrscheinlichkeit
500	0,01
1 000	0,03
1 500	0,11
2 000	0,49
2 500	0,32
3 000	0,04

4. Die erforderliche Arbeitszeit für die Reparatur eines Fernsehgerätes ist eine Zufallsgröße. Aus einer Statistik ergab sich nebenstehende Verteilung:

   a) Berechnen Sie den Erwartungswert für die Dauer einer Reparatur.

   b) Wie viele Arbeitstage zu je 8 Zeitstunden sind ungefähr nötig, um 100 Reparaturaufträge auszuführen?

Arbeitszeit in Stunden	Wahrscheinlichkeit
0,5	0,12
1,0	0,23
1,5	0,52
2,0	0,13

5. Berechnen Sie die Wahrscheinlichkeiten der angegebenen Ereignisse.

   a) Es wird einmal gewürfelt. Wie groß ist die Wahrscheinlichkeit, dass die Zahl größer als 2 ist?

   b) Aus einem Kasten mit 4 roten und 3 weißen Kugeln wird ohne hinzusehen eine Kugel gezogen. Wie groß ist die Wahrscheinlichkeit, dabei eine weiße Kugel zu ziehen?

   c) Für einen Zahlentrick soll ein Zuschauer sich eine zweistellige Zahl ausdenken. Wie groß ist die Wahrscheinlichkeit, dass diese Zahl die Ziffer 7 enthält?

   d) Das dargestellte Glücksrad besteht aus 8 gleich großen Sektoren. Wie groß ist die Wahrscheinlichkeit, dass bei einmaligem Drehen das Rad auf einem grauen Sektor stehen bleibt?

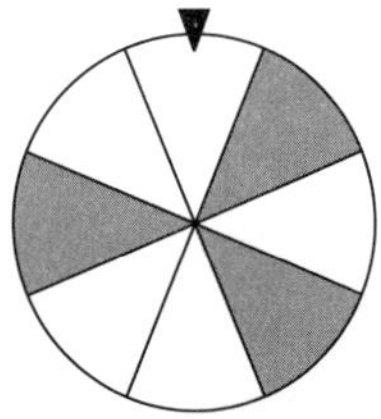

6. Das nebenstehende Baumdiagramm beschreibt einen zweistufigen Zufallsversuch, bei dem aus einem Gefäß mit 7 roten und 5 weißen Kugeln nacheinander 2 Kugeln gezogen werden.

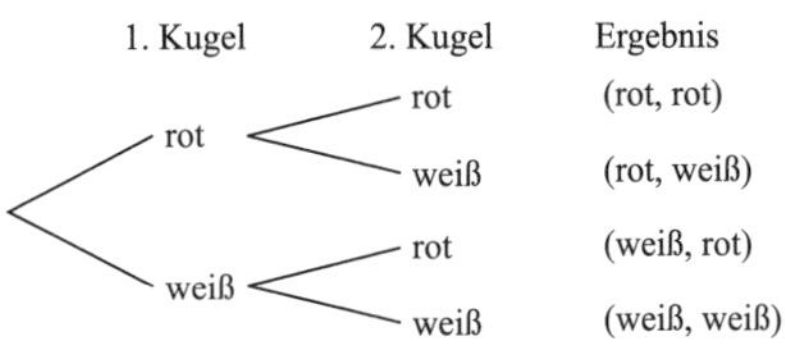

   a) Ergänzen Sie in dem Diagramm die Wahrscheinlichkeiten für jeden Teilversuch, wenn die erste Kugel zurückgelegt wird, bevor die zweite Kugel gezogen wird.

   b) Wie ändern sich die Wahrscheinlichkeiten, wenn die erste Kugel nicht zurückgelegt wird?

7. Die drei Freunde Anton, Bert und Conrad zelten gemeinsam. Jeden Morgen losen die drei aus, wer einkaufen geht. Die beiden anderen entscheiden durch ein weiteres Los, wer von ihnen die Mahlzeiten zubereitet.

   a) Zeichnen Sie ein Baumdiagramm für diesen zweistufigen Zufallsversuch.

   b) Wie groß ist die Wahrscheinlichkeit, dass Anton einkauft und gleichzeitig Bert für die Mahlzeiten verantwortlich ist?

   c) Wie groß ist die Wahrscheinlichkeit, dass Conrad sich um nichts kümmern muss?

Lösungen

1. a)

Länge in mm	absolute Häufigkeit	relative Häufigkeit
16,8	3	$\frac{3}{20} = 0{,}15 = 15\ \%$
16,9	4	$\frac{4}{20} = 0{,}20 = 20\ \%$
17,0	7	$\frac{7}{20} = 0{,}35 = 35\ \%$
17,1	4	$\frac{4}{20} = 0{,}20 = 20\ \%$
17,2	2	$\frac{2}{20} = 0{,}10 = 10\ \%$
Summe	20	$1{,}00 = 100\ \%$

b) Säulendiagramm:

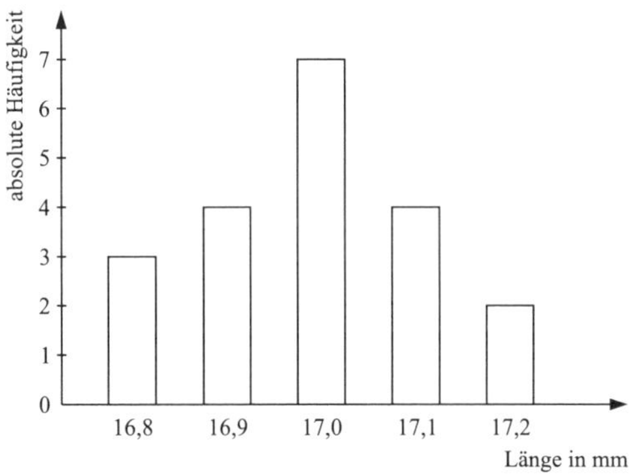

c) Der Vollwinkel (360°) entspricht 100 %. Für den Winkel α, der 15 % entsprechen soll, muss dann gelten:

$$\frac{\alpha}{15} = \frac{360°}{100} \qquad | \cdot 15$$

$$\alpha = \frac{360° \cdot 15}{100}$$

$$\underline{\alpha = 54°}$$

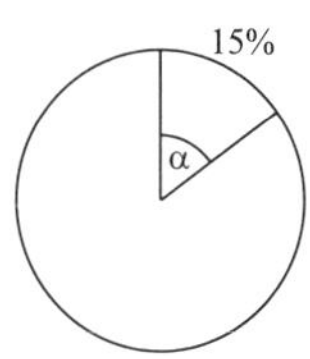

Skizze (nicht maßstäblich)

Auf dem gleichen Weg erhält man die anderen Winkel.

relative Häufigkeit	α
20 %	72°
35 %	126°
10 %	36°

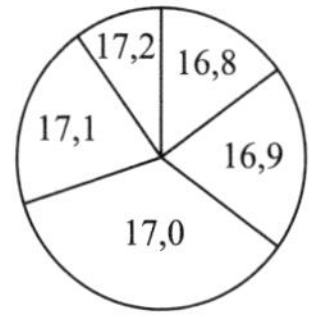

Bei einem Streifen mit 10 cm Länge wird 1 % als 1 mm dargestellt.

16,8	16,9	17,0	17,1	17,2

2. **Arithmetisches Mittel $\bar{x}$:** $\bar{x} = \dfrac{\text{Summe aller Werte}}{\text{Anzahl der Werte}}$

Zentralwert (Median) z: Das ist der Wert, der in der geordneten Liste in der Mitte steht.
Modalwert $\tilde{x}$: Das ist der Wert, der in der Liste am häufigsten vorkommt.

a) $\bar{x} = \dfrac{117}{9} = \underline{\underline{13,0}}$

$\underline{\underline{z = 13}}$

$\underline{\underline{\tilde{x} = 13}}$

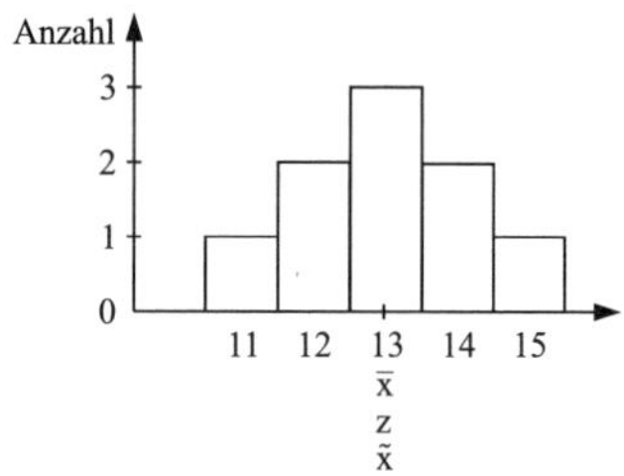

b) $\bar{x} = \dfrac{126}{9} = \underline{\underline{14,0}}$

$\underline{\underline{z = 13}}$

$\underline{\underline{\tilde{x} = 13}}$

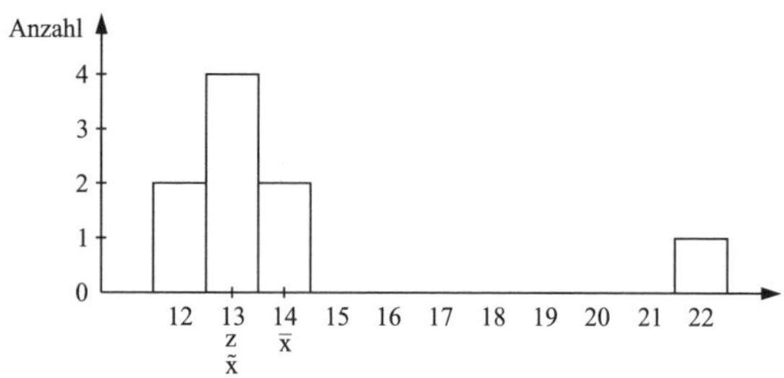

c) $\bar{x} = \dfrac{121}{9} = \underline{\underline{13,4}}$

$\underline{\underline{z = 13}}$

$\underline{\underline{\tilde{x} = 12}}$

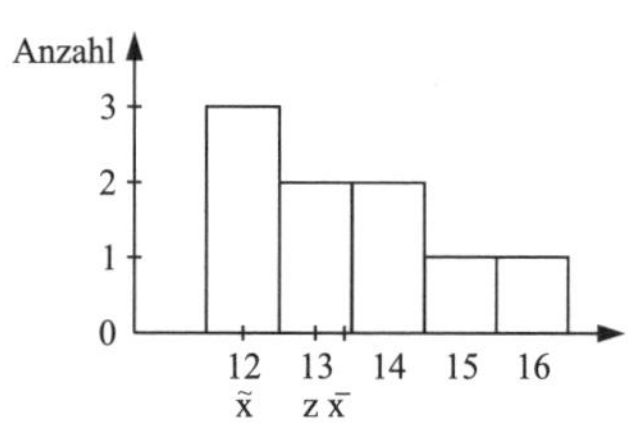

3. a) **Erwartungswert E(X):**

$$E(X) = 500 \cdot 0{,}01 + 1000 \cdot 0{,}03 + 1500 \cdot 0{,}11 + 2000 \cdot 0{,}49 + 2500 \cdot 0{,}32 + 3000 \cdot 0{,}04$$
$$= \underline{\underline{2100}}$$

Der Erwartungswert für die Lebensdauer einer Glühlampe beträgt 2 100 Stunden.

b) Alle Lampen, die nur 500 bis 2 000 Stunden „leben", müssen hier berücksichtigt werden.

Summe der Wahrscheinlichkeiten:

$$0{,}01 + 0{,}03 + 0{,}11 + 0{,}49 = \underline{\underline{0{,}64 = 64\ \%}}$$

Die Wahrscheinlichkeit, dass eine Lampe schon vorher ausfällt, beträgt 64 %.

4. a) **Erwartungswert E(X):**

$$E(X) = 0{,}5 \cdot 0{,}12 + 1{,}0 \cdot 0{,}23 + 1{,}5 \cdot 0{,}52 + 2{,}0 \cdot 0{,}13 = \underline{\underline{1{,}33}}$$

Der Erwartungswert für die Dauer einer Reparatur liegt bei 1,33 Stunden.

b) **Zeitbedarf für 100 Reparaturen:**

$$100 \cdot 1{,}33 = \underline{\underline{133}}$$

100 Reparaturen erfordern ungefähr 133 Stunden.

Anzahl der Arbeitstage:

$$133 : 8 = \underline{\underline{16{,}6}}$$

Es sind ungefähr 17 Arbeitstage nötig.

5. Bei allen 4 Teilaufgaben handelt es sich um so genannte Gleichverteilungen, da die auftretenden Ergebnisse jeweils die gleiche Wahrscheinlichkeit besitzen. In solchen Fällen gilt für die Wahrscheinlichkeit P eines Ereignisses E:

$$P(E) = \frac{\text{Anzahl der für das Ereignis E günstigen Ergebnisse}}{\text{Anzahl aller möglichen Ergebnisse}}$$

a) alle möglichen Ergebnisse: $\Omega = \{1, 2, 3, 4, 5, 6\}$ also 6 Stück
die günstigen Ergebnisse: $E = \{3, 4, 5, 6\}$ also 4 Stück

Wahrscheinlichkeit: $P = \frac{4}{6} = \underline{\underline{0{,}667 = 66{,}7\ \%}}$

b) alle möglichen Ergebnisse: 7 Stück
die günstigen Ergebnisse: 3 Stück

Wahrscheinlichkeit: $P = \frac{3}{7} = \underline{\underline{0{,}429 = 42{,}9\ \%}}$

c) alle möglichen Ergebnisse: $\Omega = \{10, 11, 12, ...,98,99\}$ also 90 Stück
die günstigen Ergebnisse: $E = \{17, 27, 37, 47, 57, 67, 70, 71, ..., 79, 87, 97\}$
also 18 Stück

Wahrscheinlichkeit: $P = \frac{18}{90} = \underline{\underline{0{,}20 = 20\ \%}}$

d) alle möglichen Ergebnisse: 8 Stück
die günstigen Ergebnisse: 3 Stück

Wahrscheinlichkeit: $P = \frac{3}{8} = \underline{\underline{0{,}375 = 37{,}5\ \%}}$

6. a)

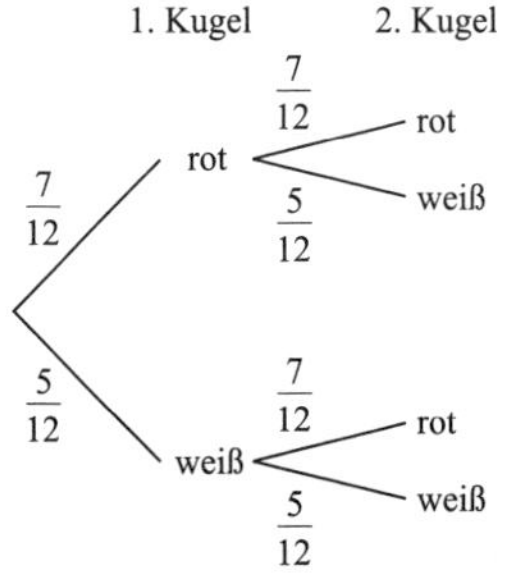

b) Wenn die erste Kugel nicht zurückgelegt wird, stehen beim Ziehen der zweiten Kugel nur 11 Kugeln zur Wahl. War die erste Kugel rot, sind das 6 rote und 5 weiße. War die erste Kugel weiß, sind noch 7 rote und 4 weiße da.

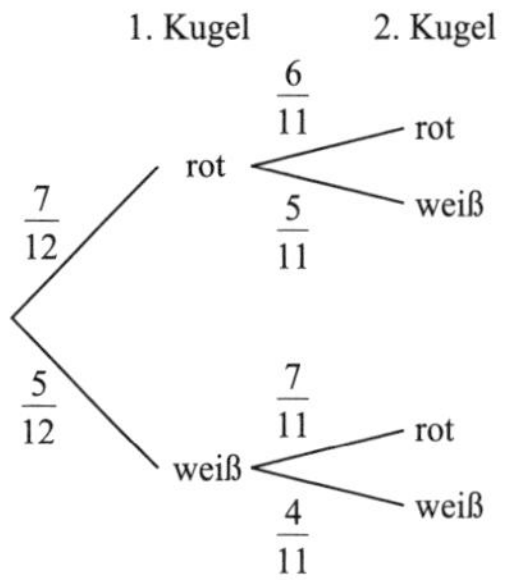

7. a) Beim Losen um den Einkauf gibt es 3 Möglichkeiten. Beim Losen um die Mahlzeiten gibt es nur 2 Möglichkeiten.

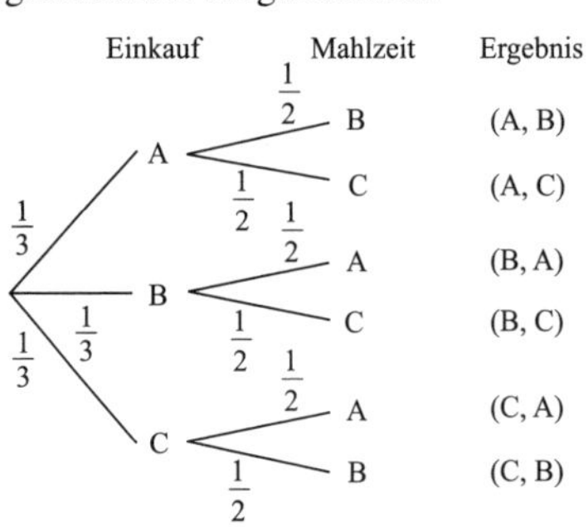

b) Um die Wahrscheinlichkeit eines Ergebnisses zu berechnen, benutzen wir die Multiplikationsregel. Alle Wahrscheinlichkeiten, die entlang des Pfades auftreten, werden miteinander multipliziert.

Bei dem Ergebnis (A, B) sieht das wie folgt aus:

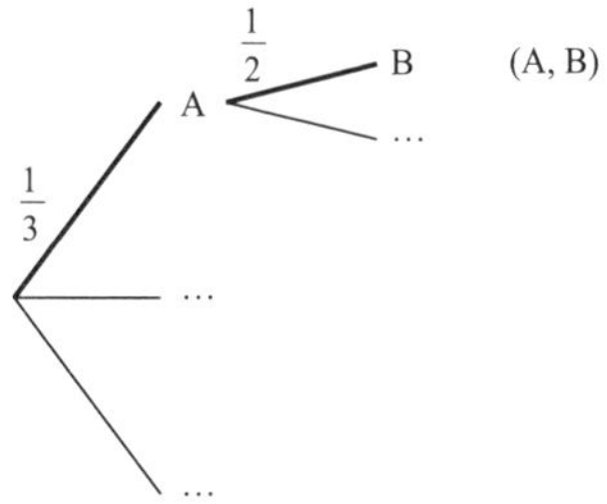

$$P(A,B) = \frac{1}{3} \cdot \frac{1}{2} = 0{,}167 = \underline{\underline{16{,}7\ \%}}$$

Die Wahrscheinlichkeit, dass Anton einkauft und Bert kochen muss, beträgt 16,7 %.

c) Es gibt zwei Ergebnisse, bei denen Conrad sich um nichts kümmern muss: (A, B) und (B, A).

Die Wahrscheinlichkeit von (B, A) kann mit der Multiplikationsregel berechnet werden:

$$P(B,A) = \frac{1}{3} \cdot \frac{1}{2} = 0{,}167 = \underline{16{,}7\ \%}$$

Das Ereignis „Conrad hat frei" setzt sich aus beiden Ergebnissen zusammen. Deshalb addieren wir die Wahrscheinlichkeiten:

$$16{,}7\ \% + 16{,}7\ \% = \underline{\underline{33{,}4\ \%}}$$

Hinweis: Wenn wir die Brüche addieren, erhalten wir

$$\frac{1}{6} + \frac{1}{6} = \frac{2}{6} = \frac{1}{3} = 33{,}3\ \%.$$

Übungsaufgaben im Stil des hilfsmittelfreien Teils
Aufgabenserie 1

1. Lösen Sie folgende Gleichung.
   $4x - 7 = 2x + 5$

2. Berechnen Sie 20 % von 400 kg.

3. Zeichnen Sie $\frac{34}{10}$ auf der Zahlengerade ein.

4. Schreiben Sie den Kongruenzsatz SWS ausführlich auf.

5. Berechnen Sie das Volumen eines Quaders mit $a = 8{,}0$ cm, $b = 4{,}0$ cm und $c = 3{,}0$ cm.

6. Skizzieren Sie eine vierseitige Pyramide im Schrägbild.

7. Welche Aussage kann man über eine lineare Funktion mit der Gleichung $y = -3x + 2$ treffen?

A: monoton steigend	B: monoton fallend	C: keine Aussage
☐	☐	☐

8. 3 kg Kartoffeln kosten 1,80 €. Wie viel kosten 7 kg?

9. Erstellen Sie eine Wertetabelle zum Zeichnen der linearen Funktion $y = 0{,}5x + 2$.

10. Geben Sie die relative Häufigkeit für den Fall an, dass bei einer Verkehrszählung 7 von 20 Autos rot sind.

11. Klammern Sie den größtmöglichen Faktor aus.
    $8xy^2 - 12x^2y =$ ____________________

12. Rechnen Sie um.
    4 h 4 min = ________ min

13. Setzen Sie die folgende Zahlenfolge um 2 Glieder fort.
    10 20 15 35 25 55

Lösungen

1. $$\begin{aligned} 4x - 7 &= 2x + 5 && \mid -2x \\ 2x - 7 &= 5 && \mid +7 \\ 2x &= 12 && \mid :2 \\ \underline{x} &\underline{= 6} \end{aligned}$$

2. Hier kann man z. B. den Dreisatz anwenden.

$100\,\% \mathrel{\hat{=}} 400\text{ kg}$

$1\,\% \mathrel{\hat{=}} 4\text{ kg}$

$20\,\% \mathrel{\hat{=}} 80\text{ kg}$

3. Es gilt: $\frac{34}{10} = 3{,}4$

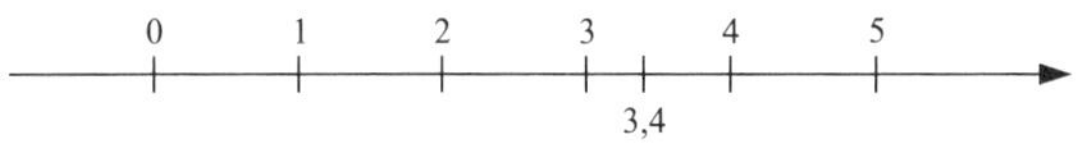

4. Das „S“ steht für „Seite“ und das „W“ für „Winkel“.

SWS: Zwei Dreiecke sind kongruent, wenn sie in 2 Seiten und dem eingeschlossenen Winkel übereinstimmen.

5. $V = a \cdot b \cdot c$

$V = 8{,}0\text{ cm} \cdot 4{,}0\text{ cm} \cdot 3{,}0\text{ cm}$

$V = 96{,}0\text{ cm}^3$

6. Es empfiehlt sich, eine regelmäßige vierseitige Pyramide mit z. B. einem Parallelogramm als Grundfläche zu wählen, damit man die Höhe der Pyramide über den Mittelpunkt der Grundfläche gut einzeichnen kann.

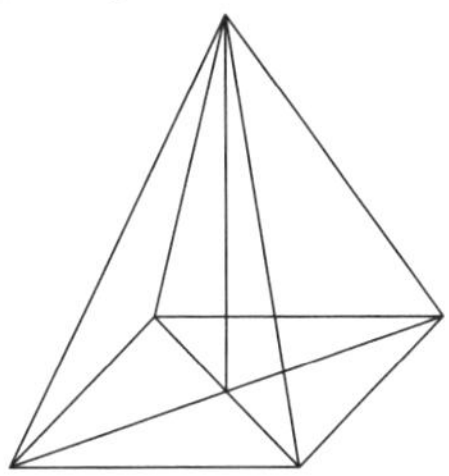

7. Ob eine Gerade mit der Gleichung $y = mx + b$ monoton steigend, monoton fallend oder parallel zur x-Achse ist, kann man an der Steigung m ablesen.

A: monoton steigend	B: monoton fallend	C: keine Aussage
☐	☒	☐

8. Hier kann man z. B. den Dreisatz anwenden.

$3\ \text{kg} \mathrel{\hat{=}} 1{,}80\ €$

$1\ \text{kg} \mathrel{\hat{=}} 0{,}60\ €$

$7\ \text{kg} \mathrel{\hat{=}} 4{,}20\ €$

7 kg Kartoffeln kosten 4,20 €.

9. Um eine lineare Funktion zu zeichnen, benötigt man (mindestens) zwei Punkte. Um diese gut einzeichnen zu können, nimmt man wenn möglich „runde" Funktionswerte.

x	0	1	2
y	2	2,5	3

10. Wie viele Autos werden insgesamt gezählt und wie viele Autos davon sind rot?

relative Häufigkeit $p = \frac{7}{20} = \frac{35}{100} = 35\ \%$

11. $8xy^2 - 12x^2y = 4xy(2y - 3x)$

12. 1 h = 60 min

4 h 4 min = 244 min

13. Bilden Sie jeweils die Differenz einer jeden Zahl mit ihrem Vorgänger, um zu sehen, um wie viel sich eine jede Zahl von ihrem Vorgänger unterscheidet. Versuchen Sie, in der so erhaltenen Zahlenfolge ein Muster zu erkennen.

10 20 15 35 25 55 **40** **80**

Übungsaufgaben im Stil des hilfsmittelfreien Teils
Aufgabenserie 2

1. Berechnen Sie schriftlich.
   $67 \cdot 42$

2. Wie viel Prozent sind 4 t von 200 t?

3. Schreiben Sie als Potenz.
   $3 \cdot 4 \cdot 3 \cdot 4 \cdot 3 \cdot 4$

4. Zeichnen Sie ein gleichseitiges Dreieck mit allen Symmetrieachsen.

5. Berechnen Sie den Oberflächeninhalt eines Würfels mit der Kantenlänge $a = 3{,}0$ cm.

6. Skizzieren Sie das Zweitafelbild eines Kreiskegels.

7. Lösen Sie das Gleichungssystem.
   I $y = 3x$
   II $\underline{y = 2x + 4}$

8. Eine Maschine füllt in 2 Stunden 5 000 Gläser. Wie viel Gläser schafft sie in 5 Stunden?

9. Zeichnen Sie den Graphen der linearen Funktion $y = -x + 3$ in ein Koordinatensystem.

10. Wie groß ist die Wahrscheinlichkeit, dass beim Ziehen einer Karte aus einem Skatblatt (4 Farben; 7, 8, 9, 10, Bube, Dame, König, Ass) ein König gezogen wird?

11. Formen Sie um und fassen Sie zusammen.
    $3x - (10 - 4x) =$ ______________________________

12. Rechnen Sie um.
    $2\,300\ \text{mm}^2 =$ __________ dm^2

    $4{,}07\ \text{g} =$ __________ mg

Lösungen

1. $67 \cdot 42$

   268

   $\;\;134$

   2814

2. Hier kann man z. B. den Dreisatz anwenden.

   $200\text{ t} \mathrel{\hat{=}} 100\,\%$

   $1\text{ t} \mathrel{\hat{=}} 0{,}5\,\%$

   $4\text{ t} \mathrel{\hat{=}} 2\,\%$

3. $3 \cdot 4 \cdot 3 \cdot 4 \cdot 3 \cdot 4 = (3 \cdot 4)^3 = 12^3$

4. In einem gleichseitigen Dreieck sind die Seitenhalbierenden gleichzeitig auch die Symmetrieachsen des Dreiecks. Die Seitenhalbierenden fallen im gleichseitigen Dreieck mit den Höhen, den Mittelsenkrechten und den Winkelhalbierenden zusammen.

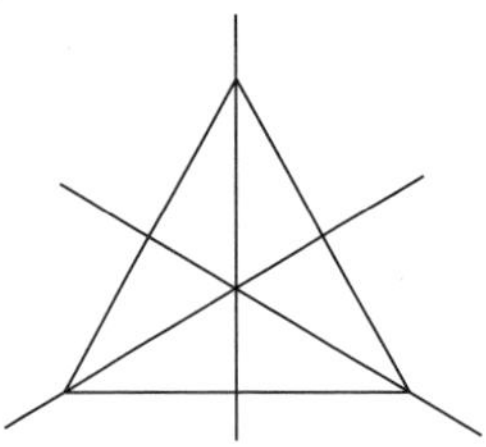

5. Die Oberfläche eines Würfels besteht aus 6 Quadraten.

   $A_O = 6 \cdot a^2$

   $A_O = 6 \cdot (3{,}0\text{ cm})^2$

   $A_O = 54\text{ cm}^2$

6. Es empfiehlt sich, einen geraden Kreiskegel zu zeichnen. Ein gerader Kreiskegel entsteht, indem man ein rechtwinkliges Dreieck um eine seiner Katheten dreht.

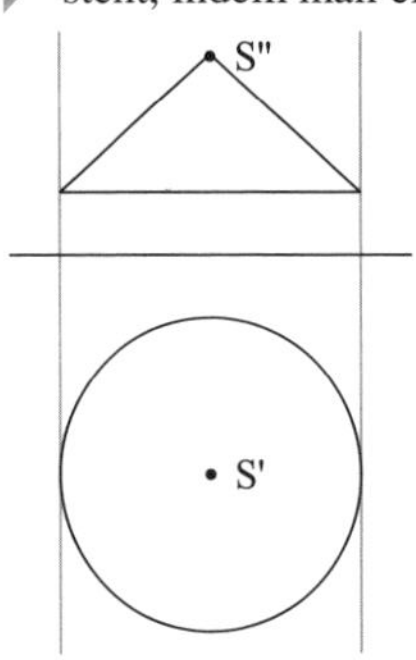

7. Das gegebene Gleichungssystem lässt sich am einfachsten durch Gleichsetzen (bzw. Einsetzen) lösen.

I $\quad y = 3x$

II $\quad y = 2x + 4$

$3x = 2x + 4 \qquad |-2x$

$\underline{x = 4}$

Einsetzen von $x = 4$ in I:

$y = 3 \cdot 4$

$\underline{y = 12} \qquad L = \{(4; 12)\}$

8. Hier kann man z. B. den Dreisatz anwenden.

2 h $\triangleq$ 5 000 Gläser

1 h $\triangleq$ 2 500 Gläser

5 h $\triangleq$ 12 500 Gläser

In 5 Stunden füllt die Maschine 12 500 Gläser.

9. Will man eine lineare Funktion zeichnen, so bietet es sich an, den y-Achsenabschnitt und die Nullstelle zu bestimmen.

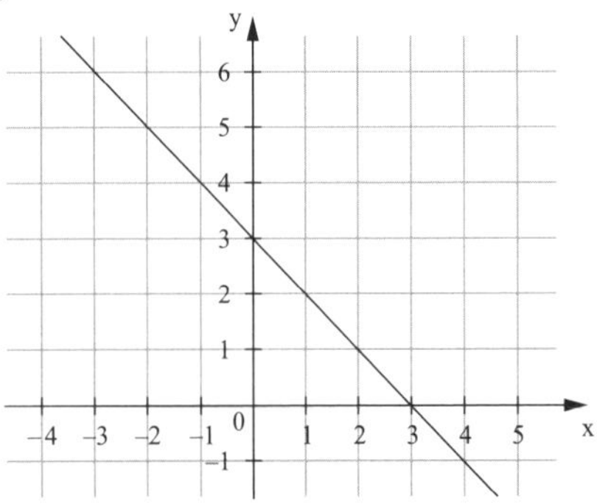

10. Wie viele Karten hat ein Skatblatt, und wie viele Karten davon sind Könige?

$$p = \frac{4}{32} = \frac{1}{8} = \frac{12{,}5}{100} = 12{,}5\,\%$$

11. $3x - (10 - 4x) = 3x - 10 + 4x = 7x - 10$

12. 1 dm = 100 mm; 1 g = 1000 mg

$2\,300\ \text{mm}^2 = 0{,}23\ \text{dm}^2$

$4{,}07\ \text{g} = 4\,070\ \text{mg}$

Übungsaufgaben im Stil des hilfsmittelfreien Teils
Aufgabenserie 3

1. Vereinfachen Sie.
   $3^6 \cdot 3^5 =$ ________

2. 15 % von G sollen 450 g betragen. Berechnen Sie den Grundwert G.

3. Lesen Sie aus dem Diagramm ab, wie viel Millimeter Niederschlag im Monat März mehr gefallen sind als im Februar.

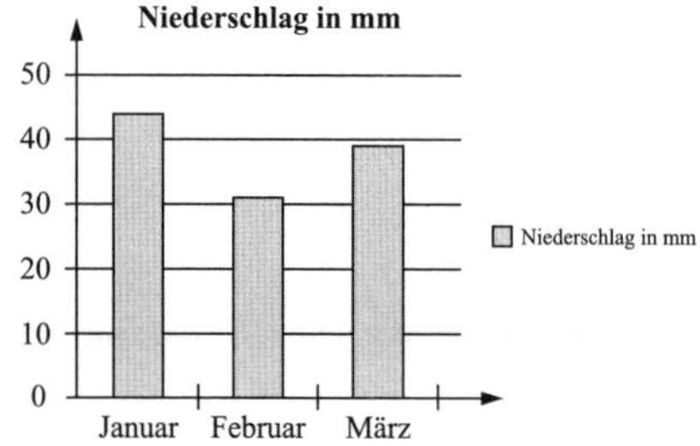

4. Formulieren Sie den Satz des Pythagoras im Dreieck ABC für $\beta = 90°$ mit Variablen.

5. Berechnen Sie den Umfang eines Rechtecks mit $a = 3{,}5$ cm und $b = 5{,}7$ cm.

6. Skizzieren Sie das Netz eines Quaders.

7. Lösen Sie die Gleichung $x^2 - 256 = 0$.

8. 2 Pumpen gleicher Leistung pumpen ein Becken mit 12 m^3 Wasser in 6 Stunden leer. Wie lang benötigen 3 Pumpen mit derselben Leistung für das Auspumpen?

9. Geben Sie die Gleichung der linearen Funktion im Koordinatensystem an.

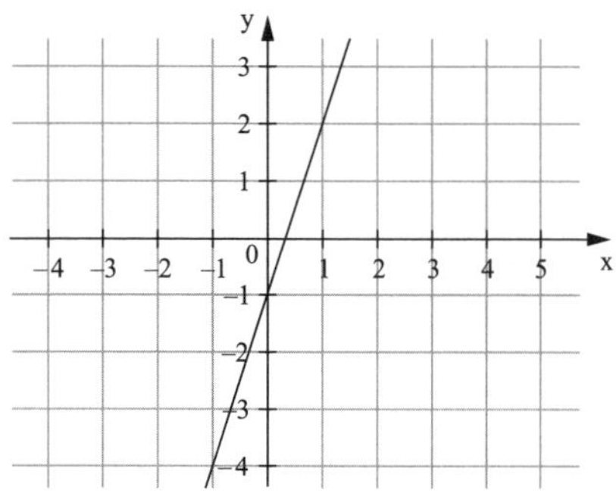

10. Berechnen Sie den Durchschnitt der folgenden Zensuren:
    3; 2; 1; 4; 2

11. Formen Sie um.
$3x\,(7xy - 2x^2) =$ ______________________________

12. Rechnen Sie um.
$10\ dm^3 =$ ________ m^3

13. Setzen Sie die Folge um 2 Glieder fort.
1 8 27 64

Lösungen

1. $3^6 \cdot 3^5 = 3^{11}$

2. Hier kann man z. B. den Dreisatz anwenden.

   $15\,\% \triangleq 450$ g

   $1\,\% \triangleq 30$ g

   $100\,\% \triangleq 3\,000$ g

   Der Grundwert G beträgt 3 000 g.

3. Messen Sie im Diagramm nach, welcher Höhe des Balkens 10 mm Niederschlag entsprechen. Messen Sie sodann jeweils die Höhe der Balken für Februar und März und errechnen Sie daraus den Niederschlag (in mm) des jeweiligen Monats.

   Im Monat März sind 8 mm Niederschlag mehr gefallen als im Monat Februar.

4. „Für $\beta = 90°$" bedeutet, dass ein Dreieck ABC mit rechtem Winkel in B gegeben ist.

   $a^2 + c^2 = b^2$ für $\beta = 90°$

5. Der Umfang eines geometrischen Objektes ist die Gesamtlänge seiner Umrisslinie.

   $u = 2(a + b)$

   $u = 2(3{,}5\text{ cm} + 5{,}7\text{ cm})$

   $u = 18{,}4\text{ cm}$

6. 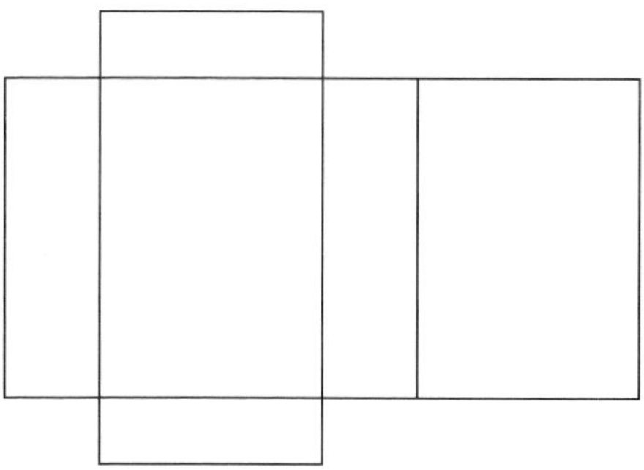

7. $x^2 - 256 = 0$

   $x^2 = 256$

   $x_1 = 16;\; x_2 = -16$

8. Eine Pumpe braucht bei gleicher Leistung doppelt so lange wie zwei Pumpen. Drei Pumpen gleicher Leistung benötigen dann ein Drittel der Zeit, die eine Pumpe benötigt.

$2 \cdot 6\ h = 12\ h$
$12\ h : 3 = 4\ h$

Drei Pumpen benötigen 4 Stunden zum Auspumpen des Beckens.

9. Um die Gleichung einer linearen Funktion anhand ihres Schaubildes zu ermitteln, muss man zwei Punkte im Koordinatensystem bestimmen, durch die die Funktion verläuft. Vereinfachend kann man auf diese Art auch den y-Achsenabschnitt und die Nullstelle der Funktion bestimmen, falls diese exakt abzulesen sind.

$y = 3x - 1$

10. Man berechnet einen Durchschnitt, indem man die Summe der Werte durch die Anzahl der Werte dividiert.

$$\frac{3+2+1+4+2}{5} = 2{,}4$$

11. $3x(7xy - 2x^2) = 21x^2y - 6x^3$

12. $1\ m = 10\ dm$

$10\ dm^3 = 0{,}010\ m^3$

13. Bilden Sie jeweils die Differenz einer jeden Zahl mit ihrem Vorgänger, um zu sehen, um wie viel sich eine jede Zahl von ihrem Vorgänger unterscheidet. Versuchen Sie, in der so erhaltenen Zahlenfolge ein Muster zu erkennen.

1 8 27 64 **125** **216**

Übungsaufgaben im Stil des hilfsmittelfreien Teils
Aufgabenserie 4

1. Kreuzen Sie einen sinnvollen Überschlag für die Rechenaufgabe $463{,}71 \cdot 32{,}04$ an.

   A: 5 000 ☐ B: 10 000 ☐ C: 15 000 ☐

2. Schreiben Sie als Term.
   Das Dreifache einer Zahl, vermehrt um 4.

3. Geben Sie den Schnittpunkt der beiden Geraden an.

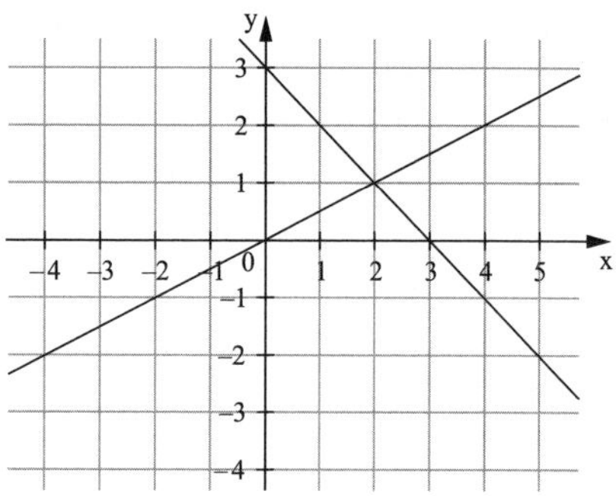

4. Benennen Sie die Teile, aus denen der zusammengesetzte Körper besteht.

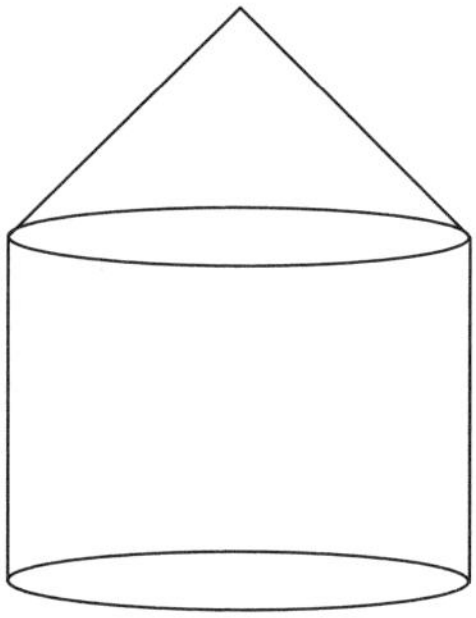

5. Berechnen Sie den Umfang eines gleichseitigen Dreiecks mit $a = 3{,}7$ cm.

6. Skizzieren Sie das Schrägbild eines dreiseitigen Prismas.

7. Geben Sie die Lösungsmenge der Gleichung an.
   $x^2 + 144 = 0$

8. Welche Aussage kann man über die beiden Graphen eines linearen Gleichungssystems treffen, wenn es keine Lösung gibt?

9. Zeichnen Sie den Graphen der Funktion $y = x^2 - 4$ in ein Koordinatensystem. Geben Sie den Scheitelpunkt an.

10. Wie groß ist die Wahrscheinlichkeit, aus einer Urne mit 3 gelben, 5 blauen und 7 grünen Kugeln eine blaue Kugel zu ziehen?

11. Stellen Sie die Formel $V = \pi \cdot r^2 \cdot h$ nach r um.

12. Rechnen Sie um.

    $1\,000\ m^2$ = __________ ha

    $1\,500$ min = ____ h ____ min

Lösungen

1. Zum Zwecke einer Überschlagsrechnung werden die zu verrechnenden Zahlen auf- bzw. abgerundet, und zwar in der Größenordnung, in der auch die jeweilige Zahl liegt. So werden Zehnerzahlen nur um Einerzahlen auf- bzw. abgerundet, Hunderterzahlen nur um Einer- und Zehnerzahlen usw.

A: 5 000	B: 10 000	C: 15 000
☐	☐	☒

2. $3x + 4$

3. $P(2 \mid 1)$

4. Der zusammengesetzte Körper besteht aus einem Zylinder und einem aufgesetzten Kreiskegel.

5. Der Umfang eines geometrischen Objektes ist die Gesamtlänge seiner Umrisslinie.
$u = a + a + a = 3a$
$u = 3 \cdot 3{,}7$ cm
$u = 11{,}1$ cm

6.

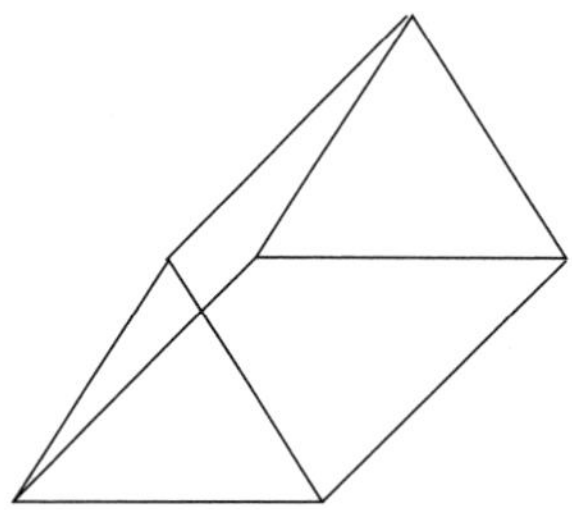

7. Die Lösungsmenge ist leer, $L = \varnothing$.

8. Sie sind parallel.

9.

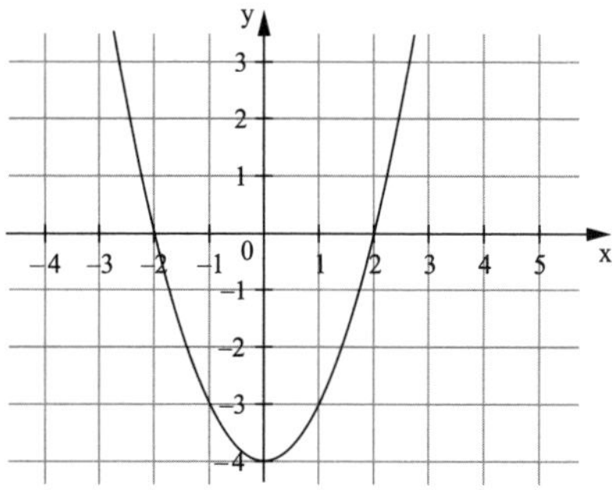

$S(0 \mid -4)$

10. Wie viele Kugeln enthält die Urne insgesamt, und wie viele Kugeln davon sind blau?

$p = \frac{5}{15} = \frac{1}{3} \approx 33{,}3\,\%$

11.

$$V = \pi \cdot r^2 \cdot h \qquad |:\pi \; :h$$

$$\frac{V}{\pi \cdot h} = r^2 \qquad |\sqrt{\;}$$

$$\sqrt{\frac{V}{\pi \cdot h}} = r$$

12. $1\text{ ha} = 10\,000\text{ m}^2$; $1\text{ h} = 60\text{ min}$

$1\,000\text{ m}^2 = 0{,}1\text{ ha}$

$1\,500\text{ min} = 25\text{ h }0\text{ min}$

Übungsaufgaben im Stil des hilfsmittelfreien Teils
Aufgabenserie 5

1. Lösen Sie die folgende Gleichung.
   $10x + 4 = 36 - 6x$

2. Nennen Sie die kleinste Zahl außer Null, die durch 2, 4 und 7 teilbar ist.

3. Schreiben Sie als Potenz.
   $\frac{2}{3} \cdot \frac{2}{3} \cdot \frac{2}{3}$

4. Teilen Sie das Dreieck nach Seiten und Winkeln ein.
   Es gilt $a = c$.

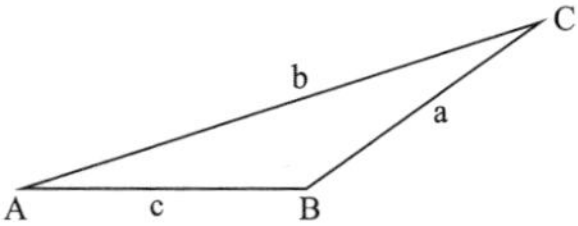

5. Berechnen Sie den Flächeninhalt eines Parallelogramms mit $g = 5{,}0$ cm und $h_g = 3{,}5$ cm.

6. Skizzieren Sie das Netz eines Kreiszylinders.

7. Berechnen Sie die Nullstelle der linearen Funktion mit der Gleichung $y = -3x + 6$.

8. Welcher funktionale Zusammenhang besteht zwischen dem Flächeninhalt A eines Rechtecks und der Länge b des Rechtecks bei gleichbleibender Länge a?

9. Geben Sie die Gleichung des Graphen der Funktion im Koordinatensystem an.

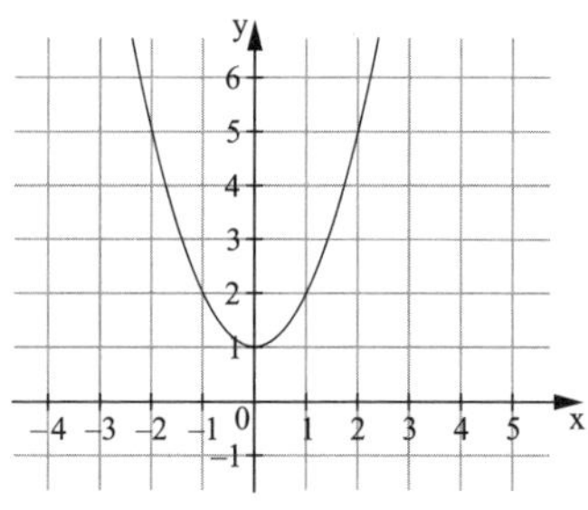

10. Berechnen Sie den Durchschnitt der folgenden Temperaturen.
    10 °C; –2 °C; 3 °C; 5 °C

11. Stellen Sie die Gleichung $a^2 + b^2 = c^2$ nach c um.

12. Zeichnen Sie ein Diagramm für eine Schülerwahl, bei der Anne 7 Stimmen, Berta 9 Stimmen und Claus 5 Stimmen bekommen hat.

Lösungen

1. $$\begin{aligned} 10x + 4 &= 36 - 6x \quad && |+6x \\ 16x + 4 &= 36 && |-4 \\ 16x &= 32 && |:16 \\ \underline{x} &\underline{= 2} \end{aligned}$$

2. Gesucht ist das kleinste gemeinsame Vielfache (kgV) der drei Zahlen 2, 4 und 7. Da 2 Teiler von 4 ist, stimmt dieses in diesem Fall mit dem kgV von 4 und 7 überein. Es gilt stets: Das kgV teilerfremder Zahlen ergibt sich als das Produkt dieser Zahlen.

   28

3. $\left(\frac{2}{3}\right)^3$

4. Untersuchen Sie, welcher der größte Winkel des Dreiecks ist und wie groß dieser Winkel ist.

   Es handelt sich um ein stumpfwinkliges, gleichschenkliges Dreieck.

5. $A = g \cdot h_g$

   $A = 5{,}0\text{ cm} \cdot 3{,}5\text{ cm}$

   $A = 17{,}5\text{ cm}^2$

6. 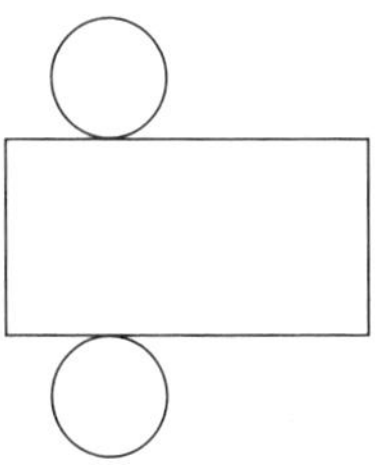

7. Die Nullstelle einer linearen Funktion bestimmt man rechnerisch, indem man y gleich null setzt und die entstehende Gleichung in x löst.

$$\begin{aligned} 0 &= -3x_0 + 6 \quad && |+3x_0 \\ 3x_0 &= 6 && |:3 \\ \underline{x_0} &\underline{= 2} \end{aligned}$$

8. Stellen Sie zunächst eine Gleichung für den Flächeninhalt A des Rechtecks auf.

   Der Flächeninhalt A ist bei gleichbleibender Länge a direkt proportional zu b.

9. Untersuchen Sie, wie die dargestellte Parabel aus der Normalparabel entstanden ist.

$y = x^2 + 1$

10. Man berechnet einen Durchschnitt, indem man die Summe der Werte durch die Anzahl der Werte dividiert.

$$\frac{10\,°C + (-2\,°C) + 3\,°C + 5°C}{4} = 4\,°C$$

11. $c = \sqrt{a^2 + b^2}$

12. Legen Sie zunächst fest, welcher Balkenhöhe eine Stimme entspricht.

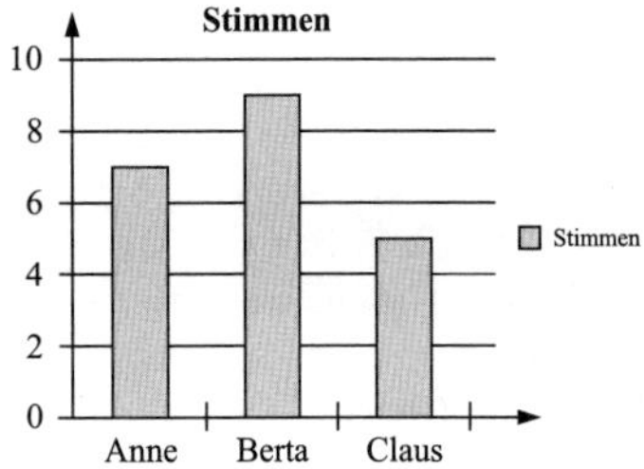

Übungsaufgaben im Stil der Abschlussprüfung ab 2012 – I
Pflichtteil 1

1. Ordnen Sie folgende Zahlen. Beginnen Sie mit der kleinsten Zahl.

   1,7; –2,5; $\frac{10}{5}$; $-\frac{2}{5}$

2. Wie viel Zinsen bekommt man für 2 000 € bei einem Zinssatz von 3 % nach einem Jahr?

3. Schreiben Sie 0,0031 als Zehnerpotenz.

4. Der Term $\frac{(10-15)\cdot(-7+4)}{-30}$ soll berechnet werden. Kreuzen Sie alle richtigen Ergebnisse an.

0,5	$-\frac{15}{30}$	$\frac{3}{6}$	$-\frac{5}{10}$
☐	☐	☐	☐

5. Zeichnen Sie ein Drachenviereck mit beliebigen Maßen.

6. Bestimmen Sie β.
   Es gilt g || h.

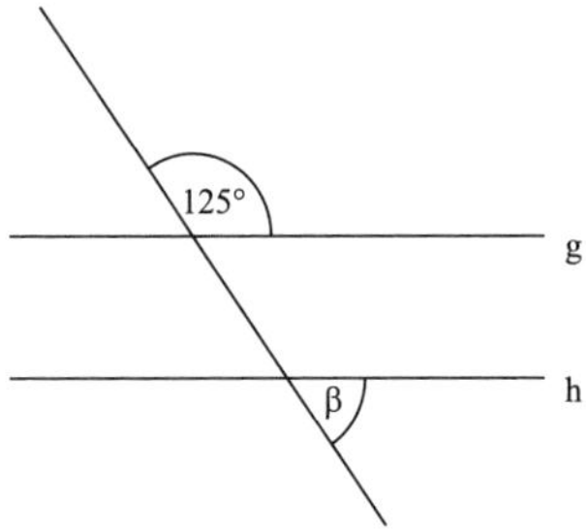

7. Berechnen Sie die Mantelfläche eines dreiseitigen Prismas mit gleichseitiger Dreiecksgrundfläche für a = 4,0 cm und h = 7,0 cm.

8. Lesen Sie die Nullstelle der Funktion ab.

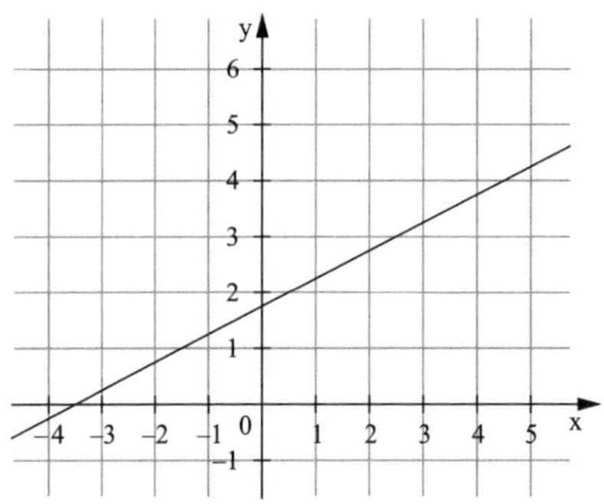

9. Bestimmen Sie die Lösungsmenge der Gleichung $x(x+3)=0$.

10. Zwei Männer mauern eine Wand gemeinsam in 6 Stunden fertig. Wie lange brauchen drei Männer mit der gleichen Arbeitsleistung?

11. Wie groß ist die Wahrscheinlichkeit, dass beim zweimaligen Werfen einer Münze jedes Mal „Zahl" oben liegt?

12. Rechnen Sie um.
30 700 W = ________ kW

Lösungen

1. $-2{,}5;\ -\frac{2}{5};\ 1{,}7;\ \frac{10}{5};$

2. Hier kann man z. B. den Dreisatz anwenden.

$100\,\% \mathrel{\hat{=}} 2\,000\ €$
$1\,\% \mathrel{\hat{=}} 20\ €$
$3\,\% \mathrel{\hat{=}} 60\ €$

Nach einem Jahr erhält man 60 € Zinsen.

3. Es sind unendlich viele Lösungen möglich. Üblicherweise ist mit der Darstellung in Zehnerpotenz jedoch gemeint, dass der Exponent der Zahl 10 ein ganzzahliges Vielfaches von 3 ist und der Faktor vor der Potenz eine Zahl zwischen 0 und 10 ist.

$0{,}0031 = 3{,}1 \cdot 10^{-3}$

4. Es gilt:

$$\frac{(10-15)\cdot(-7+4)}{-30} = -\frac{15}{30} = -\frac{5}{10} = -\frac{1}{2} = -0{,}5$$

$0{,}5$	$-\frac{15}{30}$	$\frac{3}{6}$	$-\frac{5}{10}$
☐	☒	☐	☒

5. Ein Drachenviereck ist ein Viereck, bei dem eine Diagonale zugleich Symmetrieachse des Vierecks ist.

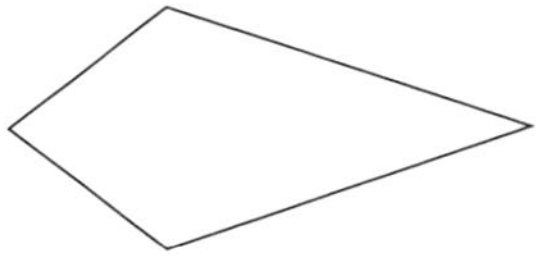

6. β ist Nebenwinkel eines Stufenwinkels zu 125°.

$\beta = 180° - 125° = 55°$

7. Die Mantelfläche besteht aus drei gleichgroßen Rechtecken. Jedes dieser Rechtecke hat die Seitenlängen a und h.

$A = 3 \cdot a \cdot h$
$A = 3 \cdot 4{,}0\text{ cm} \cdot 7{,}0\text{ cm}$
$A = 84{,}0\text{ cm}^2$

8. Die Nullstelle einer Funktion ist der x-Wert x_0, in dem die Funktion die x-Achse schneidet.

$x_0 = -3{,}5$

9. Ein Produkt aus zwei Faktoren ist gleich null, wenn einer der beiden Faktoren gleich null ist.

$x = 0 \vee x + 3 = 0$

$x = -3$

$L = \{-3; 0\}$

10. Ein Mann mit der gleichen Arbeitsleitung braucht doppelt so lange (und nicht etwa halb so lange). Drei Männer benötigen bei gleicher Arbeitsleistung nur ein Drittel dieser Zeit.

$2 \cdot 6\,h = 12\,h$
$12\,h : 3 = 4\,h$

Drei Männer benötigen vier Stunden, um die Wand zu mauern.

11. Die Wahrscheinlichkeit für „Zahl" bei einmaligem Werfen ist genau 50 %.

$p = \frac{1}{2} \cdot \frac{1}{2} = \frac{1}{4}$

12. Ein Kilowatt sind 1 000 Watt.

30 700 = 30,7 kW

Übungsaufgaben im Stil der Abschlussprüfung ab 2012 – I
Pflichtteil 2

1. a) Ermitteln Sie den Flächeninhalt der nebenstehenden Figur. Erforderliche Maße sind der Zeichnung zu entnehmen.

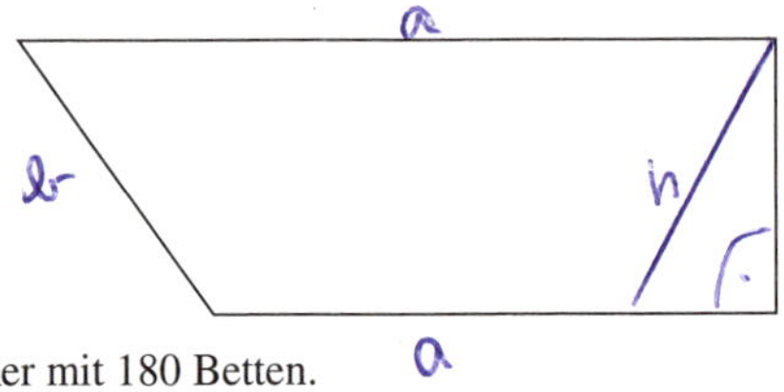

b) Ein Hotel hat 104 Einzel- und Doppelzimmer mit 180 Betten. Berechnen Sie die Anzahl der Einzel- und Doppelzimmer.

c) Die Rechnung für eine Dienstleistung bestehend aus Anfahrt, Material und Arbeitszeit soll mit einem Tabellenkalkulationsprogramm bearbeitet werden.
Dabei soll die Ausweisung der Kosten ohne und mit 19 % Mehrwertsteuer erfolgen.
Welche Befehle müssen dazu in die Zellen B7 und B9 der nachfolgenden Tabelle eingetragen werden?

	A	B	C
1	**Kosten**	**Preis**	
2			
3	Anfahrt	10,00	€
4	Material	43,50	€
5	Arbeitsstunden	34,80	€
6			
7	Summe ohne Mwst.		€
8			
9	Summe mit Mwst.		€
10			
11			

2. Ein dreieckiges Flurstück wird als Weidekoppel genutzt. Ein Zaun soll die Koppel einzäunen.

a) Berechnen Sie die Weidefläche (in ha).

b) Wie viel Meter Zaun werden für die Koppel benötigt?

c) Überprüfen Sie ihr Ergebnis aus Aufgabenteil b durch eine maßstäbliche Konstruktion.

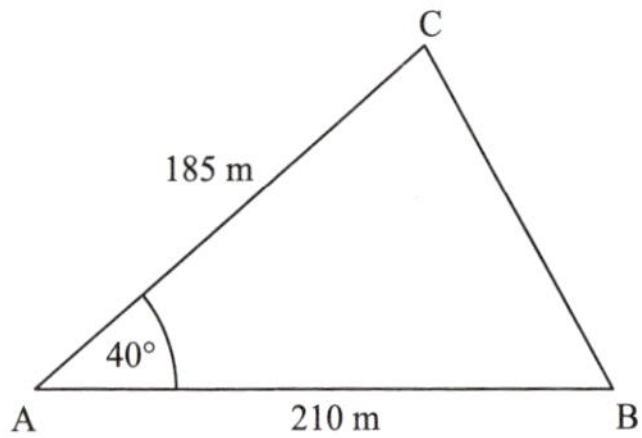

3. Gegeben sind zwei Funktionen f und g durch folgende Gleichungen:

   $y = f(x) = x^2 + 4x + 3$

   $y = g(x) = x + 1$

   a) Zeichnen Sie die Graphen der beiden Funktionen in dasselbe Koordinatensystem.

   b) Die Graphen der beiden Funktionen schneiden einander. Geben Sie die Koordinaten der beiden Schnittpunkte an.

   c) Berechnen Sie die Nullstellen der Funktion f(x).

Lösungen

1\. a) Bei der abgebildeten Figur handelt es sich um ein Trapez. Um den Flächeninhalt eines Trapezes bestimmen zu können, benötigt man die Längen der beiden parallelen Seiten a und c sowie die Länge der zugehörigen Höhe h.

$a = 4{,}1$ cm; $h = 1{,}9$ cm; $c = 5{,}5$ cm

$$A = \frac{1}{2}(a + c) \cdot h$$

$$A = \frac{1}{2}(4{,}1\,\text{cm} + 5{,}5\,\text{cm}) \cdot 1{,}9\,\text{cm}$$

$$A = 9{,}12\,\text{cm}^2$$

b) Diese Aufgabe kann man durch ein Gleichungssystem lösen.

Gleichungssystem:
x = Anzahl Einzelzimmer
y = Anzahl Doppelzimmer

$$\begin{array}{ll} \text{I} & x + y = 104 \\ \text{II} & 1x + 2y = 180 \end{array}$$

Lösen des Gleichungssystems durch Einsetzen.

Umstellen von I nach x:

$$\begin{array}{lll} \text{I} & x + y = 104 & |-y \\ \text{II} & 1x + 2y = 180 & \\ \hline \text{I'} & x = 104 - y & \\ \text{II} & 1x + 2y = 180 & \end{array}$$

Einsetzen von I' in II:

$$\begin{aligned} (104 - y) + 2y &= 180 \\ 104 + y &= 180 \quad |-104 \\ \underline{y} &\underline{= 76} \end{aligned}$$

Einsetzen von y = 76 in I:

$$\begin{aligned} x + 76 &= 104 \quad |-76 \\ \underline{x} &\underline{= 28} \end{aligned}$$

Das Hotel hat 28 Einzel- und 76 Doppelzimmer.

Alternativ kann man diese Aufgabe auch durch Probieren lösen.

Anzahl EZ	**Anzahl Betten EZ**	**Anzahl DZ**	**Anzahl Betten DZ**	**Summe Zimmer**	**Summe Anz. Betten**	**Aussage**
⋮	⋮	⋮	⋮	⋮	⋮	
24	24	80	160	104	184	Falsch
25	25	79	158	104	183	Falsch
26	26	78	156	104	182	Falsch
27	27	77	154	104	181	Falsch
28	28	**76**	152	104	180	Richtig

c) Formel Zelle B7 $= \text{Summe}(B3 + B4 + B5)$ oder
$= \text{Summe}(B3 : B5)$

Formel Zelle B9 $= B7 * 119 / 100$ oder
$= B7 + B7 * 19 / 100$

2. a) Berechnung der Weidefläche (in ha) mit dem Flächensatz.

$$A = \frac{1}{2} \cdot b \cdot c \cdot \sin\alpha$$

$$A = \frac{1}{2} \cdot 185\text{ m} \cdot 210\text{ m} \cdot \sin 40°$$

$$A \approx 12\,486\text{ m}^2 \approx 12\,500\text{ m}^2 = 1{,}25\text{ ha}$$

Die Weidefläche beträgt rund 1,25 ha.

b) Gesucht ist der Umfang des Dreiecks ABC. Dieser berechnet sich als die Summe der drei Seitenlängen a, b und c.

Berechnung der dritten Seite mit dem Kosinussatz.

$$a^2 = b^2 + c^2 - 2bc \cdot \cos\alpha$$

$$a^2 = (185\text{ m})^2 + (210\text{ m})^2 - 2 \cdot 185\text{ m} \cdot 210\text{ m} \cdot \cos 40°$$

$$a^2 = 18\,803{,}3\text{ m}^2 \qquad |\sqrt{}$$

$$a = 137\text{ m}$$

Berechnung der Summe der drei Seiten

$$a + b + c = 137\text{ m} + 185\text{ m} + 210\text{ m} = 532\text{ m}$$

Für die Koppel werden 532 m Zaun benötigt.

c) Da die Längen zweier Seiten sowie die Größe des eingeschlossenen Winkels gegeben sind, kann man das Dreieck ABC nach SWS konstruieren. Zur Konstruktion sind die Längen der Bildstrecken [A'B'] und [A'C'] zu bestimmen. Hierzu muss zunächst noch ein geeigneter Maßstab gewählt werden.
Der Maßstab (M) ist festgelegt als das Verhältnis von Bildstrecke zu Originalstrecke.

Man wählt z. B. den Maßstab 1 : 1 000. Für [A'B'] gilt dann:

$$\frac{1}{1\,000} = \frac{\overline{A'B'}}{\overline{AB}} = \frac{\overline{A'B'}}{210\text{ m}}$$

$$\overline{A'B'} = \frac{1 \cdot 210\text{ m}}{1\,000} = 0{,}21\text{ m} = 21\text{ cm}$$

Für [A'C'] folgt:

$$\overline{A'C'} = \frac{1 \cdot 185\text{ m}}{1\,000} = 0{,}185\text{ m} = 18{,}5\text{ cm}$$

Konstruktionsschritte:

1. Schritt: Zeichnen der Strecke [A'B'] mit der Länge 21 cm.

2. Schritt: Im Punkt A' den Winkel $\sphericalangle BAC = 40°$ abtragen.

3. Schritt: Um Punkt A' einen Kreisbogen mit Radius $\overline{A'C'} = 18{,}5\text{ cm}$ zeichnen.

Der Schnittpunkt des Kreisbogens mit dem Schenkel des Winkels ergibt den Eckpunkt C' des Dreiecks A'B'C'.

Konstruktion:

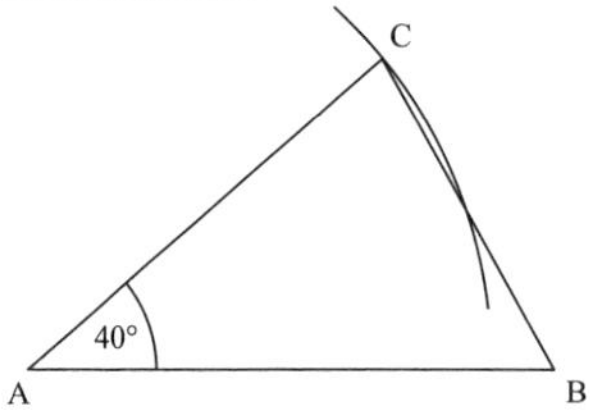

In der Zeichnung misst man nun die Länge der Strecke [B'C'] nach und berechnet die Länge der Originalstrecke [BC] mithilfe der erhaltenen Länge:

$$\frac{1}{1\,000} = \frac{\overline{B'C'}}{\overline{BC}} = \frac{13{,}7\text{ cm}}{\overline{BC}}$$

$$\overline{BC} = 13{,}7\text{ cm} \cdot 1\,000 = 13\,700\text{ cm} = 137\text{ m}$$

Durch Bilden der Summe der Längen der drei Originalstrecken kann man das Ergebnis aus Aufgabenteil b überprüfen:

$$\overline{AB} + \overline{AC} + \overline{BC} = 210\text{ m} + 185\text{ m} + 137\text{ m} = 523\text{ m}$$

Das Ergebnis stimmt mit dem aus Aufgabenteil b überein.

3\. a)

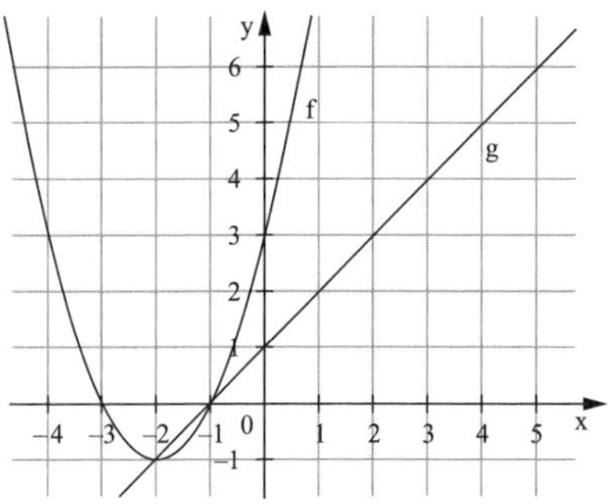

b) Man liest die gesuchten Koordinaten in der Zeichnung aus Aufgabenteil a ab.
Die Koordinaten der beiden Schnittpunkte lauten A(–2 | –1) und B(–1 | 0).

c) Die Nullstellen der Funktion f(x) erhält man rechnerisch, indem man f(x) gleich null setzt und die daraus entstehende quadratische Gleichung $x^2 + 4x + 3 = 0$ löst.

$$x^2 + 4x + 3 = 0$$

$$x_{1;2} = -\frac{p}{2} \pm \sqrt{\frac{p^2}{4} - q}$$

$$x_{1;2} = -\frac{4}{2} \pm \sqrt{\frac{4^2}{4} - 3}$$

$$x_{1;2} = -2 \pm \sqrt{1}$$

$$x_1 = -1; \quad x_2 = -3$$

Die Nullstellen der Funktion f(x) lauten –3 und –1.

Übungsaufgaben im Stil der Abschlussprüfung ab 2012 – I
Wahlpflichtteil

1. Ein kleiner Imbiss hat genau zwei Speisen (X und Y) und drei verschiedene Getränke (a, b und c) im Angebot.
Es wird angenommen, dass alle Kunden genau eine Speise und ein Getränk zu sich nehmen. Zählungen haben ergeben, dass sich 65 % der Kunden für Speise X und jeweils 30 % für Getränk b bzw. c entscheiden.

   a) Zeichnen Sie ein Baumdiagramm zu diesem Sachverhalt und beschriften Sie alle Pfade mit den entsprechenden Wahrscheinlichkeiten.

   b) Geben Sie an, wie viele Kombinationsmöglichkeiten ein Kunde beim Zusammenstellen von je einer Speise und einem Getränk hat.

   c) Berechnen Sie die Wahrscheinlichkeit, dass ein Kunde Speise Y und Getränk b wählt.

   d) Überprüfen Sie, ob die Kombination X-c wahrscheinlicher ist als die Kombination Y-a.

2. Ein Kirchturmdach hat die Form einer quadratischen Pyramide. Die Seitenlänge beträgt 9,0 m.

   a) Berechnen Sie die Höhe des Daches, wenn das Volumen 135,0 m^3 beträgt.

   b) Zeichnen Sie die Pyramide in einem geeigneten Maßstab im Grund- und Aufriss.

   c) Das Dach soll neu gedeckt werden.
   Berechnen Sie den Oberflächeninhalt der Dachfläche.

3. Im März 2011 wurde in Sachsen-Anhalt ein neuer Landtag gewählt (Ergebnisse siehe Tabelle).

Partei	**Stimmen in %**
CDU	32,5
Linke	23,7
SPD	21,5
Grüne	7,1
FDP	3,8
Andere	11,4

Quelle: www.statistik.sachsen-anhalt.de/wahlen

   a) Zeichnen Sie ein Kreisdiagramm zu diesem Sachverhalt.

   b) Es gingen 1 017 502 Bürger zur Wahl, damit betrug die Wahlbeteiligung 51,18 %. Berechnen Sie die ungefähre Anzahl aller Wahlberechtigen.

   c) Wie viele Bürger haben die Regierungskoalition von CDU und SPD gewählt?

   d) 24 000 aller abgegebenen Stimmen waren ungültig. Wie viel Prozent entspricht dies?

Lösungen

1. a) Das Baumdiagramm bezieht sich auf die Wahl von Speisen und Getränken.

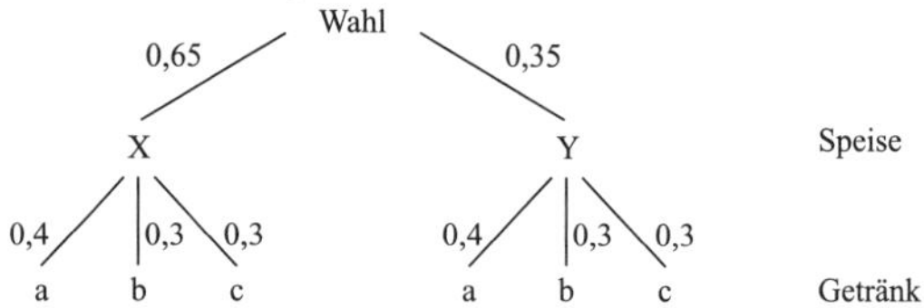

b) Es gibt genau 6 Kombinationsmöglichkeiten beim Zusammenstellen von je einer Speise und einem Getränk.

c) Man benötigt die erste Pfadregel. Lösung ist der Pfad Y-b.

$p = 0{,}35 \cdot 0{,}3 = 0{,}105 \mathrel{\hat{=}} 10{,}5\ \%$

Die Wahrscheinlichkeit, dass ein Kunde Speise Y und Getränk b wählt, beträgt 10,5 %.

d) Man benötigt die erste Pfadregel.

$p_{X-c} = 0{,}65 \cdot 0{,}3 = 0{,}195 \mathrel{\hat{=}} 19{,}5\ \%$

$p_{Y-a} = 0{,}35 \cdot 0{,}4 = 0{,}140 \mathrel{\hat{=}} 14{,}0\ \%$

Es ist wahrscheinlicher, dass ein Kunde Speise X und Getränk c wählt.

2. a) Die Höhe h des Daches kann man berechnen, nachdem man die Volumenformel für die Pyramide nach h umgestellt hat.

$$V = \frac{1}{3} a^2 \cdot h \qquad | \cdot 3 \ : a^2$$

$$\frac{3 \cdot V}{a^2} = h$$

$$h = \frac{3 \cdot 135\ \text{m}^2}{(9\ \text{m})^2}$$

$$h = 5\ \text{m}$$

Die Höhe des Daches beträgt 5 m.

b) Grund- und Aufriss, Maßstab 1 : 100

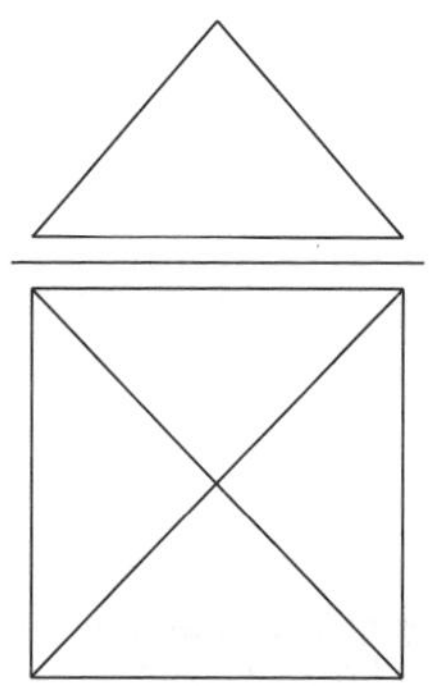

c) Für die Berechnung des Oberflächeninhalts der Dachfläche benötigt man die Höhe h_a der Seitenflächendreiecke. Diese erhält man mit dem Satz des Pythagoras.

$$h_a^2 = \left(\frac{a}{2}\right)^2 + h^2$$

$$h_a^2 = \left(\frac{9\text{ m}}{2}\right)^2 + (5\text{ m})^2$$

$$h_a^2 = 45{,}25\text{ m}^2 \qquad |\sqrt{}$$

$$h_a = 6{,}7\text{ m}$$

Die Dachfläche besteht aus den vier (gleichgroßen) Seitenflächendreiecken.

$$A = 4 \cdot \left(\frac{1}{2} a \cdot h_a\right)$$

$$A = 4 \cdot \frac{9\text{ m} \cdot 6{,}7\text{ m}}{2}$$

$$A = 120{,}6\text{ m}^2$$

Die Dachfläche beträgt 120,6 m^2.

3. a) Um die Winkelgröße zu erhalten, muss man die relative Häufigkeit mit 3,6° multiplizieren. So erhält man z. B. für die Partei DIE LINKE: $23{,}7 \cdot 3{,}6° = 85{,}3°$.

Kreisdiagramm

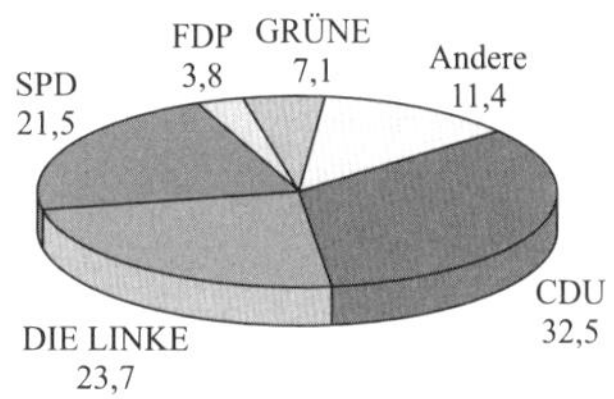

b) Berechnung der Anzahl der Wahlberechtigten mit dem Dreisatz.

51,18 % ≙ 1 017 502 Wahlberechtigte

1 % ≙ 19 881 Wahlberechtigte

100 % ≙ 1 988 100 Wahlberechtigte

Die ungefähre Anzahl aller Wahlberechtigten betrug 1 988 100.

c) Berechnung der Anzahl der Wähler der Regierungskoalition mit dem Dreisatz. Insgesamt haben 32,5 % + 21,5 % = 54,0 % der Wähler die Regierungskoalition gewählt.

100 % = 1 017 502 Wähler

1 % = 10 175,02 Wähler

54 % = 549 451 Wähler

Mehr als 549 000 Bürger haben die Regierungskoalition gewählt.

d) Berechnung der ungültigen Stimmen mit dem Dreisatz.

1 017 502 Stimmen = 100 %

1 Stimme = 0,0001 %

24 000 Stimmen = 2,4 %

Ungefähr 2,4 % aller abgegebenen Stimmen waren ungültig.

Übungsaufgaben im Stil der Abschlussprüfung ab 2012 – II
Pflichtteil 1

1. Formen Sie um.
   $-2x(7a - 8xy)$

2. Schreiben Sie als Potenz.
   $2 \cdot 3 \cdot 2 \cdot 3 \cdot 2 \cdot 3 \cdot 2 \cdot 3$

3. Berechnen Sie.

   a) $\frac{3}{5} + 0{,}5$

   b) $0{,}7 \cdot 0{,}15$

   c) 20 % von 75 t

4. Setzen Sie die Folge um 2 Glieder fort.
   10 15 5 20 0 25

5. Skizzieren Sie den Graphen der Sinusfunktion mindestens im Intervall von 0 bis 2π.

6. Kreuzen Sie an, welche Eigenschaften ein Quader besitzt.

A: Alle Flächen sind gleich groß.	B: Gegenüberliegende Flächen sind kongruent.	C: Er hat 8 Ecken.	D: Er hat 16 Kanten.
☐	☐	☐	☐

7. Schreiben Sie als Term.

   Das Dreifache einer Zahl, vermindert um 5.

8. Berechnen Sie den y-Wert des Schnittpunktes des Graphen der Funktion mit der Gleichung $y = x^2 - 10x + 21$ mit der y-Achse.

9. Skizzieren Sie einen Kreiszylinder im Zweitafelbild.

10. Vervollständigen Sie.

    a) $100\ \ell =$ ____________ m^3

    b) 1,5 ha = ____________ a

Lösungen

1. Hier muss das Distributivgesetz angewendet werden.
$-2x(7a-8xy)=-14ax+16x^2y$

2. Der gegebene Term enthält viermal das Produkt $2\cdot 3$.
$2\cdot 3\cdot 2\cdot 3\cdot 2\cdot 3\cdot 2\cdot 3=(2\cdot 3)^4=6^4$

3. a) Es empfiehlt sich, den gemeinen Bruch in einen Dezimalbruch umzuwandeln oder umgekehrt.
$\frac{3}{5}+0{,}5=0{,}6+0{,}5=1{,}1$ oder $\frac{3}{5}+\frac{1}{2}=\frac{6}{10}+\frac{5}{10}=\frac{11}{10}=1{,}1$

b) Nach dem Multiplizieren muss man die Stellen hinter dem Komma beachten.
$0{,}7\cdot 0{,}15=0{,}105$

c) 20 % sind gleich dem vollständig gekürzten Bruch $\frac{1}{5}$. Um $\frac{1}{5}$ von 75 t zu berechnen, muss man beide Zahlen miteinander multiplizieren.

20 % von 75 t $\hat{=}\ \frac{1}{5}$ von 75 t

$\frac{1}{5}$ von 75 t $\hat{=}\ \frac{1}{5}\cdot 75\text{ t}=15\text{ t}$

4. Man addiert und subtrahiert abwechselnd eine um fünf wachsende Zahl zu bzw. von der jeweils vorangehenden Zahl.

	+5		−10		+15		−20		+25		−30		+35	
10		15		5		20		0		25		−5		30

5. Aus Gründen der Einfachheit wählt man genau das Intervall $[0; 2\pi]$.

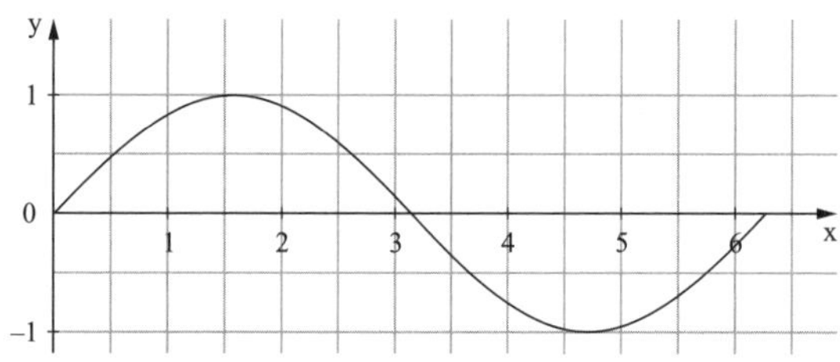

6. Ein Quader hat 12 Kanten, von denen sich je drei in einer der 8 Ecken treffen. Ein Quader, bei dem alle Flächen gleich groß sind, ist ein Würfel. Nicht jeder Quader ist ein Würfel.

A: Alle Flächen sind gleich groß.	B: Gegenüberliegende Flächen sind kongruent.	C: Er hat 8 Ecken.	D: Er hat 16 Kanten.
☐	☒	☒	☐

7. Als Platzhalter für die Zahl wählt man z. B. die Variable x.
   $3x - 5$

8. Den y-Wert des Schnittpunktes des Graphen einer Funktion mit der y-Achse erhält man, indem man $x = 0$ in die Funktionsgleichung einsetzt.
   $y = 0^2 - 10 \cdot 0 + 21 = 21$

9. Ein Kreiszylinder entsteht, indem man eine Kreisscheibe entlang ihrer senkrechten Mittelpunktsachse verschiebt.

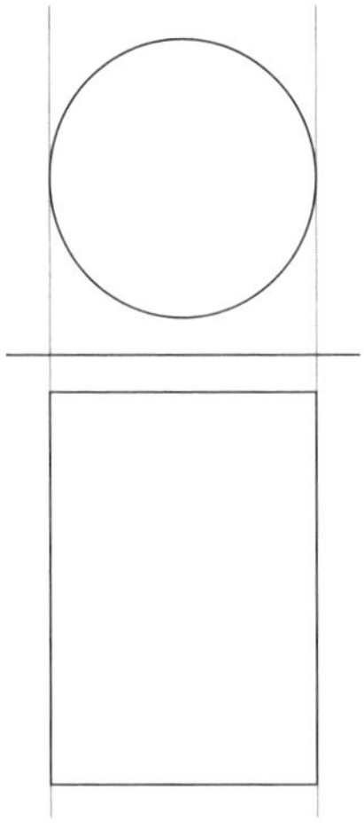

10. a) Ein Liter ist ein tausendstel Kubikmeter.
    $100\ \ell = 100 \cdot 0{,}001\ m^3 = 0{,}1\ m^3$

    b) Ein Hektar sind 100 Ar.
    $1{,}5\ ha = 1{,}5 \cdot 100\ a = 150\ a$

Übungsaufgaben im Stil der Abschlussprüfung ab 2012 – II
Pflichtteil 2

1. a) Stellen Sie in einem rechtwinkligen Koordinatensystem mit der Einheit 1 cm die Funktion $y = f(x) = -2x - 0{,}5$ grafisch dar.

   Geben Sie die Gleichung einer Funktion g an, deren Graph parallel zum Graphen der Funktion f verläuft.

   b) Ein Glücksrad (siehe Abbildung rechts) wird zweimal gedreht.

   Berechnen Sie mithilfe eines Baumdiagramms die Wahrscheinlichkeit, dass beim zweiten Drehen der Pfeil auf eine Zahl zeigt, die kleiner als die erste Zahl ist.

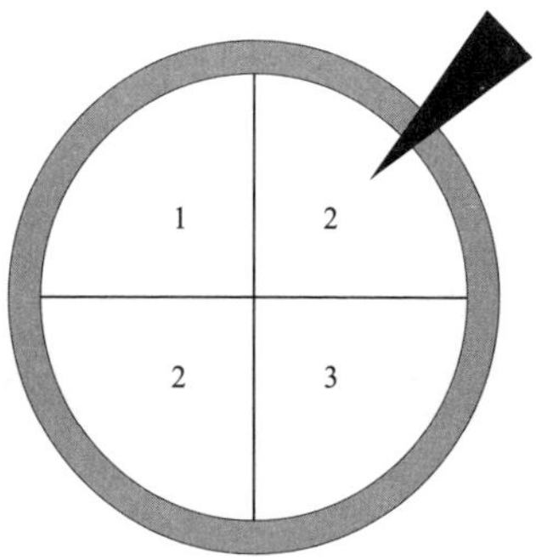

   c) Ein Werkstück aus Aluminium hat die Form, wie sie in nebenstehender Abbildung zu sehen ist.

   Berechnen Sie die Masse des Werkstücks, wenn es 5 mm dick ist.

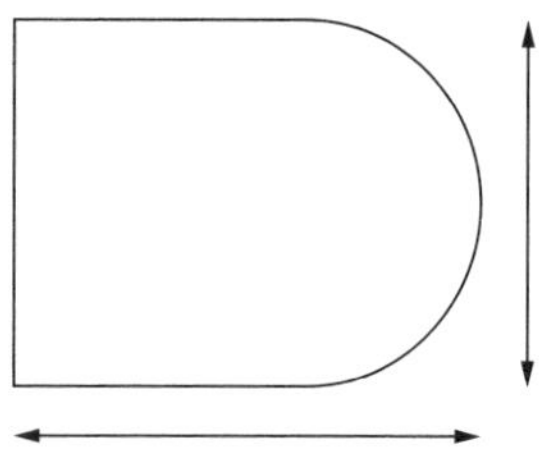

2. Im Jahr 2011 wurde in der Welt ein Bruttoinlandsprodukt (BIP) von 69 659 626 Millionen US-Dollar erwirtschaftet.
   In der Tabelle sind die vier erstplatzierten Länder mit ihrem BIP aufgeführt.

Land	**BIP in Mio. US-Dollar**
USA	15 094 025
China	7 298 147
Japan	5 869 471
Deutschland	3 577 031

Quelle: www.wikipedia.org

   a) Zeichnen Sie ein Kreisdiagramm, welches den jeweiligen Anteil des BIPs dieser Länder am Welt-BIP zeigt.

   b) Berechnen Sie, um wie viel Prozent das von China erwirtschaftete BIP höher ist als das von Deutschland.

   c) Die USA verzeichneten von 2010 zu 2011 einen Anstieg des BIPs um 1,74 %.

   Berechnen Sie das BIP der USA von 2010.

3. a) Lösen Sie folgende Gleichung.

   $x^2 - 7x - 8 = 0$

b) Berechnen Sie x und y. Führen Sie eine Probe durch.

   I $\quad 4x + 7y = -2$

   II $\quad x - 14y = 31$

c) Eine Gleichung der Form $ax + b = c$ soll mithilfe eines Tabellenkalkulationsprogramms gelöst werden.

   Geben Sie die Formel an, die man in Zelle B6 eingeben muss, um die Lösung zu erhalten.

   Geben Sie auch die in diesem Fall erhaltene Lösung an.

	A	B	C
1			
2	a =	4	
3	b =	12	
4	c =	6	
5			
6	x =		
7			
8			

Lösungen

1. a) **Graph von f**

Will man eine lineare Funktion zeichnen, so bietet es sich an, den y-Achsenabschnitt und die Nullstelle zu bestimmen.

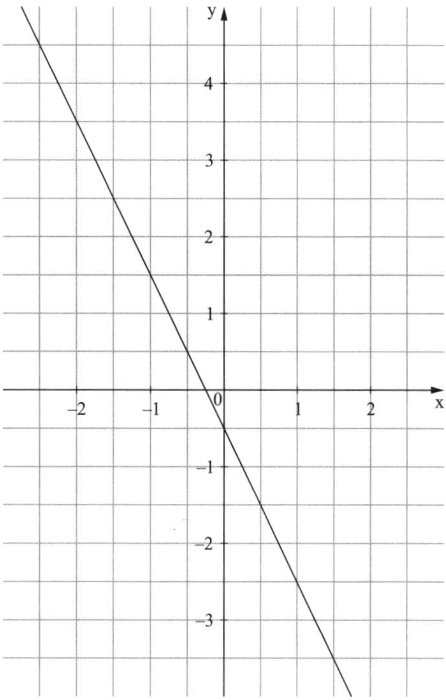

Gleichung von g

Zwei lineare Funktionen, deren Graphen parallel zueinander verlaufen, haben den gleichen Anstieg m.

$y = g(x) = -2x \pm n$; z. B. $y = g(x) = -2x + 1$

b) Es reicht aufgrund der Fragestellung aus, ein reduziertes Baumdiagramm zu zeichnen.

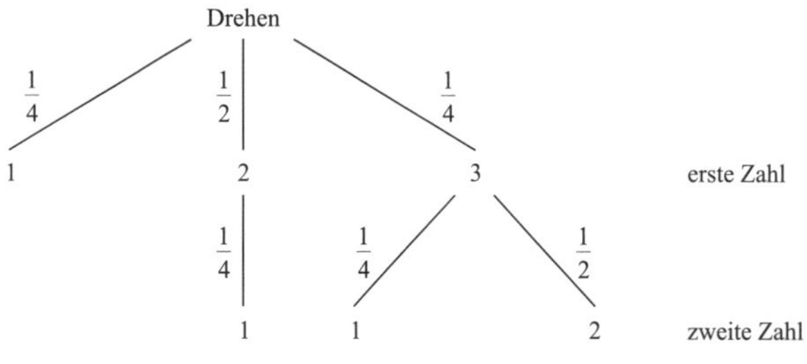

Nun werden die Wahrscheinlichkeiten entlang der Äste (bzw. Pfade) multipliziert (1. Pfadregel).

$$p_1 = \frac{1}{2} \cdot \frac{1}{4} = \frac{1}{8} = \frac{2}{16}$$

$$p_2 = \frac{1}{4} \cdot \left(\frac{1}{4} + \frac{1}{2}\right) = \frac{1}{4} \cdot \frac{3}{4} = \frac{3}{16}$$

Schließlich werden die Teilwahrscheinlichkeiten addiert (2. Pfadregel).

$$p = p_1 + p_2 = \frac{2}{16} + \frac{3}{16} = \frac{5}{16}$$

c) Die Masse des Werkstücks berechnet man mithilfe der Formel $m = \rho \cdot V$. Dabei ist die Dichte von Aluminium gegeben mit $\rho = 2{,}7\ \frac{g}{cm^3}$ (Tafelwerk!). Das Volumen des Werkstücks muss berechnet werden.
Es ergibt sich als Produkt aus Grundfläche und Höhe des Werkstücks, wobei sich die Grundfläche des Werkstücks (genauso wie die Deckfläche) aus einem Rechteck und einer halben Kreisscheibe zusammensetzt.

Berechnung des Flächeninhaltes A_1 des Rechtecks:

$$A_1 = a \cdot b = 2{,}0\ cm \cdot 4{,}0\ cm = 8{,}0\ cm^2$$

Berechnung des Flächeninhaltes A_2 der halben Kreisscheibe:

$$A_2 = \frac{1}{2}\pi \cdot r^2 = \frac{1}{2}\pi \cdot (2{,}0\ cm)^2 \approx 6{,}3\ cm^2$$

Berechnung der Grundfläche A des Werkstücks:

$$A = A_1 + A_2 \approx 8{,}0\ cm^2 + 6{,}3\ cm^2 = 14{,}3\ cm^2$$

Berechnung des Volumens V des Werkstücks:

$$V = A \cdot h \approx 14{,}3\ cm^2 \cdot 0{,}5\ cm \approx 7{,}2\ cm^3$$

Berechnung der Masse m des Werkstücks:

$$m = \rho \cdot V \approx 2{,}7\ \frac{g}{cm^3} \cdot 7{,}2\ cm^3 \approx 19{,}4\ g$$

2. a) Um das Kreisdiagramm zeichnen zu können, muss man zunächst den prozentualen Anteil der BIPs der Länder am Welt-BIP berechnen.
Um die zugehörige Winkelgröße zu erhalten, muss man dann den jeweiligen Prozentsatz mit 3,6° multiplizieren.
Die vorbereitenden Berechnungen kann man z. B. in einer Tabelle zusammenfassen.

Land	**BIP**	**Anteil am Welt-BIP in %**	**Winkelgröße in °**
USA	15 094 025	21,7	78,1
China	7 298 147	10,5	37,8
Japan	5 869 471	8,4	30,2
Deutschland	3 577 031	5,1	18,4
Rest	37 820 952	54,3	195,5

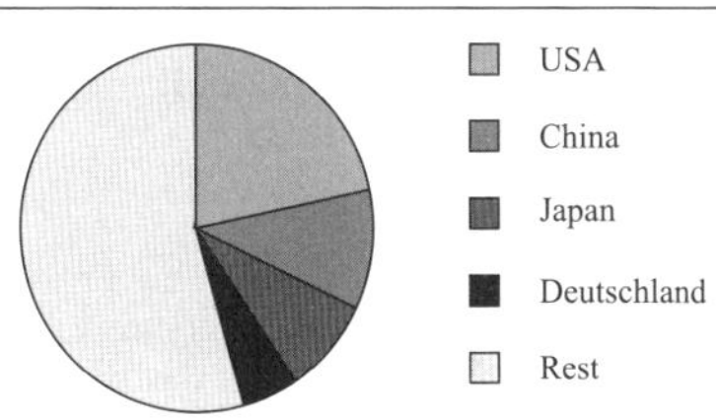

b) Den Prozentsatz kann man z. B. mit dem Dreisatz ausrechnen.

3 577 031 Mio. \$ $\hat{=}$ 100 %

1 Mio. \$ $\hat{=}$ 0,000028 %

7 298 147 Mio. \$ $\hat{=}$ 204,0 %

Im Jahr 2011 erwirtschaftete China ein um 104 % höheres BIP als Deutschland.

c) Auch den verminderten Grundwert kann man mit dem Dreisatz berechnen.

101,74 % $\hat{=}$ 15 094 025 Mio. \$

1 % $\hat{=}$ 148 358,8 Mio. \$

100 % $\hat{=}$ 14 835 880 Mio. \$

Im Jahr 2010 betrug das BIP der USA 14 835 880 Millionen US-Dollar.

3. a) Die quadratische Gleichung löst man mithilfe der p-q-Formel.

$x^2 - 7x - 8 = 0$

$$x_{1;2} = -\frac{p}{2} \pm \sqrt{\frac{p^2}{4} - q}$$

$$x_{1;2} = -\frac{-7}{2} \pm \sqrt{\frac{7^2}{4} + 8}$$

$$x_{1;2} = 3{,}5 \pm \sqrt{20{,}25}$$

$$x_1 = 8; \quad x_2 = -1$$

b) Lösen des Gleichungssystems durch Einsetzen.

Umstellen von II nach x:

$$\begin{array}{ll} \text{I} & 4x + 7y = -2 \\ \text{II} & x - 14y = 31 \quad |+14y \\ \hline \text{I} & 4x + 7y = -2 \\ \text{II'} & x = 31 + 14y \\ \hline \end{array}$$

Einsetzen von II' in I:

$$4(31+14y) + 7y = -2$$
$$124 + 56y + 7y = -2 \quad |-124$$
$$63y = -126 \quad |:63$$
$$\underline{y = -2}$$

Einsetzen von $y = -2$ in II:

$$x + 28 = 31 \quad |-28$$
$$\underline{x = 3}$$

Da zusätzlich noch eine Probe durchgeführt werden soll, muss man die für x und y erhaltenen Werte zudem in die beiden Gleichungen I und II einsetzen.

Die Probe bestätigt das Ergebnis, wenn dadurch jeweils eine wahre Aussage entsteht.

Probe I: $4 \cdot 3 + 7 \cdot (-2) = -2$

$-2 = -2$ w. A.

Probe II: $3 - 14 \cdot (-2) = 31$

$31 = 31$ w. A.

c) **Formel Zelle B6**
= (B4 – B3) / B2

Lösung

Um die Lösung zu ermitteln, die man in dem gegebenen Fall erhält, setzt man die in den Zellen B2 bis B4 angegebenen Zahlenwerte in die obige Formel ein.

$$x = \frac{6-12}{4} = \frac{-6}{4} = -\frac{3}{2}$$

$$x = -1{,}5$$

Übungsaufgaben im Stil der Abschlussprüfung ab 2012 – II
Wahlpflichtteil

1. Gegeben sind drei Funktionen f, g und h mit den folgenden Gleichungen.

   f: $y = x^2 - 2x - 4$

   g: $y = -3x - 2$

   h: $y = (x + 4)^2$

   a) Zeichnen Sie die Graphen der drei Funktionen in ein und dasselbe rechtwinklige Koordinatensystem.

   b) Überprüfen Sie durch Berechnung, ob die Graphen der drei Funktionen einen gemeinsamen Schnittpunkt besitzen.

   c) Berechnen Sie den spitzen Winkel, unter dem der Graph der linearen Funktion (unter den drei Funktionen f, g und h) die y-Achse schneidet.

2. Ein Dreieck ABC ist durch die Punkte A(–1; –2), B(4; 2) und C(1; 3) in einem rechtwinkligen Koordinatensystem mit der Einheit Zentimeter eindeutig bestimmt.

   Berechnen Sie den Umfang und den Flächeninhalt des Dreiecks.

3. Gegeben ist ein aus einem Würfel (Kantenlänge a = 5,0 m) und einer Pyramide (Kantenlängen der Grundfläche a = b = 5,0 m; Höhe h_k = 6,0 m) zusammengesetzter Körper.

   a) Zeichnen Sie ein Schrägbild des Körpers. Geben Sie den von Ihnen gewählten Maßstab an.

   b) Berechnen Sie die Länge der Seitenflächenhöhe h_a der Pyramide und den Winkel in der Spitze der Pyramide.

Lösungen

1. a) Es sind zwei quadratische Funktionen (f und h) und die lineare Funktion g zu zeichnen.
Will man eine lineare Funktion zeichnen, so bietet es sich an, den y-Achsenabschnitt und die Nullstelle zu bestimmen.
Der Scheitelpunkt der quadratischen Funktion $y = f(x) = x^2 - 2x - 4$ ist $S(1; -5)$.
Der Scheitelpunkt der quadratischen Funktion $y = h(x) = (x+4)^2$ ist $S(-4; 0)$.

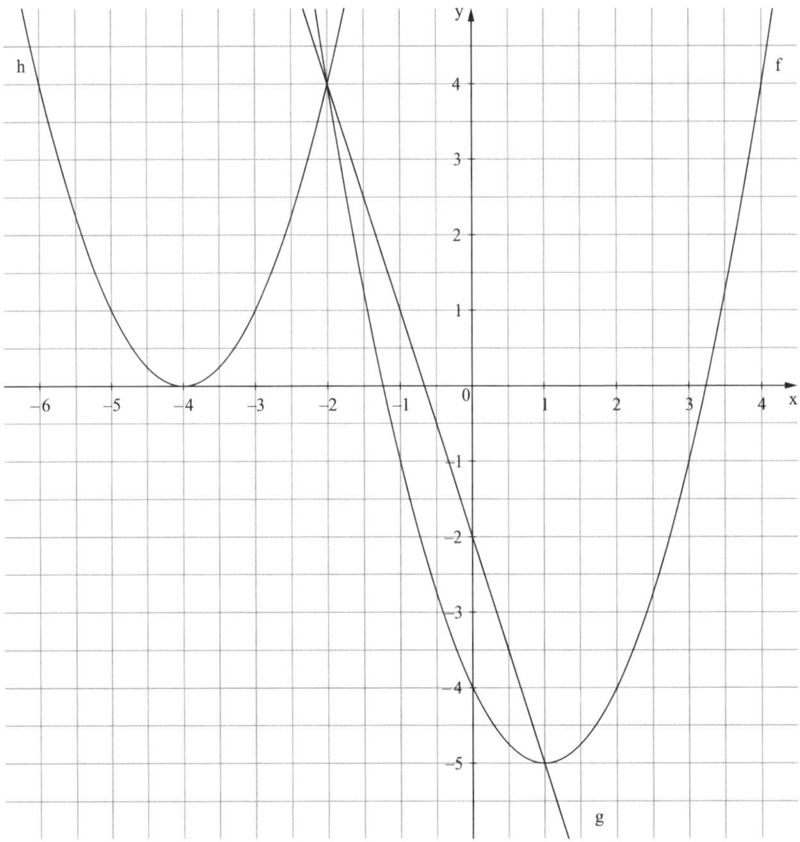

b) Um zu überprüfen, ob sich die Graphen dreier Funktionen in einem gemeinsamen Punkt schneiden, berechnet man zunächst (durch Gleichsetzen der Funktionsgleichungen) den Schnittpunkt der Graphen von zwei der drei Funktionen und setzt dann die x- und y-Koordinate dieses Schnittpunktes in die Funktionsgleichung der dritten Funktion ein. Erhält man eine wahre Aussage, so liegt der Schnittpunkt auch auf dem Graphen der dritten Funktion und die Graphen der drei Funktionen schneiden sich somit in einem gemeinsamen Punkt.
Im hier vorliegenden Fall empfiehlt es sich, die Funktionsgleichungen von f und h gleichzusetzen, um so das Lösen einer quadratischen Gleichung zu umgehen.

Gleichsetzen von f und h:

$$x^2 - 2x - 4 = (x+4)^2$$

$$x^2 - 2x - 4 = x^2 + 8x + 16 \quad |-x^2$$

$$-2x - 4 = 8x + 16 \quad |-8x;\ +4$$

$$-10x = 20 \quad |:(-10)$$

$$x = -2$$

Bestimmen der zugehörigen y-Koordinate:

Um die y-Koordinate des Schnittpunktes von f und h zu bestimmen, setzt man den erhaltenen Wert für x in eine der beiden Funktionsgleichungen, z. B. die von f, ein.

$$y = (-2)^2 - 2 \cdot (-2) - 4$$

$$y = 4$$

Der Schnittpunkt der Graphen der beiden Funktionen f und h ist S(–2; 4).

Einsetzen von $x = -2$ und $y = 4$ in g:

$$4 = -3 \cdot (-2) - 2$$

$$4 = 4 \qquad \text{w. A.}$$

Der Punkt S(–2; 4) liegt auf dem Graphen der Funktion g.

Die Graphen der Funktionen f, g und h besitzen den gemeinsamen Schnittpunkt S(–2; 4).

c) Es empfiehlt sich hier, zur Anschauung die Zeichnung aus Aufgabenteil a heranzuziehen.
Im rechtwinkligen Dreieck mit den Eckpunkten A(0; –2), B(0; 1) und C(–1; 1) kann der gesuchte Winkel mithilfe des Tangens berechnet werden.

$$\tan\alpha = \frac{\text{Gegenkathete}}{\text{Ankathete}} = \frac{1}{3}$$

$$\alpha \approx 18°$$

2. **Umfang**

Der Umfang eines geometrischen Objektes ist die Gesamtlänge seiner Umrisslinie. Es muss also die Länge der drei Seiten des Dreiecks ABC bestimmt werden. Dazu betrachtet man für jede der drei Seiten ein rechtwinkliges Dreieck, in dem die betreffende Seite die Hypotenuse ist und die Länge der beiden Katheten aus den Koordinaten der drei Punkte A, B und C gefolgert werden kann (Skizze!).

Berechnung von $a = \overline{BC}$:

$$a^2 = (3{,}0\text{ cm})^2 + (1{,}0\text{ cm})^2$$

$$a^2 = 10{,}0\text{ cm}^2 \quad |\sqrt{\ }$$

$$a \approx 3{,}2\text{ cm}$$

Berechnung von $b = \overline{AC}$:

$$b^2 = (2{,}0\text{ cm})^2 + (5{,}0\text{ cm})^2$$

$$b^2 = 29{,}0\text{ cm}^2 \quad |\sqrt{\ }$$

$$b \approx 5{,}4\text{ cm}$$

Berechnung von $c = \overline{AB}$:

$$c^2 = (5{,}0\text{ cm})^2 + (4{,}0\text{ cm})^2$$

$$c^2 = 41{,}0\text{ cm}^2 \quad |\sqrt{\ }$$

$$c \approx 6{,}4\text{ cm}$$

Berechnung des Umfangs:

$u = a + b + c$

$u \approx 3{,}2\text{ cm} + 5{,}4\text{ cm} + 6{,}4\text{ cm}$

$u \approx 15{,}0\text{ cm}$

Flächeninhalt

Um den Flächeninhalt des Dreiecks ABC berechnen zu können, benötigt man einen Innenwinkel des Dreiecks. Einen solchen kann man mit dem Kosinussatz berechnen. Dieser lautet: $a^2 = b^2 + c^2 - 2bc \cdot \cos\alpha$

$$\cos\alpha = \frac{b^2 + c^2 - a^2}{2bc}$$

$$\cos\alpha \approx \frac{(5{,}4\text{ cm})^2 + (6{,}4\text{ cm})^2 - (3{,}2\text{ cm})^2}{2 \cdot 5{,}4\text{ cm} \cdot 6{,}4\text{ cm}}$$

$$\alpha \approx 30°$$

Berechnung des Flächeninhalts A des Dreiecks ABC:

Mit dem Winkel α kann man die Höhe des Dreiecks ABC (bezüglich der Grundseite b) mithilfe des Sinus im rechtwinkligen Dreieck berechnen.

$$A = \frac{1}{2} b \cdot c \cdot \sin\alpha$$

$$A \approx \frac{1}{2} \cdot 5{,}4\text{ cm} \cdot 6{,}4\text{ cm} \cdot \sin 30°$$

$$A \approx 8{,}6\text{ cm}^2$$

3. a) Es empfiehlt sich, eine gerade Pyramide zu wählen, damit man die Höhe der Pyramide über den Mittelpunkt der Grundfläche gut einzeichnen kann. Als Maßstab bietet sich 1 : 100 an. Aus Platzgründen ist die hier gezeigte Abbildung jedoch im Maßstab 1 : 200 gehalten.

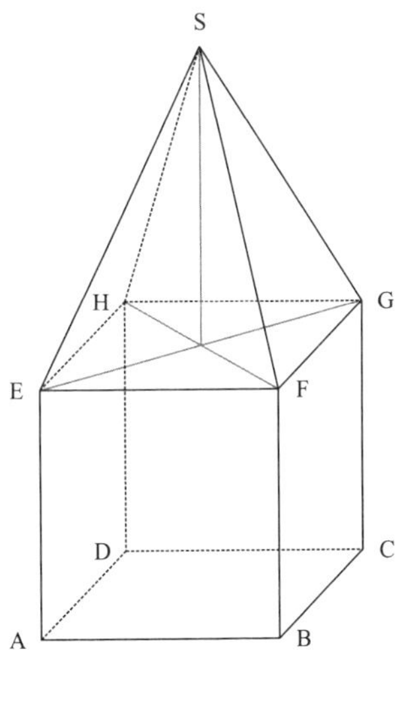

b) **Seitenflächenhöhe**

Die Seitenflächenhöhe h_a (als Hypotenuse), die Höhe h_k (als eine der beiden Katheten) und die halbe Seitenhalbierende des Grundflächenquadrats (als zweite Kathete) bilden in der Pyramide ein rechtwinkliges Dreieck (Stützdreieck).
Die Berechnung der Seitenflächenhöhe h_a kann daher mit dem Satz des Pythagoras erfolgen.

$$h_a^2 = \left(\frac{5{,}0\text{ m}}{2}\right)^2 + h_k^2$$

$$h_a^2 = (2{,}5\text{ m})^2 + (6{,}0\text{ m})^2$$

$$h_a^2 \approx 42{,}3\text{ m}^2$$

$$h_a \approx 6{,}5\text{ m}$$

Winkel in der Spitze der Pyramide

Auch der Winkel in der Spitze der Pyramide lässt sich mithilfe des Stützdreiecks berechnen, denn er ergibt sich als das Doppelte des Winkels im Eckpunkt S des Stützdreiecks.
Letzteren kann man mithilfe des Tangens im rechtwinkligen Stützdreieck berechnen.

$$\tan\beta = \frac{\text{Gegenkathete}}{\text{Ankathete}} = \frac{\frac{5{,}0\text{ m}}{2}}{6{,}0\text{ m}} = \frac{2{,}5}{6{,}0} = \frac{5}{12}$$

$$\beta \approx 22{,}6°$$

Berechnung des Winkels α in der Spitze der Pyramide:
$\alpha = 2\beta \approx 2 \cdot 22{,}6° = 45{,}2°$

Alternativ kann man den Winkel auch im gleichseitigen Dreieck berechnen, dessen Schenkel die Seitenflächenhöhe h_a sind und dessen Basis die Seitenhalbierende des Grundflächenquadrats der Pyramide ist. In diesem Dreieck ist die Länge aller drei Seiten bekannt, weshalb sich der Winkel mithilfe des Kosinussatzes berechnen lässt. Dieser lautet:
$a^2 = b^2 + c^2 - 2bc \cdot \cos\alpha$

$$(5{,}0\text{ m})^2 = h_a^2 + h_a^2 - 2h_a \cdot h_a \cdot \cos\alpha$$

$$\cos\alpha = \frac{2h_a^2 - (5{,}0\text{ m})^2}{2h_a^2}$$

$$\cos\alpha \approx \frac{2(6{,}5\text{ m})^2 - (5{,}0\text{ m})^2}{2(6{,}5\text{ m})^2}$$

$$\cos\alpha \approx 0{,}7$$

$$\alpha \approx 45{,}6°$$

Übungsaufgaben im Stil der Abschlussprüfung ab 2012 – III
Pflichtteil 1

1. Berechnen Sie.

   a) $0,7 \cdot 4 + 0,7 \cdot 6$

   b) $\frac{2}{5} + \frac{5}{2}$

   c) $12 \text{ Liter} + 8 \text{ dm}^3$

2. 10 % von ____________ sind 6,50 €.

3. Schreiben Sie 10 Millionen als Zehnerpotenz.

   ____

4. Multiplizieren Sie $(2a + 1) \cdot (y - 2)$.

5. Kreuzen Sie alle passenden Umschreibungen für den Term $2x + 1$ an.

   ☐ Der Nachfolger des Doppelten einer Zahl.
   ☐ Eine ungerade Zahl.
   ☐ Die Summe aus 2 und einer beliebigen Zahl vermindert um 1.
   ☐ Das Doppelte der Summe aus einer Zahl und 1.

6. Das nebenstehende Glücksrad ist noch nicht vollständig beschriftet. In jedem Sektor soll am Ende als Symbol entweder ☼ oder ♥ stehen.

   Vervollständigen Sie das Glücksrad so, dass die Gewinnchance für ☼ genau 62,5 % beträgt.

7. Geben Sie die Dauer der folgenden Fahrt in Minuten an.

Bahnhof/Haltestelle	**Datum**	**Zeit**	**Gleis**	**Produkt**
Berlin Hbf	So., 31.05.	ab 07:54	2	ICE 1627
München Hbf	So., 31.05.	an 14:34	19	

Daten nach: http://reiseauskunft.bahn.de

8. Vervollständigen Sie das Zweitafelbild eines dreiseitigen Prismas mit einer Körperhöhe von 3,5 cm.

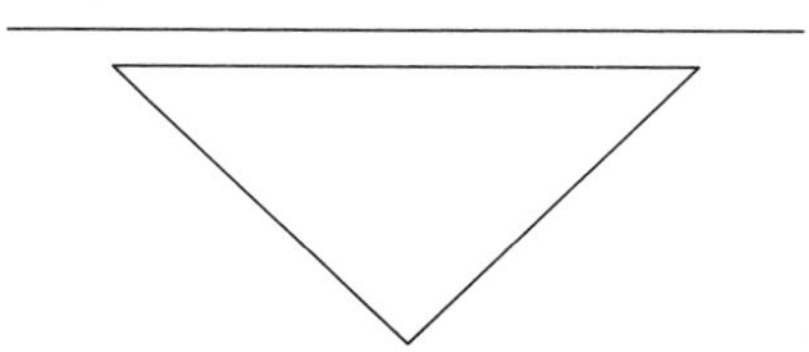

9. Kreuzen Sie an, welche Funktionsgleichung zum abgebildeten Graphen gehört.

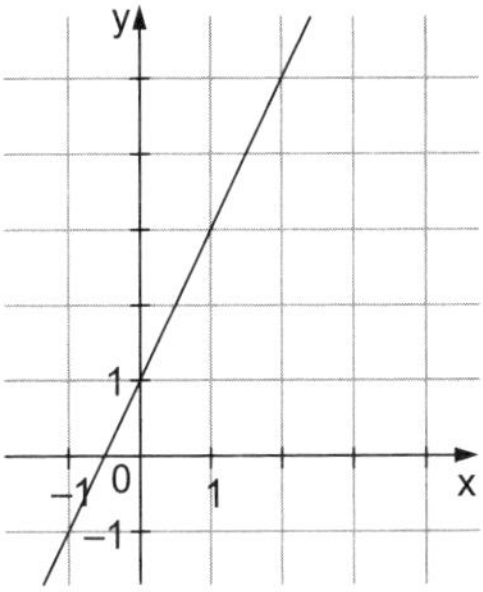

☐ $y = x + 1$

☐ $y = 2x$

☐ $y = 2x + 1$

☐ $y = -2x + 1$

10. Geben Sie die Größe des Winkels α im abgebildeten Rechteck an.

$\alpha =$ ________ °

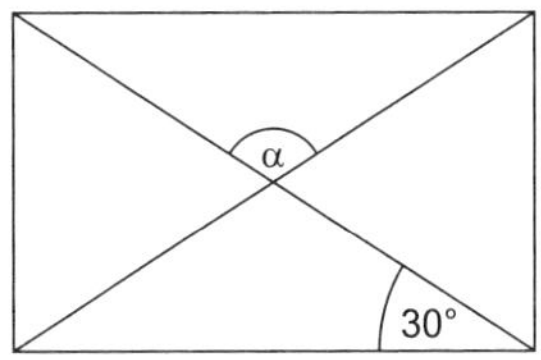

Abbildung nicht maßstäblich

11. Stellen Sie die Formel $u = a + b + c$ nach b um.

12. Geben Sie eine Gleichung zur Berechnung der Länge der Diagonale d des Quadrates an.

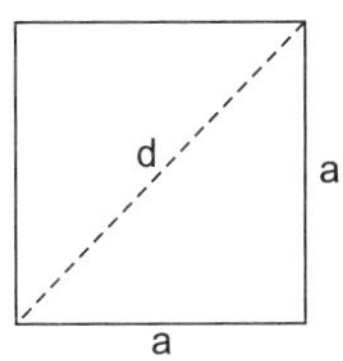

13. Entnehmen Sie dem nachfolgenden Diagramm die Monate mit den statistisch meisten Regentagen.

____

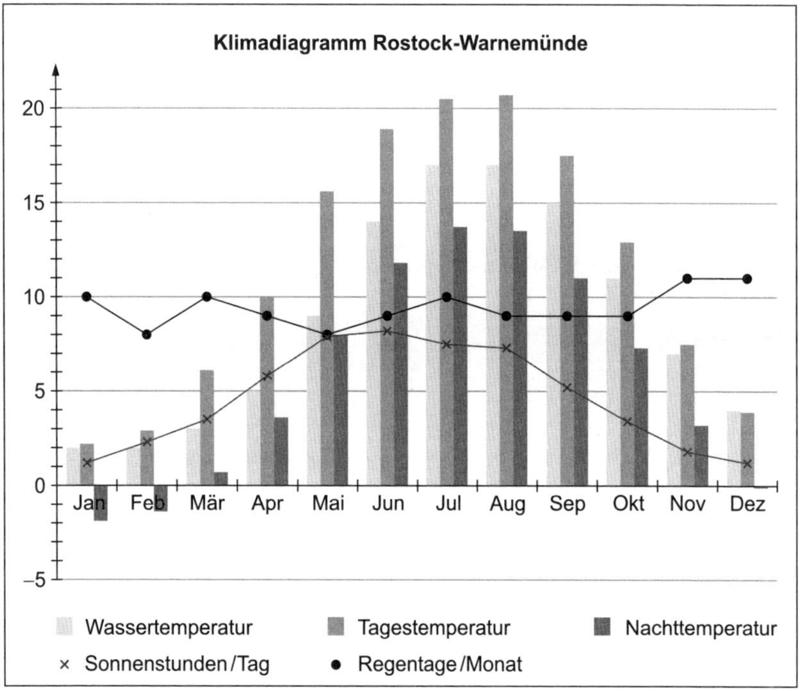

Daten nach: http://www.wetter.com

Lösungen

1. a) Hier ist es vorteilhaft, das Distributivgesetz anzuwenden.

   $0,7 \cdot 4 + 0,7 \cdot 6 = 0,7 \cdot (4+6) = 0,7 \cdot 10 = 7$

   b) $\frac{2}{5} + \frac{5}{2} = \frac{2 \cdot 2}{5 \cdot 2} + \frac{5 \cdot 5}{2 \cdot 5} = \frac{4+25}{10} = \frac{29}{10}$

   c) 1 Liter entspricht 1 dm^3.

   12 Liter + 8 dm^3 = 12 dm^3 + 8 dm^3 = 20 dm^3

2. 10 % von 65,00 € sind 6,50 €.

3. 10 Millionen = 10 000 000 = 10^7

4. $(2a+1) \cdot (y-2) = 2a \cdot y - 2a \cdot 2 + 1 \cdot y - 1 \cdot 2 = 2ay - 4a + y - 2$

5. ☒ Der Nachfolger des Doppelten einer Zahl.
   ☒ Eine ungerade Zahl.
   ☐ Die Summe aus 2 und einer beliebigen Zahl vermindert um 1.
   ☐ Das Doppelte der Summe aus einer Zahl und 1.

6. Das Glücksrad besteht aus 8 gleich großen Sektoren.
   Die Gewinnchance für ☼ ist die Anzahl aller günstigen Ausgänge durch die Anzahl aller Sektoren.

   $\frac{x}{8} = 62,5\ \%$

   $\frac{x}{8} = 0,625 \quad | \cdot 8$

   $x = 0,625 \cdot 8$

   $x = 5$

   Wenn 5 der 8 Sektoren das Symbol ☼ haben, beträgt die Gewinnchance für ☼ genau 62,5 %.
   Eine mögliche Vervollständigung des Glücksrades ist rechts dargestellt.

7. Von 07:54 Uhr bis 08:00 Uhr: 6 Minuten
   Von 08:00 Uhr bis 14:00 Uhr: 6 Stunden
   Von 14:00 Uhr bis 14:34 Uhr: 34 Minuten

   Die Fahrtdauer beträgt also 6 Stunden und 40 Minuten.

   Umgerechnet in Minuten ergibt das:
   $6 \cdot 60$ Minuten + 40 Minuten = 400 Minuten

8. Ein dreiseitiges Prisma besitzt als Grund- und Deckfläche ein Dreieck und als Seitenflächen drei Rechtecke.

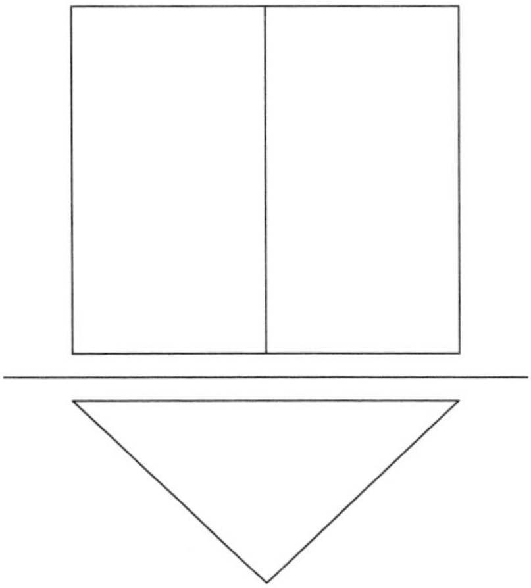

9. Der abgebildete Graph hat den Anstieg $m = 2$ und schneidet die y-Achse bei $n = 1$.

- ☐ $y = x + 1$
- ☐ $y = 2x$
- ☒ $y = 2x + 1$
- ☐ $y = -2x + 1$

10. Durch die Diagonalen wird das Rechteck in vier gleichschenklige Dreiecke zerlegt. Die Innenwinkelsumme in jedem Dreieck beträgt 180°. Scheitelwinkel sind gleich groß.

$\alpha = 180° - 30° - 30° = 120°$

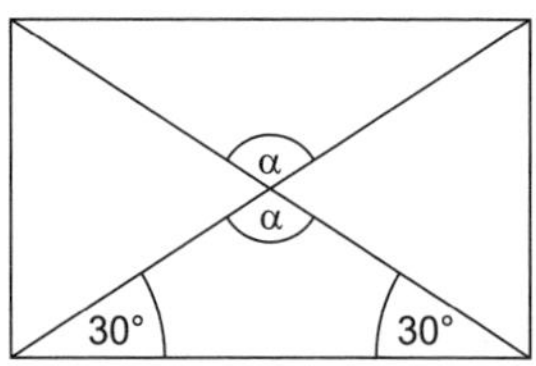

11. $u = a + b + c \quad | -a - c$

$u - a - c = b$

12. Mit dem Satz des Pythagoras gilt:

$d^2 = a^2 + a^2$

$d^2 = 2a^2 \quad | \sqrt{\ }$

$d = \sqrt{2} \cdot a$

Jede dieser drei Gleichungen ist zur Berechnung der Länge der Diagonale geeignet.

13. Die Regentage pro Monat können im Diagramm anhand der Kreise, die mit einer Linie verbunden sind, abgelesen werden.

Die Monate mit den statistisch meisten Regentagen sind der November und der Dezember.

Übungsaufgaben im Stil der Abschlussprüfung ab 2012 – III
Pflichtteil 2

1. a) Ein Händler gibt bei Barzahlung eines TV-Apparates auf den Kaufpreis, der bei 450 € liegt, einen Rabatt in Höhe von 15 %. Ein zweiter Händler hat im Sommerschlussverkauf den Preis für den gleichen TV-Apparat von 450 € um 70 € gesenkt.
Ermitteln Sie das günstigere Angebot.

© iko. Shutterstock

b) Marc rechnet mit einem Tabellenkalkulationsprogramm seinen Zensurendurchschnitt aus.
Geben Sie eine für diese Aufgabe nutzbare Formel für die Zelle B9 an und berechnen Sie Marcs Zensurendurchschnitt.

	A	B
1	**Mathematik**	
2		
3	1. Test	4
4	2. Test	2
5	3. Test	3
6	mündliche LK	3
7	Mitarbeit	2
8		
9	**Zensurendurchschnitt**	

c) Zeichnen Sie das Netz eines Kreiszylinders mit den Maßen $r = 2{,}4$ cm und $h = 5{,}8$ cm.

d) Für eine Fußballpokal-Begegnung mit Hin- und Rückspiel sagt ein Experte voraus, dass die Mannschaft A das Hinspiel mit 80 %iger Sicherheit und das Rückspiel mit 30 %iger Sicherheit gewinnt.
Berechnen Sie die Wahrscheinlichkeit, dass Mannschaft A beide Spiele gewinnt.

2. Gegeben ist die Funktion f mit $y = f(x) = x^2 - 6x + 8,\ x \in \mathbb{R}$.

a) Berechnen Sie die Nullstellen der Funktion.

b) Zeichnen Sie den Graphen der Funktion f und geben Sie die Gleichung der Funktion in der Form $y = (x + d)^2 + e$ an.

c) Auf dem Graphen der Funktion f liegen die Punkte $P_1(2 \mid y_1)$ und $P_2(5 \mid y_2)$. Durch diese Punkte verläuft eine Gerade g.
Geben Sie eine Gleichung der Geraden g an und berechnen Sie den Schnittwinkel α zwischen der y-Achse und der Geraden g.

3. Bei Straßenbauarbeiten wird die fett umrandete Fläche ABC von einem Messpunkt M aus neu vermessen.
Der Winkel $\sphericalangle BAC = \alpha = 105°$ und der Winkel $\sphericalangle ACB = \gamma = 56°$ sind aus vorausgegangenen Messungen bekannt. Weiterhin sind gegeben:

$\sphericalangle AMC = \delta = 39°$

$\overline{AM} = 271{,}0 \text{ m}$

$\overline{CM} = 529{,}0 \text{ m}$

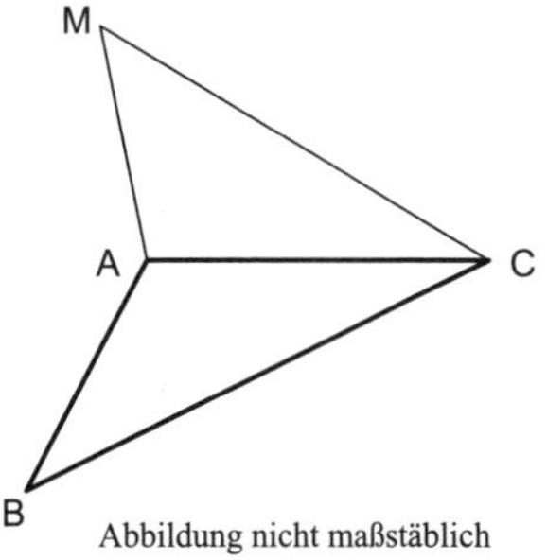

Abbildung nicht maßstäblich

a) Berechnen Sie die Länge der Strecke $\overline{AC}$.

b) Berechnen Sie den Flächeninhalt der fett umrandeten Fläche ABC und geben Sie das Ergebnis in Hektar an.

c) Konstruieren Sie die Figur ABCM in einem geeigneten Maßstab. Verwenden Sie für die Konstruktion nur die in der Aufgabenstellung gegebenen Größen, aber keine berechneten Streckenlängen und Winkelmaße.
Überprüfen Sie das Ergebnis aus Aufgabenteil a anhand der Konstruktion.

Lösungen

1. a) Der Preis beim ersten Händler kann z. B. mit dem Dreisatz berechnet werden.

Der erste Händler gibt einen Rabatt von 15 %. Der Preis des TV-Apparates liegt also bei 85 % des ursprünglichen Kaufpreises.

$100\,\% \mathrel{\hat{=}} 450\,€$

$1\,\% \mathrel{\hat{=}} 4{,}50\,€$

$85\,\% \mathrel{\hat{=}} 382{,}50\,€$

Den Preis beim zweiten Händler berechnet man durch Bildung der Differenz:
$450\,€ - 70\,€ = 380\,€$

Ein Vergleich ergibt, dass der zweite Händler das günstigere Angebot hat.

b) Der Zensurendurchschnitt entspricht der Summe der Noten dividiert durch die Anzahl der Noten.

Formel für die Zelle B9:

=(B3+B4+B5+B6+B7)/5 oder

=SUMME(B3:B7)/5 oder

=MITTELWERT(B3:B7)

Zensurendurchschnitt:

$$\bar{x} = \frac{4+2+3+3+2}{5} = 2{,}8$$

c) Das Netz des Kreiszylinders besteht aus zwei kongruenten Kreisen und einem Rechteck. Die Seitenlängen des Rechtecks stimmen dabei mit der Höhe des Kreiszylinders und dem Umfang der kreisförmigen Grund- bzw. Deckfläche überein. Aus Platzgründen ist das hier abgebildete Netz im Maßstab 1 : 2 angegeben.

Bevor das Netz des Kreiszylinders gezeichnet werden kann, wird der Umfang der Grundfläche ausgerechnet:

$$\begin{aligned} u &= \pi \cdot d \\ &= \pi \cdot (2 \cdot r) \\ &= \pi \cdot (2 \cdot 2{,}4\ \text{cm}) \\ &= \pi \cdot 4{,}8\ \text{cm} \\ &\approx 15{,}1\ \text{cm} \end{aligned}$$

d) Die Wahrscheinlichkeiten werden multipliziert.
80 % sind $\frac{80}{100} = 0{,}8$ und 30 % sind $\frac{30}{100} = 0{,}3$.

$p = 0{,}8 \cdot 0{,}3 = 0{,}24$

Die Wahrscheinlichkeit, dass Mannschaft A beide Spiele gewinnt, beträgt 24 %.

2. a) Für die Nullstellenberechnung muss eine quadratische Gleichung gelöst werden.
Diese ergibt sich aus der Funktionsgleichung $y = x^2 - 6x + 8$ mit $y = 0$.

$x^2 - 6x + 8 = 0$

Einsetzen von $p = -6$ und $q = 8$ in die Lösungsformel:

$$x_{1/2} = -\frac{p}{2} \pm \sqrt{\left(\frac{p}{2}\right)^2 - q}$$

$$x_{1/2} = -\frac{-6}{2} \pm \sqrt{\left(\frac{-6}{2}\right)^2 - 8}$$

$$x_{1/2} = 3 \pm \sqrt{1}$$

$$x_1 = 4; \; x_2 = 2$$

Die Nullstellen lauten $x_1 = 4$ und $x_2 = 2$.

b) Der Graph der Funktion $y = f(x) = x^2 - 6x + 8 \; (x \in \mathbb{R})$ ist eine nach oben geöffnete, verschobene Normalparabel.

Die Koordinaten des Scheitelpunktes können mit $S\left(-\frac{p}{2} \,\middle|\, -\left(\frac{p}{2}\right)^2 + q\right)$ ermittelt werden.
Mit $p = -6$ und $q = 8$ folgt:

$$S\left(-\frac{-6}{2} \,\middle|\, -\left(\frac{-6}{2}\right)^2 + 8\right) = S(3\,|\,-1)$$

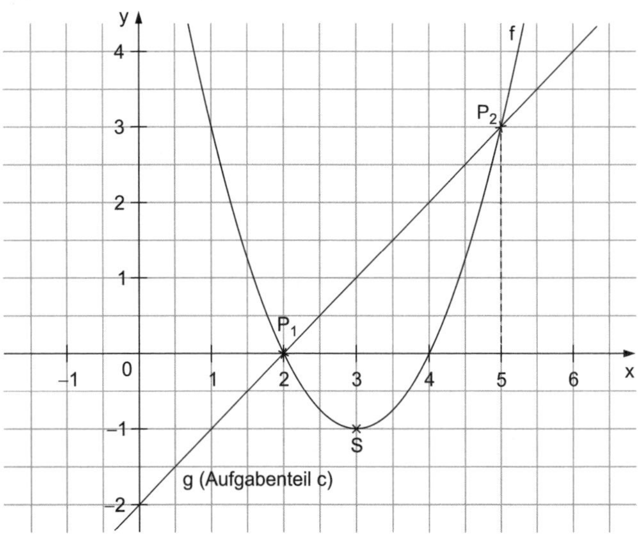

Aus $S(3\,|-1) = S(-d\,|\,e)$ lässt sich $d=-3$ und $e=-1$ folgern. Einsetzen in die Scheitelpunktform $y=(x+d)^2+e$ ergibt:

$y=(x-3)^2-1$

c) Mithilfe der Punkte P_1 und P_2 kann die Gerade g in das Koordinatensystem aus Aufgabenteil b eingezeichnet werden.

Die y-Koordinaten der Punkte P_1 und P_2 lauten:

$y_1 = f(2) = 2^2 - 6 \cdot 2 + 8 = 0$

$y_2 = f(5) = 5^2 - 6 \cdot 5 + 8 = 3$

Die Gerade g verläuft durch die Punkte $P_1(2\,|\,0)$ und $P_2(5\,|\,3)$, hat die Steigung $m=1$ und schneidet die y-Achse bei $n=-2$.

Die Gleichung der Geraden g lautet:

$y = x - 2$

Der Schnittwinkel α zwischen der y-Achse und der Geraden g kann mithilfe des Tangens berechnet werden:

$$\tan\alpha = \frac{2}{2} = 1$$

$$\alpha = 45°$$

3. a) Vom Dreieck ACM sind zwei Seiten und der von diesen Seiten eingeschlossene Winkel gegeben.
Die Länge der Strecke $\overline{AC}$ kann mit dem Kosinussatz berechnet werden.

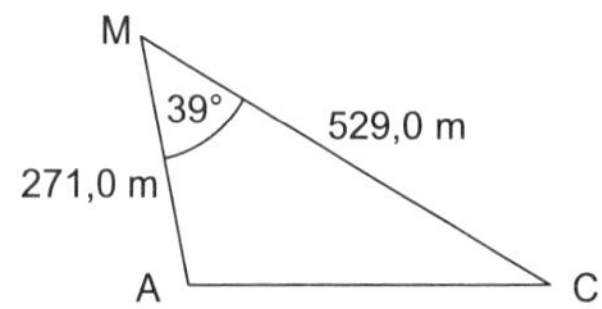

$$\overline{AC}^2 = \overline{AM}^2 + \overline{CM}^2 - 2 \cdot \overline{AM} \cdot \overline{CM} \cdot \cos\sphericalangle AMC$$

$$\overline{AC}^2 = (271{,}0\text{ m})^2 + (529{,}0\text{ m})^2 - 2 \cdot 271{,}0\text{ m} \cdot 529{,}0\text{ m} \cdot \cos 39°$$

$$\overline{AC}^2 \approx 130\,460{,}3\text{ m}^2 \qquad |\sqrt{}$$

$$\overline{AC} \approx 361{,}2\text{ m}$$

b) Für eine direkte Berechnung des Flächeninhalts des Dreiecks ABC sind nicht genügend Größen gegeben.
Mit dem Innenwinkelsatz kann der noch fehlende Winkel $\sphericalangle CBA = \beta$ berechnet werden.
Mit dem Sinussatz kann anschließend eine zweite Seite des Dreiecks bestimmt werden.

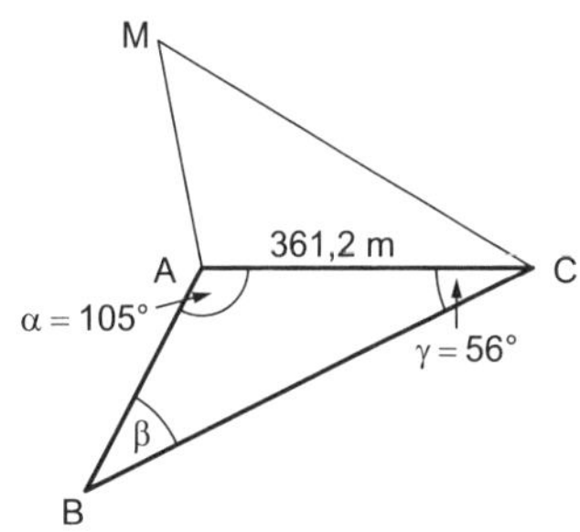

Innenwinkelsatz:

$$\alpha + \beta + \gamma = 180° \qquad |-\alpha-\gamma$$

$$\beta = 180° - \alpha - \gamma$$

$$\beta = 180° - 105° - 56°$$

$$\beta = 19°$$

Sinussatz:

$$\frac{\overline{BC}}{\sin\alpha} = \frac{\overline{AC}}{\sin\beta} \quad |\cdot \sin\alpha \qquad \text{oder} \qquad \frac{\overline{AB}}{\sin\gamma} = \frac{\overline{AC}}{\sin\beta} \quad |\cdot \sin\gamma$$

$$\overline{BC} = \frac{\overline{AC}}{\sin\beta} \cdot \sin\alpha \qquad \overline{AB} = \frac{\overline{AC}}{\sin\beta} \cdot \sin\gamma$$

$$\overline{BC} = \frac{361{,}2\ \text{m}}{\sin 19^\circ} \cdot \sin 105^\circ \qquad \overline{AB} = \frac{361{,}2\ \text{m}}{\sin 19^\circ} \cdot \sin 56^\circ$$

$$\overline{BC} \approx 1\,071{,}6\ \text{m} \qquad \overline{AB} \approx 919{,}8\ \text{m}$$

Berechnung des Flächeninhalts mit der Flächenformel:

$$A_{ABC} = \frac{1}{2} \cdot \overline{AC} \cdot \overline{BC} \cdot \sin\gamma \qquad \text{oder} \qquad A_{ABC} = \frac{1}{2} \cdot \overline{AC} \cdot \overline{AB} \cdot \sin\alpha$$

$$A_{ABC} = \frac{1}{2} \cdot 361{,}2\ \text{m} \cdot 1\,071{,}6\ \text{m} \cdot \sin 56^\circ \qquad A_{ABC} = \frac{1}{2} \cdot 361{,}2\ \text{m} \cdot 919{,}8\ \text{m} \cdot \sin 105^\circ$$

$$A_{ABC} \approx 160\,444\ \text{m}^2 \qquad A_{ABC} \approx 160\,456\ \text{m}^2$$

Umrechnung in Hektar (1 ha = 10 000 m^2):

$A_{ABC} \approx 16{,}0$ ha

c) Die Konstruktion kann z. B. im Maßstab 1 : 10 000 oder 1 : 5 000 erfolgen. Der Maßstab legt dabei das Verhältnis der Bildstrecke zur Originalstrecke fest. Winkelgrößen bleiben vom Maßstab unberührt.

Vom Dreieck ACM sind zwei Seiten und der eingeschlossene Winkel gegeben. Das Dreieck kann nach SWS eindeutig konstruiert werden. Durch die Konstruktion des Dreiecks ACM ist die Strecke $\overline{AC}$ festgelegt. Das Dreieck ABC kann mit den beiden Winkeln $\sphericalangle BAC = \alpha = 105^\circ$ und $\sphericalangle ACB = \gamma = 56^\circ$ nach WSW ebenfalls eindeutig konstruiert werden.

Im Maßstab 1 : 10 000 ist:

$\overline{A'M'} = 271{,}0\ \text{m} : 10\,000 = 27\,100\ \text{cm} : 10\,000 = 2{,}71\ \text{cm} \approx 2{,}7\ \text{cm}$

$\overline{C'M'} = 529{,}0\ \text{m} : 10\,000 = 52\,900\ \text{cm} : 10\,000 = 5{,}29\ \text{cm} \approx 5{,}3\ \text{cm}$

Die Längen der Bildstrecken können auf eine Stelle nach dem Komma gerundet werden, da beim Zeichnen keine höhere Genauigkeit erreicht werden kann.

Konstruktionsschritte:

Schritt 1: Zeichnen der Strecke $\overline{A'M'}$ mit der Länge $\overline{A'M'} \approx 2{,}7$ cm.

Schritt 2: Abtragen des Winkels $\sphericalangle AMC = \delta = 39^\circ$ im Punkt M'.

Schritt 3: Schlagen eines Kreisbogens um M' mit dem Radius $\overline{C'M'} \approx 5{,}3$ cm.
Der Schnittpunkt des Kreisbogens mit dem zweiten Schenkel von $\sphericalangle AMC = \delta$ ergibt den Eckpunkt C'.

Schritt 4: Verbinden von A' mit C'.

Schritt 5: Abtragen des Winkels $\sphericalangle BAC = \alpha = 105^\circ$ im Punkt A'.

Schritt 6: Abtragen des Winkels $\sphericalangle ACB = \gamma = 56^\circ$ im Punkt C'.
Der Schnittpunkt der beiden freien Schenkel der Winkel $\sphericalangle BAC = \alpha$ und $\sphericalangle ACB = \gamma$ ergibt den Eckpunkt B'.

Konstruktion:

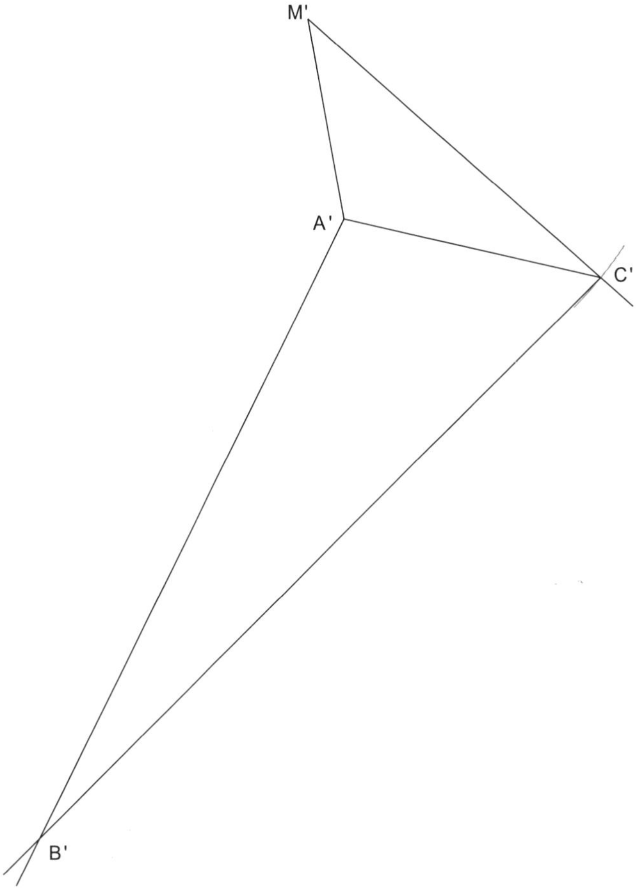

In der Zeichnung kann die Länge der Strecke $\overline{A'C'}$ nachgemessen und daraus die Länge $\overline{AC}$ der Originalstrecke ermittelt werden.

$\overline{A'C'} = 3{,}6\ \text{cm}$

$\overline{AC} = 3{,}6\ \text{cm} \cdot 10\,000 = 36\,000\ \text{cm} = 360{,}0\ \text{m}$

Die Abweichung zum rechnerischen Ergebnis aus Aufgabenteil a resultiert aus der Wahl des Maßstabes und aufgrund der Messungenauigkeit.

Übungsaufgaben im Stil der Abschlussprüfung ab 2012 – III
Wahlpflichtteil

1. Ein Zelt kann man sich als einen Körper vorstellen, der aus einem dreiseitigen Prisma und der Hälfte eines Kreiskegels zusammengesetzt ist. Das Zelt in der nebenstehenden Abbildung soll folgende Maße haben:
   h = 1,50 m
   a = 2,20 m
   d = 1,50 m

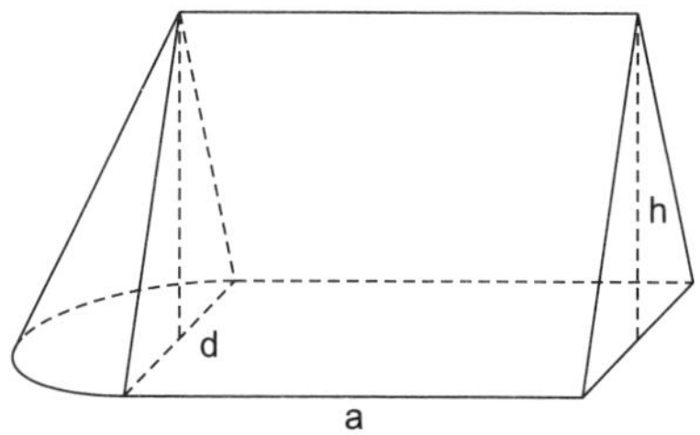

   a) Stellen Sie das Zelt in senkrechter Zweitafelprojektion in einem geeigneten Maßstab dar und geben Sie diesen an.

   b) Berechnen Sie, wie viel Kubikmeter Luft das Zelt fasst.

2. Der Internethandel stellt immer größere Anforderungen an die Logistik des Versands von Paketen. Variable Paketgrößen sollen Effektivität und optimale Nutzung sichern.

   a) Ein Paket soll ein Volumen von 6 ℓ haben.
   Geben Sie die Maße von zwei verschiedenen Paketen, die dieses Volumen besitzen, in cm an.

   b) In einem Postauto hat der quaderförmige Laderaum folgende Maße:
   Breite 1,60 m, Länge 2,50 m und Höhe 1,40 m
   Wie viele Pakete mit einem Volumen von 14 ℓ passen rein rechnerisch in diesen Laderaum?

   c) Überlegen Sie sich für die rechts dargestellte Paketform eine Anordnung, mit der der zur Verfügung stehende Laderaum optimal ausgenutzt wird. Zeichnen Sie für diese Anordnung von dem Laderaum eine Ansicht von oben und bestimmen Sie die größtmögliche Anzahl der Pakete, die auf diese Weise transportiert werden können.

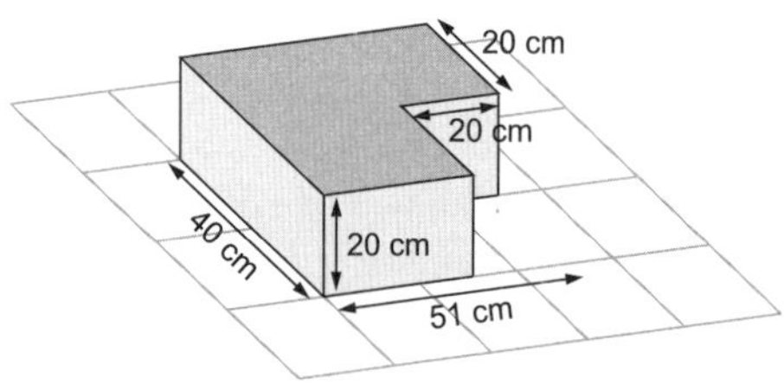

3. Von einem Drachenviereck ABCD sind folgende Größen bekannt:
   – die Winkel $\alpha = \gamma = 90°$
   – die Seiten $\overline{AD} = \overline{CD} = 2{,}5$ cm
   – die Diagonale $\overline{BD} = 7{,}0$ cm

   a) Konstruieren Sie das Viereck.

   b) Berechnen Sie den Flächeninhalt des Vierecks.

Lösungen

1. a) Das Zweitafelbild kann z. B. im Maßstab 1 : 50 angefertigt werden.

Im Maßstab 1 : 50 ist:

$h' = 1{,}50\text{ m} : 50 = 150\text{ cm} : 50 = 3{,}0\text{ cm}$

$a' = 2{,}20\text{ m} : 50 = 220\text{ cm} : 50 = 4{,}4\text{ cm}$

$d' = 1{,}50\text{ m} : 50 = 150\text{ cm} : 50 = 3{,}0\text{ cm}$

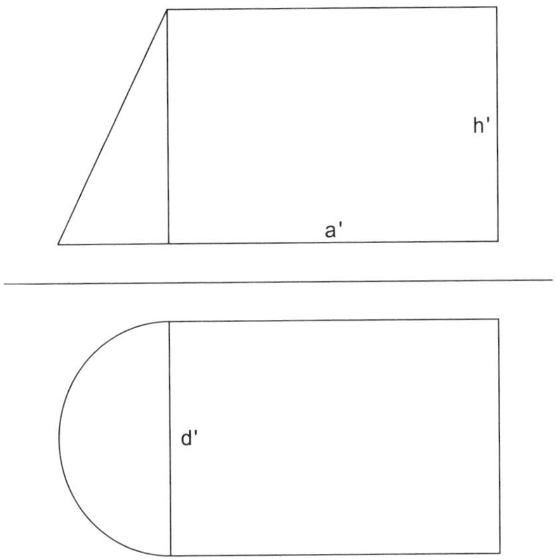

b) Um das Volumen des Zeltes zu bestimmen, müssen die Rauminhalte des dreiseitigen Prismas und des halben Kreiskegels addiert werden.

$$V_{Zelt} = V_{Prisma} + \frac{1}{2} \cdot V_{Kegel}$$

Das Volumen des Prismas wird mit der Formel $V_{Prisma} = A_G \cdot h_{Prisma}$ berechnet. Die Grundfläche des Prismas ist ein Dreieck mit der Grundseite $d = 1{,}50$ m und der Höhe $h = 1{,}50$ m. Die Höhe des Prismas ist $a = 2{,}20$ m.

Berechnung des Volumens des Prismas:

$$V_{Prisma} = A_G \cdot h_{Prisma}$$

$$V_{Prisma} = \frac{d \cdot h}{2} \cdot a$$

$$V_{Prisma} = \frac{1{,}50\text{ m} \cdot 1{,}50\text{ m}}{2} \cdot 2{,}20\text{ m}$$

$$V_{Prisma} \approx 2{,}48\text{ m}^3$$

Das Volumen des Kreiskegels wird mit der Formel $V_{Kegel} = \frac{1}{3}\pi \cdot r^2 \cdot h_{Kegel}$ berechnet. Der Radius des Kreiskegels beträgt 0,75 m und die Höhe ist h = 1,50 m.

Berechnung des Volumens des Kreiskegels:

$$V_{Kegel} = \frac{1}{3}\pi \cdot r^2 \cdot h_{Kegel}$$

$$V_{Kegel} = \frac{1}{3}\pi \cdot \left(\frac{d}{2}\right)^2 \cdot h$$

$$V_{Kegel} = \frac{1}{3}\pi \cdot (0{,}75\text{ m})^2 \cdot 1{,}50\text{ m}$$

$$V_{Kegel} \approx 0{,}88\text{ m}^3$$

Das Gesamtvolumen des Zeltes beträgt:

$$V_{Zelt} = V_{Prisma} + \frac{1}{2} \cdot V_{Kegel} = 2{,}48\text{ m}^3 + \frac{1}{2} \cdot 0{,}88\text{ m}^3 \approx 2{,}9\text{ m}^3$$

Das Zelt fasst ca. 2,9 m^3 Luft.

2. a) 1 ℓ entspricht einem Volumen von 1 dm^3 bzw. 1 000 cm^3.
6 ℓ entsprechen einem Volumen von 6 000 cm^3.
Das Volumen eines Quaders ist das Produkt aus Länge, Breite und Höhe.

Mögliche Maße für die Länge, Breite und Höhe eines quaderförmigen Paketes mit einem Volumen von 6 ℓ sind z. B.:

10 cm × 20 cm × 30 cm oder
10 cm × 10 cm × 60 cm

b) Das Volumen des Laderaumes wird durch das Paketvolumen dividiert.

Berechnung des Volumen des Laderaumes:

$$V = 1{,}60\text{ m} \cdot 2{,}50\text{ m} \cdot 1{,}40\text{ m} = 5{,}60\text{ m}^3 = 5\,600\text{ dm}^3$$

Berechnung der Anzahl der Pakete:

$$5\,600\text{ dm}^3 : 14\text{ ℓ} = 5\,600\text{ dm}^3 : 14\text{ dm}^3 = 400$$

400 Pakete mit einem Volumen von 14 ℓ passen rein rechnerisch in den Laderaum.

c) Jeweils zwei Pakete können so aneinandergeschoben werden, dass ein Quader mit den Maßen 40 cm × 82 cm × 20 cm entsteht.
Durch Überlegung stellt man fest, dass es am günstigsten ist, die 40 cm lange Seite entlang der Breite des Laderaumes, die 82 cm lange Seite entlang der Länge des Laderaumes und die 20 cm lange Seite entlang der Höhe des Laderaumes auszurichten.

Ansicht von oben für die Anordnung der Pakete im Maßstab 1 : 20:

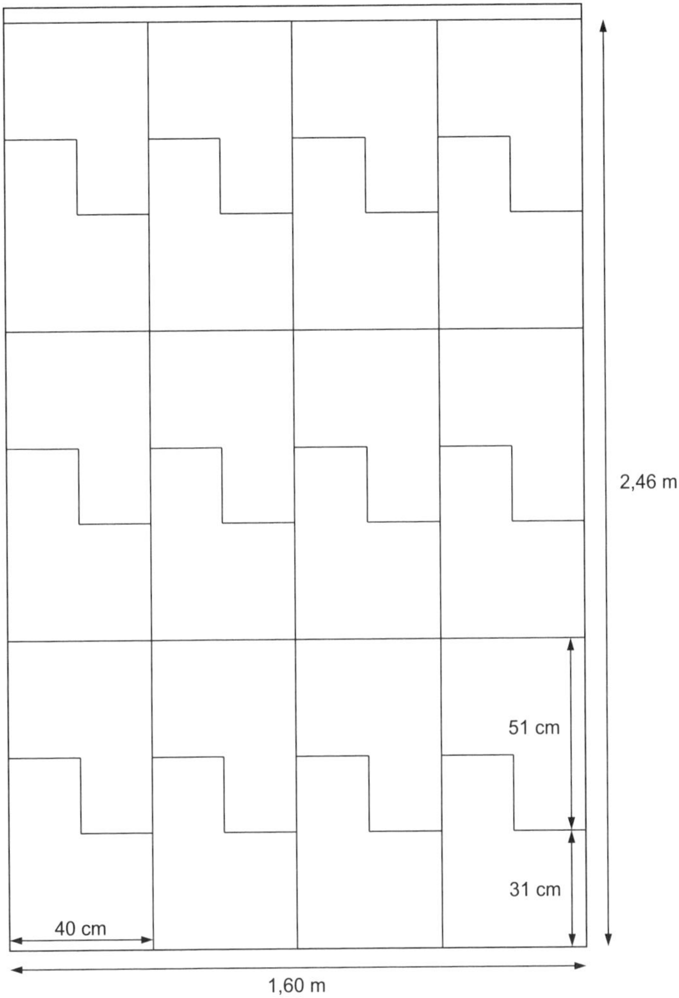

In eine Schicht passen 24 Pakete nebeneinander.
Da der Laderaum 1,40 m hoch ist und die Pakete eine Höhe von 20 cm besitzen, können 7 Schichten übereinander angeordnet werden.

Die größtmögliche Anzahl der Pakete, die auf diese Weise im Laderaum transportiert werden können, beträgt $7 \cdot 24 = 168$.

3. a) Ein Drachenviereck ist ein Viereck, bei dem eine Diagonale Symmetrieachse ist. Es empfiehlt sich, eine Planfigur anzufertigen und die gegebenen Größen hervorzuheben. Im Folgenden ist eine mögliche Konstruktionsreihenfolge angegeben.

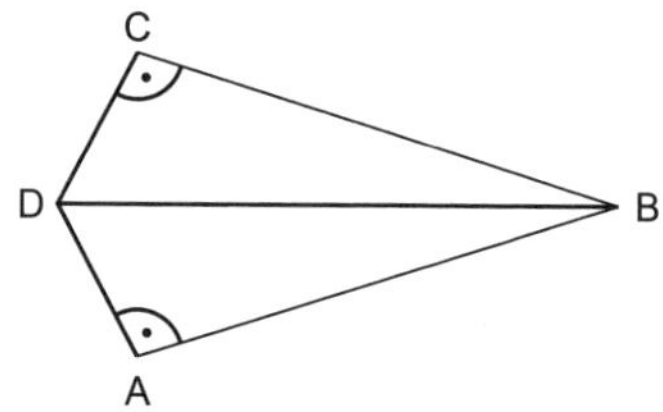

Konstruktionsschritte:

Schritt 1: Konstruktion des Winkels $\alpha = 90°$.

Schritt 2: Abtragen der Strecke $\overline{AD}$ mit der Länge 2,5 cm.

Schritt 3: Schlagen eines Kreisbogens um D mit der Zirkelspanne $\overline{BD} = 7{,}0$ cm. Der Schnittpunkt des Kreisbogens mit dem zweiten Schenkel von α wird mit B bezeichnet.

Schritt 4: Spiegeln des Punktes A an der Diagonalen $\overline{BD}$ als Symmetrieachse und bezeichnen des Spiegelpunktes als Punkt C.

Schritt 5: Verbinden von C mit B und D.

Konstruktion:

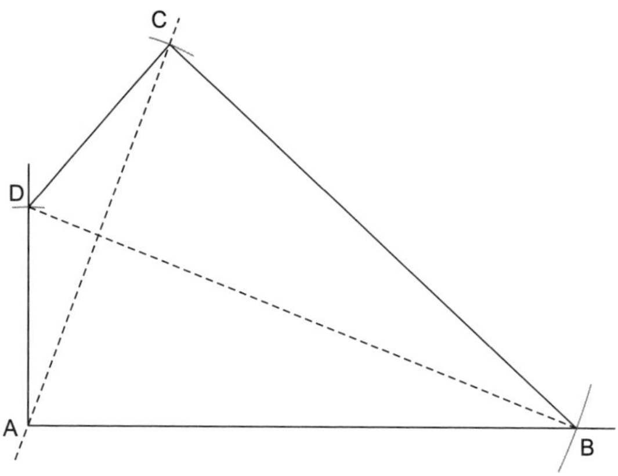

b) Da das Drachenviereck aus zwei kongruenten, rechtwinkligen Dreiecken besteht, entspricht der Flächeninhalt dem doppelten Flächeninhalt des Dreiecks ABD. Um den Flächeninhalt des Dreiecks berechnen zu können, wird die Länge der Seite $\overline{AB}$ benötigt.

Berechnung von $\overline{AB}$ mit dem Satz des Pythagoras:

$$\overline{AB}^2 + \overline{AD}^2 = \overline{BD}^2 \qquad |-\overline{AD}^2$$

$$\overline{AB}^2 = \overline{BD}^2 - \overline{AD}^2$$

$$\overline{AB}^2 = (7{,}0\text{ cm})^2 - (2{,}5\text{ cm})^2$$

$$\overline{AB}^2 = 42{,}75\text{ cm}^2 \qquad |\sqrt{}$$

$$\overline{AB} \approx 6{,}5\text{ cm}$$

Berechnung des Flächeninhalts mit der Formel für rechtwinklige Dreiecke:

$$A_{ABCD} = 2 \cdot \frac{\overline{AB} \cdot \overline{AD}}{2} = 2 \cdot \frac{6{,}5\,\text{cm} \cdot 2{,}5\,\text{cm}}{2} \approx 16{,}3\,\text{cm}^2$$

Alternativ kann auch die Länge der zweiten Diagonale bestimmt und die Formel $A_{ABCD} = \frac{\overline{AC} \cdot \overline{BD}}{2}$ genutzt werden.

Für die folgenden Rechnungen wird der Winkel $\sphericalangle DBA$ mit β bezeichnet und der Schnittpunkt der Diagonalen mit S.

Im rechtwinkligen Dreieck ABD gilt:

$$\sin\beta = \frac{\overline{AD}}{\overline{BD}}$$

$$\sin\beta = \frac{2{,}5\,\text{cm}}{7{,}0\,\text{cm}}$$

$$\beta \approx 20{,}9^\circ$$

Die Berechnung von $\overline{AB}$ kann wie bei der ersten Lösungsmöglichkeit mit dem Satz des Pythagoras erfolgen:

$$\overline{AB} \approx 6{,}5\,\text{cm}$$

Damit gilt im rechtwinkligen Dreieck ABS:

$$\sin\beta = \frac{\overline{AS}}{\overline{AB}} \qquad | \cdot \overline{AB}$$

$$\overline{AS} = \overline{AB} \cdot \sin\beta$$

$$\overline{AS} = 6{,}5\,\text{cm} \cdot \sin 20{,}9^\circ$$

$$\overline{AS} \approx 2{,}3\,\text{cm}$$

Die Diagonale $\overline{AC}$ ist doppelt so lang:

$$\overline{AC} = 2 \cdot \overline{AS} = 2 \cdot 2{,}3\,\text{cm} = 4{,}6\,\text{cm}$$

Berechnung des Flächeninhalts des Drachenvierecks mit der Flächenformel:

$$A_{ABCD} = \frac{\overline{AC} \cdot \overline{BD}}{2} = \frac{4{,}6\,\text{cm} \cdot 7{,}0\,\text{cm}}{2} = 16{,}1\,\text{cm}^2$$

Die Abweichung bei den Ergebnissen resultiert aus dem Runden der Zwischenergebnisse auf eine Stelle nach dem Komma.

Notizen

Prüfungsaufgaben

Realschulabschluss Sachsen-Anhalt 2007
Prüfungsaufgaben Mathematik – Pflichtaufgaben

1. a) Formen Sie $(3-2x)^2$ in eine Summe um.

b) 25 % ist ein „bequemer“ Prozentsatz.
Geben Sie von den nachstehenden Zahlen alle die an, die zu diesem Prozentsatz gleichwertig sind.

$0{,}25 \qquad 0{,}2 \qquad \frac{1}{4} \qquad \frac{1}{5} \qquad \frac{25}{100}$

c) Im Bild 1 ist eine verschobene Normalparabel abgebildet.
Geben Sie eine zugehörige Funktionsgleichung an.

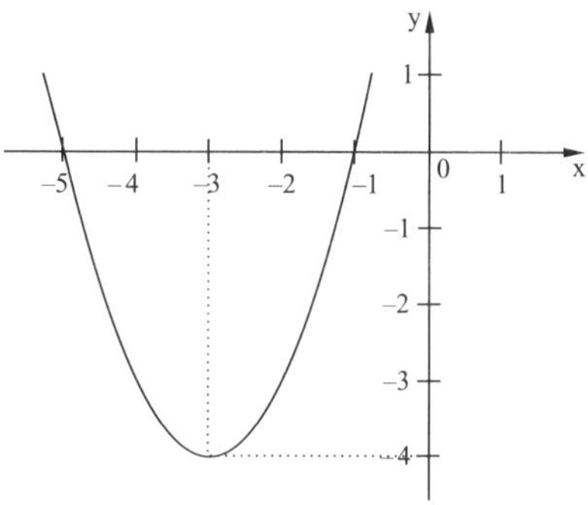

Bild 1

d) Ein Fußballplatz hat die Abmessungen 120 m und 80 m.
Entscheiden Sie, ob der Flächeninhalt dieses Fußballplatzes größer als 1 ha ist.
Begründen Sie die Entscheidung.

e) Das nebenstehende Diagramm zeigt das Abstimmungsergebnis einer Schülerratswahl.
Berechnen Sie, mit welchem prozentualen Anteil Anja die Schülerratswahl in ihrer Klasse gewonnen hat.

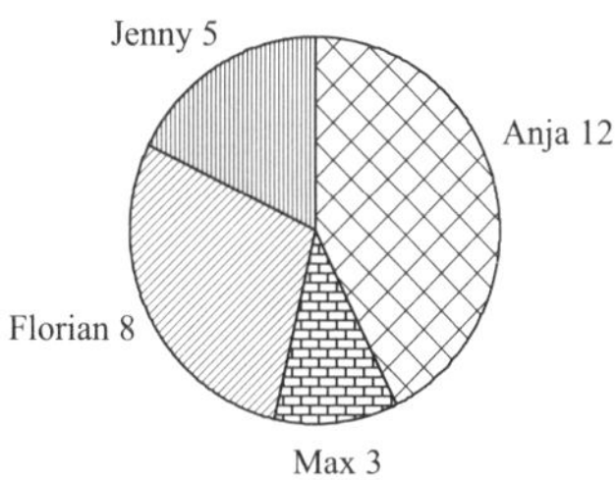

f) Die Folge von Zahlen $\frac{9}{2};\ \frac{7}{4};\ \frac{5}{8};\ \frac{3}{16};\ \ldots$ wurde nach einer bestimmten Regelmäßigkeit gebildet.
Geben Sie die nächstfolgende Zahl an.

g) In einer Schachtel liegen drei schwarze, zwei weiße und fünf gelbe Kugeln.
Berechnen Sie die Wahrscheinlichkeit dafür, dass beim zufälligen Ziehen einer Kugel keine schwarze gezogen wird.

h) Im Bild 2 ist die Form eines Schwimmbeckens dargestellt.

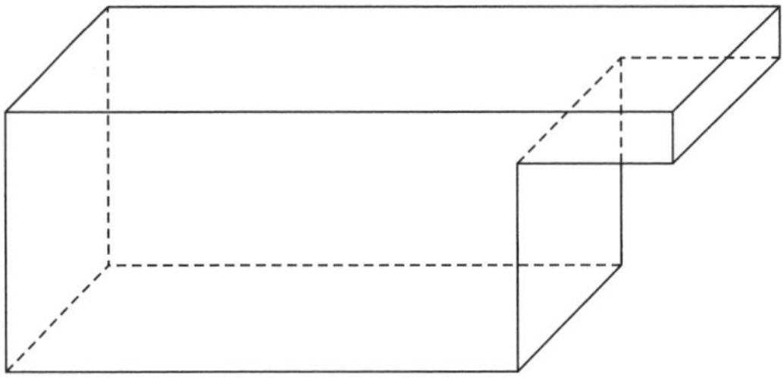

Bild 2

Beim gleichmäßigen Füllen dieses Schwimmbeckens mit Wasser fließt pro Minute immer die gleiche Menge in das Becken. Zu jedem Zeitpunkt gehört eine ganz bestimmte Wasserhöhe.
Begründen Sie, welcher der Graphen 1 bis 4 diese Abhängigkeit der Wasserhöhe von der Zeit darstellen könnte.

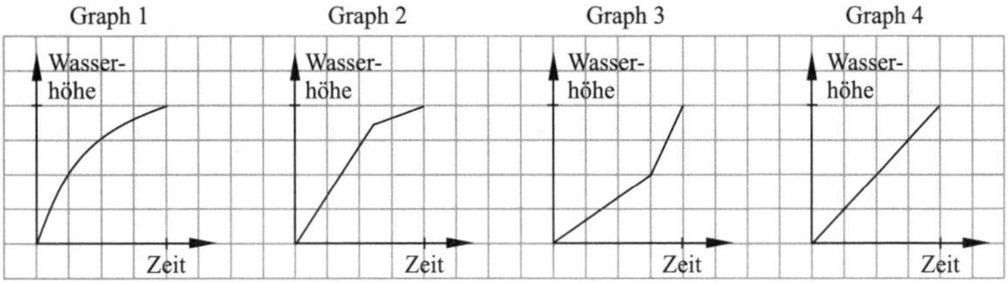

Für Aufgabe 1 erreichbare BE: 10

2. Eine Boje ist ein verankerter Schwimmkörper. Eine mögliche Form einer Boje ist der Doppelkegel (siehe Bild 3).

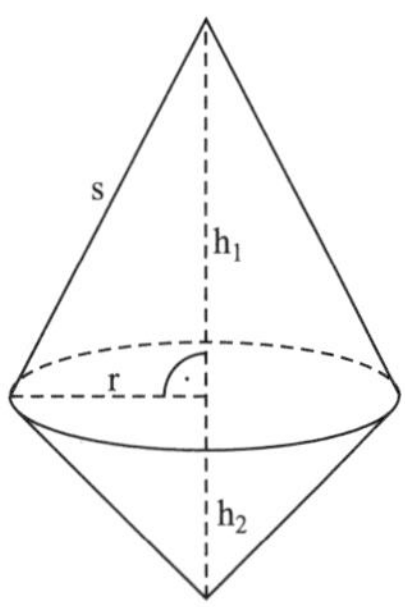

Bild 3 (nicht maßstäblich)

a) Berechnen Sie das Volumen einer solchen Boje mit folgenden Maßen:
$r = 25{,}0$ cm; $s = 65{,}0$ cm; $h_2 = 20{,}0$ cm

b) Stellen Sie die Boje in senkrechter Zweitafelprojektion im Maßstab 1 : 10 dar.

Für Aufgabe 2 erreichbare BE: 8

3. Ein Radweg soll zwischen zwei Straßen neu gebaut werden (siehe Bild 4).

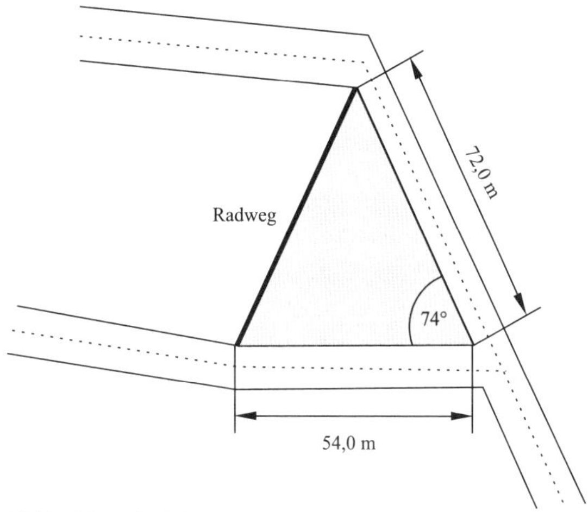

Bild 4 (nicht maßstäblich)

a) Udo, Horst und Regina haben die Länge des Radweges geschätzt.

Udo: 90 m Horst: 150 m Regina: 120 m

Begründen Sie, dass die Schätzung von Horst gegen eine Eigenschaft von Dreiecken verstößt.

b) Die Länge des Radweges soll mithilfe einer maßstäblichen Konstruktion ermittelt werden.
Formulieren Sie den für die Konstruktion des Dreiecks zu verwendenden Kongruenzsatz ausführlich.

c) Berechnen Sie, um wie viel Meter der Radweg kürzer als der Weg über die beiden Straßen ist.

d) Die von den beiden Straßen und dem Radweg eingeschlossene Fläche soll mit Sträuchern bepflanzt werden. Je 5 m^2 Fläche wird ein Strauch eingeplant.
Berechnen Sie, wie viele Sträucher mindestens angeschafft werden müssen.

Für Aufgabe 3 erreichbare BE: 8

Lösungen

1. a) Forme in eine Summe um durch das Anwenden der binomischen Formel $(a-b)^2 = a^2 - 2 \cdot a \cdot b + b^2$.

$$(3-2x)^2 = 3^2 - 2 \cdot 3 \cdot 2x + (2x)^2 = \underline{\underline{9 - 12x + 4x^2}}$$

Alternative Lösungsmöglichkeit:

Forme in eine Summe um durch das Ausmultiplizieren der Klammern.

$$\begin{aligned}(3-2x)^2 &= (3-2x)\cdot(3-2x)\\ &= 9 - 6x - 6x + 4x^2 = \underline{\underline{9 - 12x + 4x^2}}\end{aligned}$$

b) $25\,\% \mathrel{\hat{=}} \underline{\underline{\frac{25}{100}}} = \underline{\underline{\frac{1}{4}}} = \underline{\underline{0{,}25}}$

c) Lies zuerst den Scheitelpunkt S(–d; e) der verschobenen Normalparabel ab. Die Funktionsgleichung der quadratischen Funktion ergibt sich dann durch Einsetzen von d und e in die Scheitelpunktsform $y = (x+d)^2 + e$.

Ablesen des Scheitelpunkts: $S(-d;\ e) = S(-3;\ -4)$
Einsetzen von $d = 3$ und $e = -4$ in die Scheitelpunktsform: $\underline{\underline{y = (x+3)^2 - 4}}$

Alternative Lösungsmöglichkeiten:

Ermittle p und q in der Normalform mithilfe des Scheitelpunkts $S\left(-\frac{p}{2};\ -\frac{p^2}{4} + q\right)$.
Abszisse x des Scheitelpunktes ist –3.
Ordinate y des Scheitelpunktes ist –4.

$$-\frac{p}{2} = -3 \quad |\cdot(-2)$$
$$p = 6$$

$$\begin{aligned}-\frac{p^2}{4} + q &= -4 &&\left|+\frac{p^2}{4}\right.\\ q &= -4 + \frac{p^2}{4} &&|\,p = 6\\ q &= -4 + \frac{6^2}{4}\\ q &= -4 + 9\\ q &= 5\end{aligned}$$

$$\Rightarrow \quad \underline{\underline{y = x^2 + 6x + 5}}$$

Lies zuerst die Nullstellen x_1 und x_2 ab. Verwende dann den Satz von Vieta, um p und q in der Normalform $y = x^2 + px + q$ zu ermitteln.

Ablesen der Nullstellen: $x_1 = -5;\ x_2 = -1$

$$\begin{aligned}x_1 + x_2 &= -p &\text{und}&& x_1 \cdot x_2 &= q\\ (-5) + (-1) &= -6 &\text{und}&& (-5)\cdot(-1) &= 5\\ p &= 6 &\text{und}&& q &= 5\end{aligned}$$

$$y = x^2 + px + q \quad |\,p = 6;\ q = 5$$
$$\underline{\underline{y = x^2 + 6x + 5}}$$

d) Fußballplatz: Flächeninhalt eines Rechtecks $A = a \cdot b$
$1\ \text{ha} = 100\ \text{a} = 10\,000\ \text{m}^2$

$A = 120\ \text{m} \cdot 80\ \text{m} = 9\,600\ \text{m}^2 = \underline{0{,}96\ \text{ha}} < 1\ \text{ha}$

Der Flächeninhalt des Fußballplatzes ist kleiner als ein Hektar.

e) Entnimm dem Diagramm die Anzahl der Stimmen die Anja erhalten hat und die Anzahl der insgesamt abgegebenen Stimmen. Berechne daraus den prozentualen Anteil Anjas.

Anjas Stimmen: 12
Abgegebene Stimmen: $12 + 3 + 8 + 5 = 28$

$p = \frac{12}{28} = 0{,}42857\ldots$

$\underline{\underline{p\,\% = 42{,}86\,\%}}$

f) Bestimme die Gesetzmäßigkeit nach der die Zähler der Folge gebildet werden. Untersuche dann ebenso die Nenner.

Zähler: jeweils -2; Nenner: jeweils $\cdot 2$

$\frac{9}{2} \quad \frac{7}{4} \quad \frac{5}{8} \quad \frac{3}{16} \quad \underline{\underline{\frac{1}{32}}}$

g) 3 schwarze, 2 weiße und 5 gelbe Kugeln sind insgesamt 10 Kugeln. 7 von 10 Kugeln sind nicht schwarz, das heißt die Wahrscheinlichkeit keine schwarze Kugel zu ziehen wird berechnet, indem die Anzahl aller günstigen (7) durch die Anzahl aller möglichen Kugeln (10) dividiert wird.

$p = \frac{7}{10} = 0{,}7$

$\underline{\underline{p\,\% = 70\,\%}}$

h) Beim gleichmäßigen Füllen des Beckens ist die Wasserhöhe proportional zur Zeit, das heißt der Graph ist für den oberen und unteren Teil des Beckens eine Gerade. Im oberen Teil ist das Becken größer, somit kann in der gleichen Zeit die Wasserhöhe nicht mehr so schnell steigen wie im unteren Teil, die Gerade verläuft also flacher, der Anstieg ist kleiner.

Graph 2

2. a) Das Volumen der Boje setzt sich aus zwei geraden Kreiskegeln mit kongruenten Grundflächen zusammen.

Es gilt: $V_{ges} = V_1 + V_2$ mit $V = \frac{1}{3} r^2 \cdot \pi \cdot h$

Für die Berechnung des Volumens des Kegels 1 (oberer Kegel) muss zunächst die noch fehlende Körperhöhe h_1 berechnet werden. Bestimme sie im rechtwinkligen Dreieck mit den Seiten r, h_1 und s.

$$s^2 = r^2 + h_1^2 \qquad \vert -r^2$$
$$h_1^2 = s^2 - r^2$$
$$= (65\text{ cm})^2 - (25\text{ cm})^2$$
$$\underline{h_1 = 60\text{ cm}}$$

Daraus folgt für V_{ges}:

$$V_{ges} = \frac{1}{3}r^2 \cdot \pi \cdot h_1 + \frac{1}{3}r^2 \cdot \pi \cdot h_2$$
$$= \frac{1}{3}(25\text{ cm})^2 \cdot \pi \cdot 60\text{ cm} + \frac{1}{3}(25\text{ cm})^2 \cdot \pi \cdot 20\text{ cm}$$
$$= \frac{1}{3}(25\text{ cm})^2 \cdot \pi(60\text{ cm} + 20\text{ cm})$$
$$= \frac{1}{3}(25\text{ cm})^2 \cdot \pi \cdot 80\text{ cm}$$
$$V_{ges} = 52\,359{,}87\ldots\text{ cm}^3 \approx \underline{\underline{52\,360\text{ cm}^3}}$$

Das Volumen beträgt rund 52 360 cm³.

b) Im Maßstab 1 : 10 ist

$$r' = 25\text{ cm} : 10 = 2{,}5\text{ cm}$$
$$s' = 65\text{ cm} : 10 = 6{,}5\text{ cm}$$
$$h_1' = 60\text{ cm} : 10 = 6{,}0\text{ cm}$$
$$h_2' = 20\text{ cm} : 10 = 2{,}0\text{ cm}$$

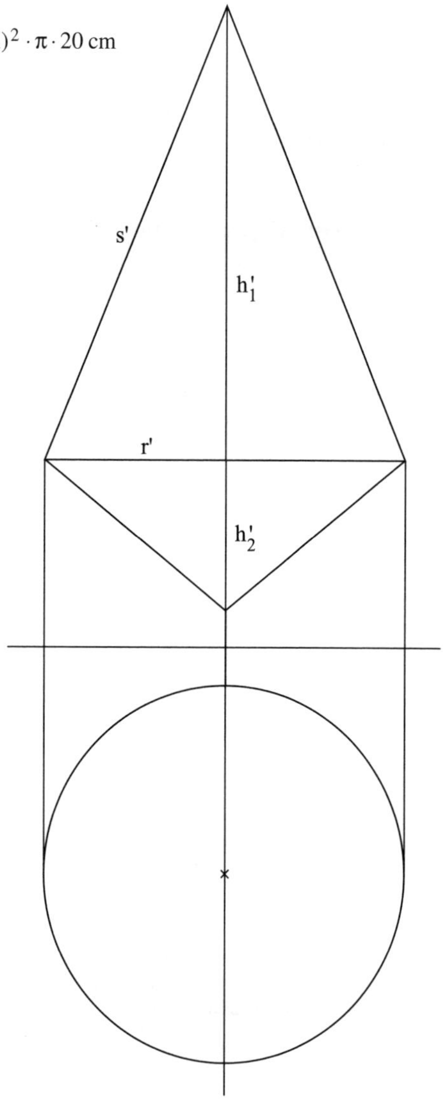

3. a) Der Schätzwert von 150 m verstößt gegen die Eigenschaft, dass die Summe zweier Seiten eines Dreiecks stets größer als die dritte Seite sein muss.

Dreiecksungleichung: ($a+b>c$; $a+c>b$; $b+c>a$)

b) Vom Dreieck sind zwei Seiten ($c=54{,}0$ m und $a=72{,}0$ m) und der eingeschlossene Winkel ($\beta=74°$) bekannt. Formuliere den dazu passenden Kongruenzsatz.

Dreiecke sind kongruent, wenn sie in zwei Seiten und dem von diesen Seiten eingeschlossenen Winkel übereinstimmen (SWS).

c) Zum Vergleich der Wegstrecken muss zunächst die Länge des Radweges berechnet werden.
Nach den gegebenen Bestimmungsstücken (SWS) führt der Kosinussatz zum Ergebnis. (Radweg: x)

$$x^2 = (72{,}0\ \text{m})^2 + (54{,}0\ \text{m})^2 - 2 \cdot 72{,}0\ \text{m} \cdot 54{,}0\,\text{m} \cdot \cos 74°$$
$$x^2 = 5\,956{,}64\ldots\ \text{m}^2$$
$$\underline{x \approx 77{,}2\ \text{m}}$$

Die Länge des Radweges beträgt rund 77,2 m.
Streckendifferenz $d = (54{,}0\ \text{m} + 72{,}0\ \text{m}) - 77{,}2\ \text{m} = \underline{\underline{48{,}8\ \text{m}}}$

Der Radweg ist 48,8 m kürzer als der Weg über beide Straßen.

d) Verwende die Flächenformel für allgemeine Dreiecke:
$$A = \frac{1}{2} a \cdot c \cdot \sin\beta$$

Berechnung der eingeschlossenen Fläche:

$$A = \frac{1}{2} \cdot 72{,}0\ \text{m} \cdot 54{,}0\ \text{m} \cdot \sin 74°$$
$$\underline{A \approx 1\,868{,}7\ \text{m}^2}$$

Die eingeschlossene Fläche beträgt rund 1 868,7 m².

Bestimmung der Strächeranzahl:

Verhältnisgleichungen:

$$5\ \text{m}^2 \mathrel{\hat{=}} 1\ \text{Strauch}$$
$$1\,868{,}7\ \text{m}^2 \mathrel{\hat{=}} x\ \text{Sträucher}$$

$$\frac{x}{1\ \text{Strauch}} = \frac{1\,868{,}7\ \text{m}^2}{5\ \text{m}^2}$$

$$x = \frac{1\ \text{Strauch} \cdot 1\,868{,}7\ \text{m}^2}{5\text{m}^2}$$

$$\underline{\underline{x = 373{,}74\ \text{Sträucher}}}$$

Alternativer Lösungsweg:

Dreisatz:

$$5\ \text{m}^2 = 1\ \text{Strauch} \qquad |:5$$

$$1\ \text{m}^2 = \frac{1}{5}\ \text{Strauch} \qquad |\cdot 1\,868{,}7\ \text{m}^2$$

$$1\,868{,}7\ \text{m}^2 = \underline{\underline{373{,}74\ \text{Sträucher}}}$$

Es müssen mindestens 373 Sträucher angeschafft werden.

Realschulabschluss Sachsen-Anhalt 2007
Prüfungsaufgaben Mathematik – Wahlpflichtaufgaben

1. Das Bild 5 zeigt eine 10-Cent-Münze sowie eine 2-Euro-Münze.

Bild 5

Von diesen Münzen ist bekannt:

	10-Cent-Münze	2-Euro-Münze
Durchmesser	$d_1 = 19{,}75$ mm	$d_2 = 25{,}75$ mm
Dicke	1,93 mm	2,20 mm
Masse	4,10 g	8,50 g

a) In der Einführungsphase des EURO wurden in Deutschland 0,81 Milliarden 2-Euro-Münzen geprägt.
Berechnen Sie die Masse (in Tonnen) all dieser 2-Euro-Münzen.
Berechnen Sie die Dichte (in $\frac{g}{cm^3}$) von 10-Cent-Münzen.

b) Der Kreis k_1 ist der Grundriss einer 10-Cent-Münze mit dem Durchmesser d_1 und der Kreis k_2 ist der Grundriss einer 2-Euro-Münze mit dem Durchmesser d_2.
Es gibt zwei Lagemöglichkeiten, sodass die Kreise k_1 und k_2 mit den Mittelpunkten M_1 und M_2 genau einen Punkt gemeinsam haben.
Skizzieren Sie die beiden Lagemöglichkeiten der Kreise k_1 und k_2 und berechnen Sie jeweils die Länge der Strecke $\overline{M_1M_2}$.

Für Aufgabe 1 erreichbare BE: 7

2. Gegeben ist das lineare Gleichungssystem mit $x; y \in \mathbb{R}$.

$$\begin{array}{ll} \text{I} & 6x + 4y = 12 \\ \text{II} & -x + 2y = -6 \end{array}$$

a) Lösen Sie das Gleichungssystem rechnerisch.

b) Die Lösung (x; y) des Gleichungssystems liefert die Koordinaten für einen Punkt P(x; y).
Zeichnen Sie die Gerade g durch den Punkt P und den Koordinatenursprung in ein Koordinatensystem.
Geben Sie eine Gleichung der Funktion an, die die Gerade g als Graphen hat.

c) Berechnen Sie den Abstand des Punktes P vom Koordinatenursprung.

Für Aufgabe 2 erreichbare BE: 7

3. Bei der ABC-Bank kann man aus zwei Angeboten wählen:

PLUS-Sparen
Zinssätze
im 1. Jahr: 2,00 %
im 2. Jahr: 4,00 %

EXTRA-Sparen
Zinssatz
jährlich 3,00 %

Die Zinsen werden jedes Jahr gutgeschrieben und mitverzinst.

a) Für einen Betrag von 2 500,00 Euro wird das Angebot PLUS-Sparen gewählt. Berechnen Sie das Guthaben nach zwei Jahren bei der ABC-Bank.

b) Bei einer anderen Bank gibt es auch ein PLUS-Sparen. Ein Startguthaben von 2 500,00 Euro erhöht sich dabei nach zwei Jahren um 177,50 Euro.
Der Zinssatz im 1. Jahr beträgt ebenfalls 2,00 %.
Berechnen Sie den Zinssatz für das 2. Jahr bei dieser Bank.

c) Herr Fuchs möchte nach zwei Jahren ein Guthaben von 5 000,00 Euro haben.
Er wählt das EXTRA-Sparen bei der ABC-Bank.
Ermitteln Sie den Betrag, den Herr Fuchs dazu mindestens anlegen muss.

Für Aufgabe 3 erreichbare BE: 7

4. Gegeben ist die Ungleichung $4x - 7 < 25$.

a) Geben Sie zwei ganze Zahlen an, die diese Ungleichung erfüllen.
Geben Sie zwei ganze Zahlen an, die diese Ungleichung nicht erfüllen.

b) Begründen Sie jeweils, welche der Aussagen für die gegebene Ungleichung wahr bzw. falsch ist.
(I) Es gibt gebrochene Zahlen, die die Ungleichung erfüllen.
(II) Alle gebrochenen Zahlen erfüllen diese Ungleichung.
(III) Alle negativen Zahlen erfüllen diese Ungleichung.

c) Berechnen Sie die Zahl a, für die die Gleichung $4x - a = 25$ die Lösung 5 hat.
In der Gleichung $4x - a = 25$ soll x eine durch 5 teilbare Zahl und a eine durch 11 teilbare Zahl sein.
Ermitteln Sie ein geordnetes Paar (x; a), das die gegebene Gleichung unter diesen Bedingungen erfüllt.

Für Aufgabe 4 erreichbare BE: 7

Lösungen

1. a) 0,81 Milliarden = 810 Millionen = 810 000 000
1 t = 1 000 kg = 1 000 000 g

Masse der 2-Euro-Münzen

Masse einer 2-Euro-Münze: 8,50 g

Gesamtmasse: $m = 0{,}81 \text{ Milliarden} \cdot 8{,}50 \text{ g}$
$= 810\,000\,000 \cdot 8{,}5 \text{ g}$
$= 6\,855\,000\,000 \text{ g}$
$\underline{\underline{m = 6\,855 \text{ t}}}$

Dichte der 10-Cent-Münzen

Die Dichte ist der Quotient aus der Masse und dem Volumen. Dies läßt sich auch aus der Einheit der Dichte $\left(\frac{\text{g}}{\text{cm}^3}\right)$ herleiten.
Beachte bei der Volumenberechnung, dass eine Münze als geometrischer Körper ein Zylinder ist.

Masse einer 10-Cent-Münze: m = 4,10 g

$V = \pi \cdot r_1^2 \cdot h$ $\qquad r_1 = \frac{d_1}{2} = \frac{19{,}75 \text{ mm}}{2} = 9{,}875 \text{ mm} = 0{,}9875 \text{ cm}$

$V = \pi \cdot (0{,}9875 \text{ cm})^2 \cdot 0{,}193 \text{ cm}$ $\qquad h = 1{,}93 \text{ mm} = 0{,}193 \text{ cm}$

$\underline{\underline{V \approx 0{,}591 \text{ cm}^3}}$

Dichte $\rho = \frac{m}{V} = \frac{4{,}10 \text{ g}}{0{,}591 \text{ cm}^3} \approx \underline{\underline{6{,}94 \frac{\text{g}}{\text{cm}^3}}}$

b) 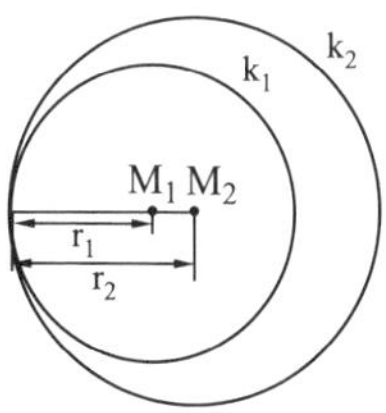

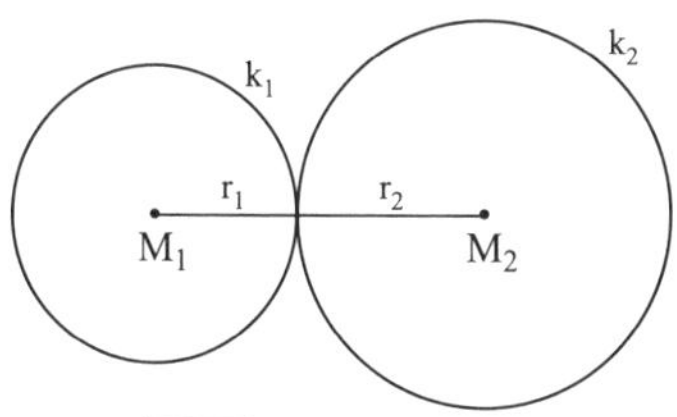

$\overline{M_1M_2} = r_2 - r_1$
$= 1{,}2875 \text{ cm} - 0{,}9875 \text{ cm}$
$\underline{\underline{\overline{M_1M_2} = 0{,}3 \text{ cm}}}$

$\overline{M_1M_2} = r_1 + r_2$
$= 0{,}9875 \text{ cm} + 1{,}2875 \text{ cm}$
$\underline{\underline{\overline{M_1M_2} = 2{,}275 \text{ cm}}}$

2. a) Die Lösung des Gleichungssystems erfolgt mithilfe des Einsetzungsverfahrens. Dabei wird eine der Gleichungen nach einer Variablen aufgelöst. Ausgewählt wurde hier die Variable x der Gleichung II.

$$
\begin{aligned}
\text{II} \quad -x + 2y &= -6 \\
-x &= -6 - 2y \\
x &= 2y + 6
\end{aligned}
$$

Dieser Term wird für die Variable x in die Gleichung I eingesetzt:

$$\begin{aligned} \text{I}\quad 6x \quad &+ 4y = 12 \\ 6(2y+6) &+ 4y = 12 \\ 12y+36 &+ 4y = 12 \qquad \text{Auflösung nach y} \\ 16y &= -24 \\ y &= -1{,}5 \end{aligned}$$

Der ermittelte Wert $y=-1{,}5$ wird zur Bestimmung von x in II eingesetzt:

$x = 2\cdot(-1{,}5)+6$
$x = -3+6$
$\underline{x=3}$

Ausführung einer Probe an beiden Ausgangsgleichungen:

Probe I:
$6\cdot 3+4\cdot(-1{,}5)=12$
$12=12$ w. A.

Probe II:
$-3+2(-1{,}5)=-6$
$-6=-6$ w. A.

$\underline{\underline{L=\{(3;-1{,}5)\}}}$

b) Zeichnen der Geraden g in ein Koordinatensystem (1 LE $\triangleq$ 1 cm) durch die Punkte P und O (Koordinatenursprung):

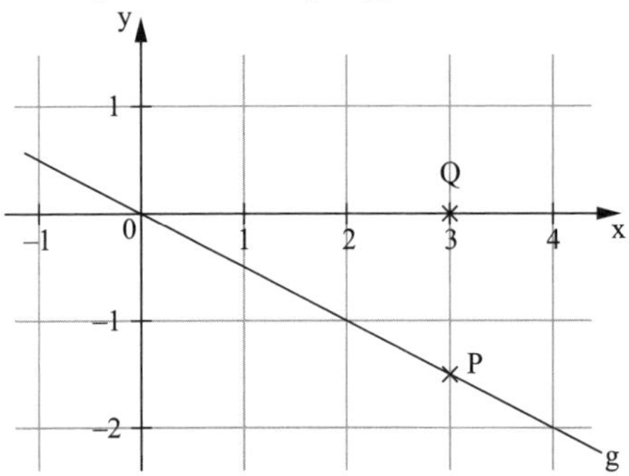

Für die Angabe einer Gleichung zur Geraden g wird die Normalform $y = mx + n$ der linearen Funktion ausgewählt.
n: Ordinate des Schnittpunktes der Geraden mit der Ordinatenachse O(0; 0) $n=0$
m: Anstieg der Geraden $m=\frac{y_1-y_2}{x_1-x_2}=\frac{-1{,}5-0}{3-0}=-0{,}5$

Eingesetzt in die Normalenform ergibt: $y=-0{,}5x$
Eine andere Schreibweise dafür: $\underline{\underline{g(x)=-0{,}5x}}$

c) Die Punkte O, P und Q bilden ein rechtwinkliges Dreieck.
Die für die Berechnung der Länge der Strecke $\overline{OP}$ erforderlichen Längen ($\overline{OQ}$ und $\overline{QP}$) werden dem Koordinatensystem entnommen.

$$\overline{OP}^2 = \overline{OQ}^2 + \overline{QP}^2$$
$$= (3\text{ cm})^2 + (1{,}5\text{ cm})^2$$
$$\overline{OP} = \sqrt{11{,}25\text{ cm}^2}$$
$$\underline{\underline{\overline{OP} \approx 3{,}35\text{ cm}}}$$

Der Abstand des Punktes P vom Koordinatenursprung beträgt rund 3,35 cm.

3. a) Berechne zunächst das Guthaben nach dem ersten Jahr, indem du zum Ausgangskapital die Zinsen addierst:
$K_1 = K_0 + Z_1$

Ausgangskapital: $K_0 = 2\,500\text{ €}$
Zinssatz 1. Jahr: $p_1 = 2{,}00\,\%$
Zinssatz 2. Jahr: $p_2 = 4{,}00\,\%$

Zinsen im 1. Jahr: $Z_1 = K_0 \cdot \dfrac{p_1}{100\,\%}$

$$K_1 = 2\,500\text{ €} + \left(2\,500\text{ €} \cdot \frac{2\,\%}{100\,\%}\right)$$
$$K_1 = 2\,500\text{ €} + 50\text{ €}$$
$$\underline{K_1 = 2\,550\text{ €}}$$

Berechne dann das Guthaben nach dem zweiten Jahr, indem du zum Guthaben nach einem Jahr die Zinsen addierst:
$K_2 = K_1 + Z_2$

Zinsen im 2. Jahr: $Z_2 = K_1 \cdot \dfrac{p_2}{100\,\%}$

$$K_2 = 2\,550\text{ €} + \left(2\,550\text{ €} \cdot \frac{4\,\%}{100\,\%}\right)$$
$$K_2 = 2\,550\text{ €} + 102\text{ €}$$
$$\underline{\underline{K_2 = 2\,652\text{ €}}}$$

Das Guthaben beträgt bei der ABC-Bank beim PLUS-SPAREN nach zwei Jahren 2 652,00 €.

b) Um den Zinssatz p_2 im 2. Jahr bei der anderen Bank zu berechnen, brauchst du noch das Guthaben K_1 nach dem 1. Jahr (Grundwert) und die Zinsen Z_2 im zweiten Jahr (Prozentwert).

Da das Startguthaben K_0 und der Zinssatz p_1 im 1. Jahr genauso hoch wie in Teilaufgabe a sind, ist auch K_1 so hoch wie in Teilaufgabe a.
Z_2 ergibt sich aus dem Betrag um den das Startguthaben insgesamt zunimmt, wenn man davon die Zinsen Z_1 des 1. Jahres abzieht.

$K_1 = 2\,550\text{ €}$ (siehe Teilaufgabe a)
$Z_1 = 50\text{ €}$ (siehe Teilaufgabe a)
$Z_2 = 177{,}50\text{ €} - Z_1 = 177{,}50\text{ €} - 50{,}00\text{ €} = \underline{127{,}50\text{ €}}$

Verhältnisgleichung:

$$\frac{x}{100\,\%} = \frac{Z_2}{K_1} \qquad \bigg|\cdot 100\,\%$$

$$x = \frac{Z_2 \cdot 100\,\%}{K_1}$$

$$x = \frac{127{,}50\,€ \cdot 100\,\%}{2\,550\,€}$$

$$\underline{\underline{x = 5\,\%}}$$

Der Zinssatz beträgt für das 2. Jahr bei dieser Bank 5,00 %.

c) Berechne ausgehend vom Guthaben nach zwei Jahren das Guthaben nach einem Jahr und das Startguthaben mithilfe von Verhältnisgleichungen.

Zinssatz $p = 3{,}00\,\%$
Guthaben nach zwei Jahren $K_2 = 5\,000{,}00\,€$

Guthaben K_1 nach dem 1. Jahr:

$$\frac{K_1}{K_2} = \frac{100\,\%}{103\,\%}$$

$$K_1 = \frac{100\,\%}{103\,\%} \cdot K_2$$

$$K_1 = \frac{100\,\%}{103\,\%} \cdot 5\,000\,€$$

$$\underline{K_1 \approx 4\,854{,}37\,€}$$

Ausgangsguthaben K_0:

$$\frac{K_0}{K_1} = \frac{100\,\%}{103\,\%}$$

$$K_0 = \frac{100\,\%}{103\,\%} \cdot K_1$$

$$K_0 = \frac{100\,\%}{103\,\%} \cdot 4\,854{,}37\,€$$

$$\underline{\underline{K_0 \approx 4\,712{,}98\,€}}$$

Herr Fuchs muss mindestens 4 712,98 € beim EXTRA-SPAREN der ABC-Bank anlegen, um nach zwei Jahren ein Guthaben von 5 000,00 € zu haben.

4. Zur Lösung der Aufgabenstellung 4 a und 4 b soll nachfolgende Übersicht eine Orientierungshilfe sein.
Natürliche Zahlen:
$\mathbb{N} = \{1; 2; 3; \ldots\}$
$\mathbb{N}_0 = \{0; 1; 2; \ldots\}$
Ganze Zahlen:
$\mathbb{Z} = \{\ldots; -3; -2; -1; 0; 1; 2; \ldots\}$
Gebrochene Zahlen:
$\mathbb{Q} = \left\{\frac{m}{n};\ m \in \mathbb{Z};\ n \in \mathbb{N}\right\}$
Für die Bearbeitung der Teilaufgaben a und b ist es sinnvoll, die Ungleichung im Vorfeld allgemein zu lösen.

Lösung der Ungleichung:

$$\begin{aligned} 4x - 7 &< 25 \quad |+7 \\ 4x &< 32 \quad |:4 \\ x &< 8 \end{aligned}$$

Alle Zahlen kleiner 8 sind Lösungen der Ungleichung.

a) Du kannst die gesuchten Zahlen durch Probieren finden, oder aus der Lösung der Ungleichung ableiten.

Die Zahlen –2 und 4 sind ganze Zahlen kleiner 8 und erfüllen die Ungleichung

Die Zahlen 8 und 9 sind ganze Zahlen nicht kleiner 8 und erfüllen die Ungleichung nicht.
Es gibt noch viele andere Lösungsmöglichkeiten.

b) Zur Begründung reicht jeweils die Angabe eines Zahlenbeispiels aus.

(I) Die gebrochene Zahl $\frac{5}{4}$ erfüllt die Ungleichung.

$$\begin{aligned} 4 \cdot \frac{5}{4} - 7 &< 25 \\ 5 - 7 &< 25 \\ -2 &< 25 \quad \text{w. A.} \end{aligned}$$

Die Aussage ist wahr.

(II) Die gebrochene Zahl $\frac{35}{4}$ erfüllt die Ungleichung nicht.

$$\begin{aligned} 4 \cdot \frac{35}{4} - 7 &< 25 \\ 35 - 7 &< 25 \\ 28 &< 25 \quad \text{f. A.} \end{aligned}$$

Die Aussage ist falsch.

(III) Da die Ungleichung für alle $x < 8$ erfüllt ist und alle negativen Zahlen kleiner als Null sind, erfüllen alle negativen Zahlen diese Ungleichung.
Die Aussage ist wahr.

c) Die Lösungsvariable x soll 5 betragen. Setze in die gegebene Gleichung ein:

$$\begin{aligned} 4\cdot 5 - a &= 25 \\ 20 - a &= 25 \\ -a &= 5 \\ a &= -5 \end{aligned}$$

Probe:
$$\begin{aligned} 4\cdot 5 - (-5) &= 25 \\ 20 + 5 &= 25 \\ 25 &= 25 \quad \text{w. A.} \end{aligned}$$

$\mathbb{L} = \{a = -5\}$

Für die Ermittlung eines geordneten Zahlenpaars (x; a) bei dem x durch 5 und a durch 11 teilbar ist, ist ein systematisches Durchmustern in Tabellenform ein rationeller Lösungsweg. Mit einer abschließenden Probe ist das Ergebnis nachzuweisen.

Vielfache von 5	Vielfache von 11	Überprüfung an $4x - a = 25$	Aussage
$1\cdot 5 = 5$	$1\cdot 11 = 11$	$4\cdot 5 - 11 \neq 25$ (9)	falsch
$2\cdot 5 = 10$	$1\cdot 11 = 11$	$4\cdot 10 - 11 \neq 25$ (29)	falsch
$3\cdot 5 = 15$	$1\cdot 11 = 11$	$4\cdot 15 - 11 \neq 25$ (49)	falsch
$3\cdot 5 = 15$	$2\cdot 11 = 22$	$4\cdot 15 - 22 \neq 25$ (38)	falsch
$3\cdot 5 = 15$	$3\cdot 11 = 33$	$4\cdot 15 - 33 \neq 25$ (27)	falsch
$4\cdot 5 = 20$	$1\cdot 11 = 11$	$4\cdot 20 - 11 \neq 25$ (69)	falsch
$4\cdot 5 = 20$	$2\cdot 11 = 22$	$4\cdot 20 - 22 \neq 25$ (58)	falsch
$4\cdot 5 = 20$	$3\cdot 11 = 33$	$4\cdot 20 - 33 \neq 25$ (47)	falsch
$4\cdot 5 = 20$	$4\cdot 11 = 44$	$4\cdot 20 - 44 \neq 25$ (36)	falsch
$\underline{4\cdot 5 = 20}$	$\underline{5\cdot 11 = 55}$	$\underline{4\cdot 20 - 55 = 25}$	<u>wahr</u>

Das Zahlenpaar (20; 55) erfüllt die Bedingungen.

Nachweis: $4\cdot 20 - 55 = 25$ wobei $20 : 5 = 4$ und $55 : 11 = 5$

Bemerkung: Eine Fortsetzung des Durchmusterns führt auf das Paar (75; 275).

Alternative Lösungsmöglichkeit:
Da x durch 5 teilbar sein soll, muss es ein x' geben mit $x = 5\cdot x'$.
Da a durch 11 teilbar sein soll, muss es ein a' geben mit $a = 11\cdot a'$.
Setze in die Gleichung ein und löse nach x' auf:

$$4\cdot(5\cdot x') - 11a' = 25$$

$$\begin{aligned} 20x' - 11a' &= 25 \quad && |+11a' \\ 20x' &= 25 + 11a' \quad && |:20 \\ x' &= \frac{25+11a'}{20} \end{aligned}$$

Da x' eine ganze Zahl sein soll, muss $25 + 11a'$ durch 20 teilbar sein. Also muss die letzte Stelle von $25 + 11a'$ eine Null sein und daher a' eine Zahl, die als letzte Ziffer eine 5 hat ($a' \in \{5, 15, 25, \ldots\}$). Bereits $a' = 5$ liefert eine ganzzahlige Lösung für x':

$$x' = \frac{25 + 11\cdot 5}{20}$$

$$x' = \frac{80}{20} = 4$$

Also $x = 5\cdot x' = 5\cdot 4 = 20$ und $a = 11\cdot a' = 11\cdot 5 = 55$. Lösungspaar: (20; 55)
Bemerkung: Eine Fortführung des Lösungsschemas liefert als nächstes für $a' = 25$ ein ganzzahliges $x' = 15$. Das entspricht $(x; a) = (75; 275)$.

Realschulabschluss Sachsen-Anhalt 2008
Prüfungsaufgaben Mathematik – Pflichtaufgaben

1. a) Berechnen Sie auf Hundertstel genau. $1-\frac{1}{2}\cdot\frac{7}{5,3}$

   b) Berechnen Sie die Summe. $0,5\text{ km}+200\text{ m}+90\text{ cm}$

   c) Eine Originalstrecke ist 5,4 km lang.
   Berechnen Sie die Länge der Bildstrecke bei einem Maßstab von 1 : 50 000.

   d) Im Bild 1 ist ein Sechseck dargestellt, dessen gegenüberliegende Seiten jeweils parallel zueinander sind.
   Stellen Sie eine Gleichung zur Berechnung des Umfangs dieses Sechseckes auf.

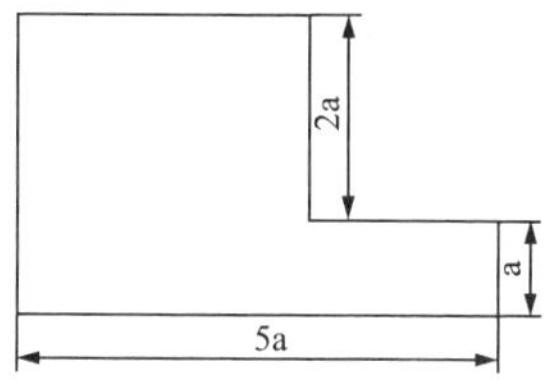

Bild 1

   e) Im Bild 2 sind die Graphen von linearen Funktionen dargestellt.
   Begründen Sie, welcher Graph zur Funktion mit der Gleichung $y = 2x + 3$ gehört.

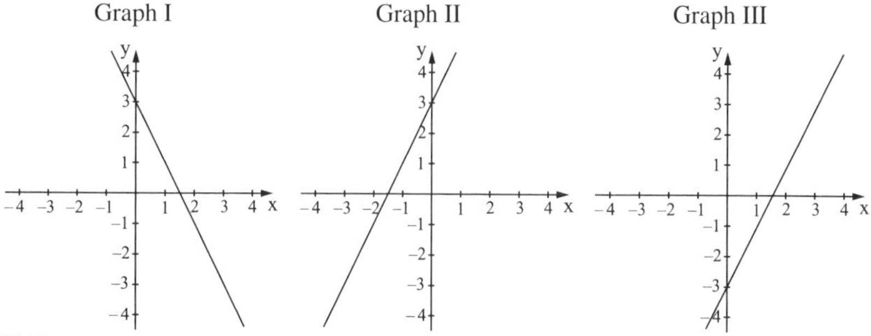

Bild 2

   f) Auf dem Brocken wurden an drei aufeinanderfolgenden Tagen jeweils um 9 Uhr folgende Temperaturen gemessen: 3,6 °C; 5,7 °C; 4,8 °C.
   Berechnen Sie die Durchschnittstemperatur.

   g) Gegeben ist ein gleichschenkliges Dreieck mit einer Basis von 2,0 cm und einer Schenkellänge von 4,0 cm. Gesucht ist die Höhe bezogen auf die Basis.
   Fertigen Sie dazu eine Skizze an und berechnen Sie die Länge dieser Höhe.

   h) Zeichnen Sie ein Netz einer quadratischen Pyramide mit folgenden Abmessungen:
   Länge der Grundkante: 3,0 cm; Länge der Seitenkante: 5,0 cm

Für Aufgabe 1 erreichbare BE: 10

2. In Sachsen-Anhalt hat die Zuckerproduktion aus Zuckerrüben eine lange Tradition. In den letzten Jahren konnten die Landwirte den Rübenertrag und den Zuckergehalt erheblich steigern.
Die nachfolgende Tabelle enthält Daten zur Zuckerproduktion in Sachsen-Anhalt.

	1990	1997	2004
Rübenertrag in Tonnen je Hektar $\left(\frac{t}{ha}\right)$	26,2	42,5	49,7
Zuckergehalt in %	15,48	17,97	19,71

a) Stellen Sie die Entwicklung des Rübenertrages je Hektar von 1990 bis 2004 in einem Diagramm dar.

b) Berechnen Sie, um wie viel Prozent der Rübenertrag pro Hektar im Jahr 2004 im Vergleich mit dem Jahr 1990 gesteigert werden konnte.

c) Berechnen Sie, wie viel Tonnen Zucker im Jahr 2004 vom Rübenertrag eines Hektars hergestellt werden konnten.

d) Berechnen Sie die Größe der Anbaufläche für die Produktion von 200 000 t Zucker im Jahr 2004.

Für Aufgabe 2 erreichbare BE: 8

3. Gegeben ist ein Parallelogramm ABCD mit den Stücken:
$\overline{AB} = 5{,}2\text{ cm};\ \overline{AD} = 3{,}4\text{ cm};\ \alpha = \sphericalangle BAD = 125°$

a) Konstruieren Sie dieses Parallelogramm ABCD.

b) Im Folgenden sind Schritte zur Konstruktion des gegebenen Parallelogramms in ungeordneter Reihenfolge angegeben:

(1) Strecke $\overline{AB}$ durch D parallel verschieben.

(2) Strecke $\overline{AD}$ durch B parallel verschieben.

(3) Winkel α zeichnen und den Scheitelpunkt mit A bezeichnen.

(4) Strecke $\overline{AB}$ auf einem Schenkel des Winkels α abtragen und Endpunkt mit B bezeichnen.

(5) Schnittpunkt der parallel verschobenen Seiten mit C bezeichnen.

(6) Es ist das Parallelogramm ABCD entstanden.

(7) Strecke $\overline{AD}$ auf dem anderen Schenkel des Winkels α abtragen und Endpunkt mit D bezeichnen.

Geben Sie die Schritte (1) bis (7) in geordneter Reihenfolge an, sodass eine Konstruktionsbeschreibung für das Parallelogramm ABCD entsteht.

c) Berechnen Sie die Länge der Diagonalen $\overline{BD}$.

d) Begründen Sie, dass die Diagonale $\overline{BD}$ das Parallelogramm in zwei kongruente Dreiecke zerlegt.

e) Berechnen Sie den Flächeninhalt des Parallelogramms ABCD.

Für Aufgabe 3 erreichbare BE: 8

Lösungen

1. a) Runde auf die zweite Stelle nach dem Komma.

$$1-\frac{1}{2}\cdot\frac{7}{5{,}3}=1-\frac{7}{10{,}6}=0{,}339\ldots\approx\underline{\underline{0{,}34}}$$

b) Wandle in eine gemeinsame Einheit um.

$$0{,}5\text{ km}+200\text{ m}+90\text{ cm}=500\text{ m}+200\text{ m}+0{,}9\text{ m}$$
$$=\underline{\underline{700{,}9\text{ m}}}\quad(=70\,090\text{ cm}=0{,}7009\text{ km})$$

c) Maßstab 1 : 50 000 heißt 1 cm in der Karte entspricht 50 000 cm in der Wirklichkeit.

5,4 km = 5 400 m = 540 000 cm

Aufstellen einer Verhältnisgleichung:

$$\frac{1\text{ cm}}{50\,000\text{ cm}}=\frac{x}{540\,000\text{ cm}}\qquad|\cdot 540\,000\text{ cm}$$
$$x=\frac{540\,000}{50\,000}\text{ cm}$$
$$x=\underline{\underline{10{,}8\text{ cm}}}$$

d) 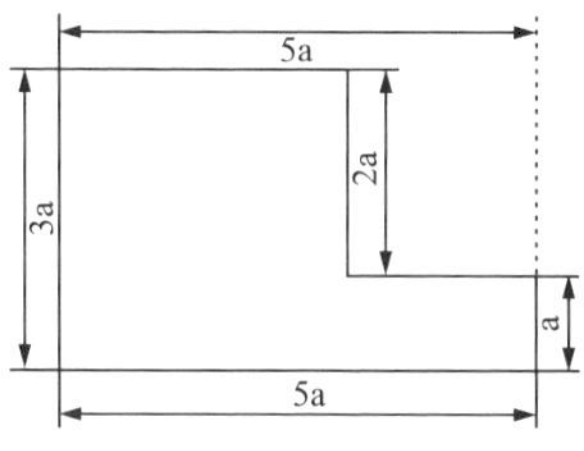

$$u=2\cdot 5a+2\cdot 3a=\underline{\underline{16a}}$$

e) Suche nach dem Graphen mit der passenden Steigung, dem passendem Achsenabschnitt und der richtigen Nullstelle.

Graph II: Die Funktion mit der Gleichung $y=2x+3$ ist in der grafischen Darstellung eine steigende Gerade mit dem Anstieg $m=2$, der Nullstelle $x=-1{,}5$ und dem Schnittpunkt (0; 3) mit der Ordinatenachse (y-Achse).

f) Bilde das arithmetische Mittel der Temperaturwerte.

$$\text{Durchschnittstemperatur}=\frac{(3{,}6\text{ °C}+5{,}7\text{ °C}+4{,}8\text{ °C})}{3}=\underline{\underline{4{,}7\text{ °C}}}$$

g) Die Skizze braucht nicht maßstabsgetreu sein. Allerdings lässt sich so das Ergebnis der Rechnung durch Messen leicht überprüfen.

Skizze: Basis c = 2,0 cm; Schenkel a = b = 4 cm

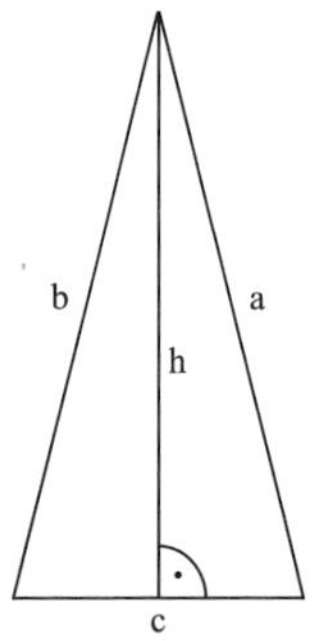

Zur Berechnung der Höhe wird der Satz des Pythagoras in rechtwinkligen Dreiecken angewendet.

$$h^2 + \left(\frac{c}{2}\right)^2 = a^2$$

$$h^2 + (1\text{ cm})^2 = (4\text{ cm})^2 \qquad \big| -(1\text{ cm})^2$$

$$h^2 = (4\text{ cm})^2 - (1\text{ cm})^2$$

$$h = \sqrt{15\text{ cm}^2}$$

$$h \approx \underline{\underline{3{,}9\text{ cm}}}$$

h) Zeichne zuerst die quadratische Grundfläche. Zur Konstruktion der Seitenflächen verwende Hilfskreise, deren Mittelpunkte auf den Ecken der Grundfläche liegen.

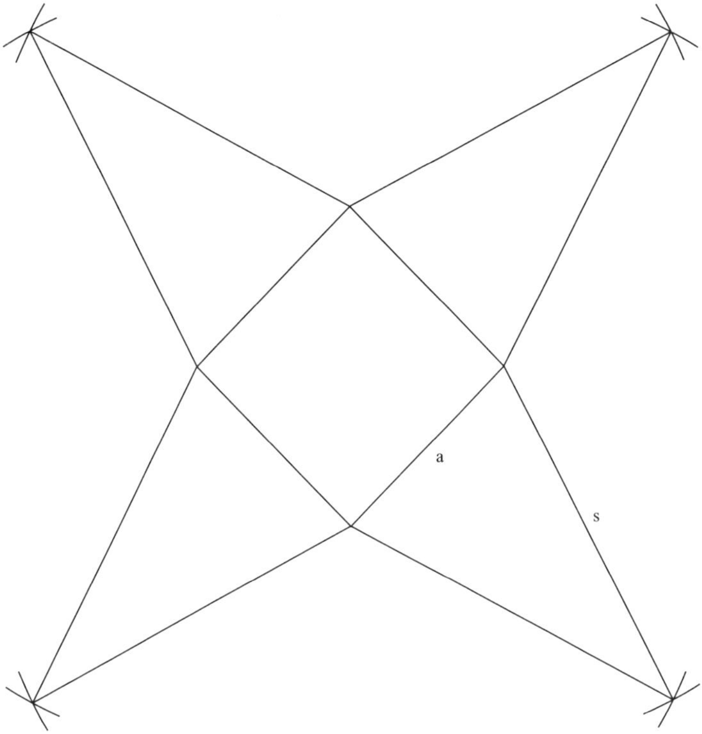

2. a)

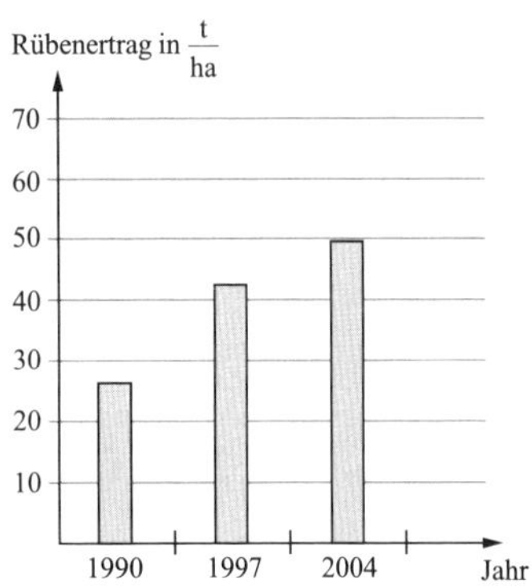

b) Berechne zuerst die absolute Steigerung, dann die prozentuale.

2004: $49{,}7\,\frac{t}{ha}$

1999: $26{,}2\,\frac{t}{ha}$

Berechnung der absoluten Steigerung:

$$49{,}7\,\frac{t}{ha} - 26{,}2\,\frac{t}{ha} = \underline{23{,}5\,\frac{t}{ha}}$$

Berechnung der prozentualen Steigerung:

$$p = \frac{W \cdot 100}{G}$$

$$p = \frac{23{,}5\,\frac{t}{ha} \cdot 100}{26{,}2\,\frac{t}{ha}}$$

$$p \approx \underline{\underline{89{,}7}}$$

Der Rübenertrag pro Hektar konnte im Jahr 2004 im Vergleich mit dem Jahr 1990 um rund 89,7 % gesteigert werden.

c) 2004: 49,7 t Rüben je Hektar
19,71 % Zuckergehalt

Berechnung des Zuckeranteils vom Rübenertrag eines Hektars im Jahr 2004:

$$W = \frac{G \cdot p}{100}$$

$$W = \frac{49{,}7\,\frac{t}{ha} \cdot 19{,}71}{100}$$

$$W = 9{,}79587\,\frac{t}{ha}$$

$$W \approx \underline{\underline{9{,}8\,\frac{t}{ha}}}$$

Es konnten ca. 9,8 t Zucker vom Rübenertrag eines Hektar hergestellt werden.

d) Verwende das Ergebnis aus Teilaufgabe c.

Laut Teilaufgabe c erhält man 9,8 t Zucker pro Hektar Anbaufläche.
Aufstellen einer Verhältnisgleichung:

$$\begin{aligned} 200\,000\text{ t} &\mathrel{\hat{=}} x \\ 9{,}8\text{ t} &\mathrel{\hat{=}} 1\text{ ha} \end{aligned} \quad \rightarrow \quad \frac{x}{1\text{ ha}} = \frac{200\,000\text{ t}}{9{,}8\text{ t}} \quad \Big| \cdot 1\text{ ha}$$

$$x \approx \underline{\underline{20\,408{,}2\text{ ha}}}$$

Die Größe der Anbaufläche müsste ca. 20 408,2 ha betragen.

3. a) Kenntlichmachen der bereits gegebenen Bestimmungsstücke in einer Skizze hilft beim Finden der richtigen Vorgehensweise.

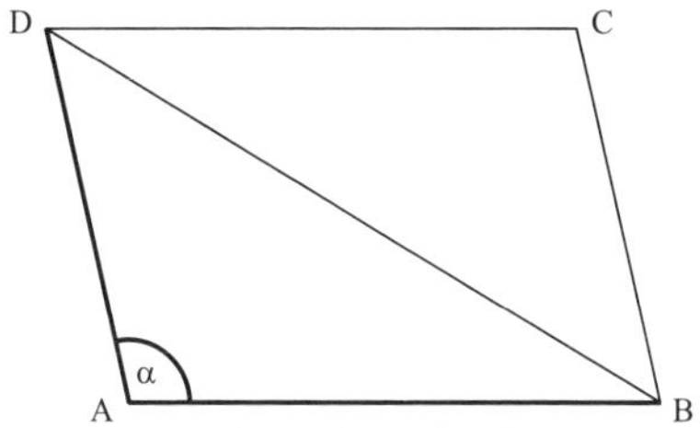

(Skizze, nicht maßstäblich)

Konstruktion des Parallelogramms:

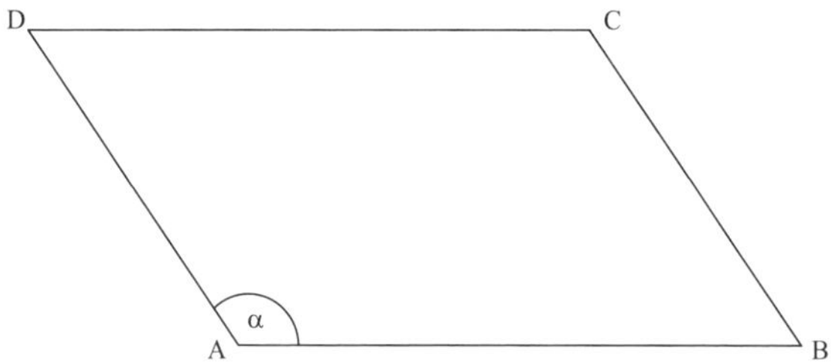

b) Überlege, wie du in Teilaufgabe a vorgegangen bist.

Die Konstruktion erfolgt in nachfolgenden geordneten Schritten:

Schritt 1: (3) Winkel α zeichnen und den Scheitelpunkt mit A bezeichnen.

Schritt 2: (4) Strecke $\overline{AB}$ auf einem Schenkel des Winkels α abtragen und Endpunkt mit B bezeichnen.

Schritt 3: (7) Strecke $\overline{AD}$ auf dem anderen Schenkel des Winkels α abtragen und Endpunkt mit D bezeichnen.

Schritt 4: (1) Strecke $\overline{AB}$ durch D parallel verschieben.

Schritt 5: (2) Strecke $\overline{AD}$ durch B parallel verschieben.

Schritt 6: (5) Schnittpunkt der parallel verschobenen Seiten mit C bezeichnen.

Schritt 7: (6) Es ist das Parallelogramm ABCD entstanden.

In der geordneten Reihenfolge sind Schritt 4 und Schritt 5 vertauschbar.

c) Zeichne die Diagonale BD in die Skizze von Teilaufgabe a ein.
Im unregelmäßigen Dreieck ABD bildet sie die Gegenseite zum Winkel α.
Vom Dreieck ABD sind gegeben:
$\overline{AB} = 5{,}2\text{ cm}$; $\overline{AD} = 3{,}4\text{ cm}$ und $\alpha = \sphericalangle BAD = 125°$
Überlege, welcher Satz aus der Trigonometrie bei diesen Bestimmungsstücken (SWS) eines allgemeinen Dreiecks angewandt werden kann.

Berechnung der Diagonalen mithilfe des Kosinussatzes.

$$\overline{BD}^2 = \overline{AD}^2 + \overline{AB}^2 - 2 \cdot \overline{AD} \cdot \overline{AB} \cdot \cos\alpha$$

$$\overline{BD} = \sqrt{\overline{AD}^2 + \overline{AB}^2 - 2 \cdot \overline{AD} \cdot \overline{AB} \cdot \cos\alpha}$$

$$\overline{BD} = \sqrt{(3{,}4\text{ cm})^2 + (5{,}2\text{ cm})^2 - 2 \cdot 3{,}4\text{ cm} \cdot 5{,}2\text{ cm} \cdot \cos 125°}$$

$$\overline{BD} \approx \underline{\underline{7{,}7\text{ cm}}}$$

Die Diagonale hat eine Länge von etwa 7,7 cm.

Eine Überprüfung der errechneten Länge ist durch Nachmessen in der Konstruktionszeichnung zu Teilaufgabe a möglich.

d) Suche identische Bestimmungsstücke in beiden Dreiecken.

Zur Begründung der Kongruenz der Dreiecke:

	Dreieck ABD		Dreieck BCD	
1.	$\overline{AB}$	=	$\overline{CD}$	Gegenseiten im Parallelogramm
2.	$\overline{AD}$	=	$\overline{BC}$	Gegenseiten im Parallelogramm
3.	$\overline{BD}$	=	$\overline{BD}$	gleiche Seite in beiden Dreiecken

Nach dem Kongruenzsatz (SSS) sind die Dreiecke kongruent.

e) Der Flächeninhalt des Parallelogramms setzt sich aus der Summe der beiden kongruenten Teildreiecke zusammen.

Für $A_{Dreieck}$ gilt nach dem Sinussatz:

$$A_{Dreieck} = \frac{1}{2} \cdot \overline{AB} \cdot \overline{AD} \cdot \sin\alpha$$

$$A_{Dreieck} = \frac{1}{2} \cdot 5{,}2\text{ cm} \cdot 3{,}4\text{ cm} \cdot \sin 125°$$

$$A_{Dreieck} \approx \underline{7{,}24\text{ cm}^2}$$

Für $A_{Parallelogramm}$ gilt:

$$A_{Parallelogramm} = 2 \cdot A_{Dreieck}$$

$$A_{Parallelogramm} = 2 \cdot 7{,}24\text{ cm}^2$$

$$A_{Parallelogramm} = \underline{\underline{14{,}48\text{ cm}^2}}$$

Der Flächeninhalt des Parallelogramms beträgt ca. 14,48 cm².

Realschulabschluss Sachsen-Anhalt 2008
Prüfungsaufgaben Mathematik – Wahlpflichtaufgaben

1. Beim Mahlen von Kaffeebohnen entstehen viele kleine „Körner". Das dabei erhaltene „Kaffeepulver" wird zum Kochen von Bohnenkaffee verwendet. Da bei gleichem Volumen die Oberfläche des Kaffeepulvers größer als die Oberfläche der Kaffeebohnen ist, können die Geschmacks- und Aromastoffe des Kaffees durch heißes Wasser besser als bei ganzen Bohnen herausgelöst werden.

   Wir nehmen im Folgenden an:
   – Eine Kaffeebohne sei kugelförmig.
   – Eine Kaffeebohne habe das Volumen von 250 mm^3.

   a) Kaffee wird unterschiedlich fein gemahlen. Es gilt: Je feiner, desto mehr „Körner" mit kleinerer Korngröße.
   Das Volumen V eines Korns ist abhängig von der Anzahl n der beim Mahlen entstehenden Körner aus einer Kaffeebohne.
   Stellen Sie das Volumen V in Abhängigkeit von n in einer Wertetabelle dar.
   Hinweis: Wählen Sie für n die Werte 10; 20; 30; 40; 50.

   b) Berechnen Sie den Oberflächeninhalt einer Kaffeebohne.
   [Ergebnis zur Kontrolle: $A_0 \approx 1{,}9\ cm^2$]

   c) Für Filterkaffee wird der Kaffee sehr fein zermahlen. Dabei entstehen aus einer Kaffeebohne etwa 1 000 gleich große kugelförmige Körner, wobei jedes Korn einen Oberflächeninhalt von 1,9 mm^2 hat.
   Berechnen Sie, auf das Wievielfache sich der Oberflächeninhalt durch das Mahlen einer Kaffeebohne unter den gegebenen Annahmen vergrößert.

Für Aufgabe 1 erreichbare BE: 7

2. Auf dem Flughafen Halle-Leipzig werden für Reisen innerhalb der EU stichprobenartig Passkontrollen und Zollkontrollen unabhängig voneinander durchgeführt.
   Im Folgenden wird angenommen, dass Passkontrollen mit einer Wahrscheinlichkeit von 0,20 und Zollkontrollen mit einer Wahrscheinlichkeit von 0,30 stattfinden.

   a) Zeichnen Sie ein Baumdiagramm für diesen Sachverhalt und tragen Sie die Wahrscheinlichkeiten an allen Pfaden an.

   b) Berechnen Sie die Wahrscheinlichkeit dafür, dass bei einem Fluggast genau eine Kontrolle erfolgt.

   c) Mit einem Flugzeug kommen 150 Fluggäste an.
   Berechnen Sie, wie viele dieser Fluggäste wahrscheinlich sowohl die Pass- als auch die Zollkontrolle durchlaufen werden.

Für Aufgabe 2 erreichbare BE: 7

3. Beim Herstellen von Kantenmodellen von Körpern werden 1,00 m lange Drahtstücke verwendet.

   a) Berechnen Sie die Kantenlänge des Würfels, der aus einem solchen Drahtstück hergestellt werden kann, wenn mit 4 % Verschnitt gerechnet wird.

   Aus einem solchen Drahtstück soll ein Kantenmodell einer quadratischen Pyramide ohne Verschnitt hergestellt werden.
   Dabei soll die Seitenkante um 5 cm länger sein als die Grundkante (siehe Bild 3).

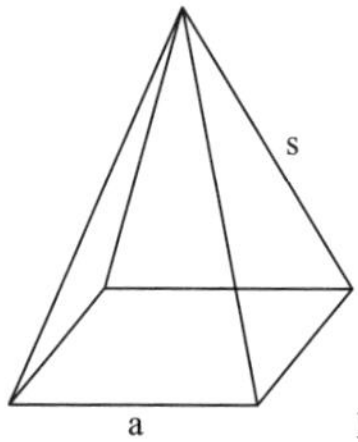

Bild 3

   b) Stellen Sie zur Berechnung der Längen a und s ein Gleichungssystem auf.

   c) Ermitteln Sie die Längen a und s (in cm).

Für Aufgabe 3 erreichbare BE: 7

4. Gegeben sind die Funktionen f und g:

   f: $y = f(x) = x^2 + 2x;\ x \in \mathbb{R}$,

   g: $y = g(x) = x^3;\ \quad x \in \mathbb{R}$.

   a) Zeichnen Sie die Graphen der Funktionen f und g in das gleiche Koordinatensystem mindestens im Intervall $-2 \leq x \leq 2$.

   b) Geben Sie das größte Intervall an, in dem beide Funktionen monoton steigend sind.

   c) Berechnen Sie alle Argumente, an denen die Funktion f den Funktionswert 1,25 hat.

Für Aufgabe 4 erreichbare BE: 7

Lösungen

1. a) Das Volumen (V_K) der gemahlenen Körner ergibt sich aus dem Quotienten des Volumens (V_B) einer Kaffeebohne und der Anzahl (n) der beim Mahlen entstandenen Körner: $V_K = \frac{V_B}{n} = \frac{250\,mm^3}{n}$

n	10	20	30	40	50
V_K (in mm^3)	25	12,5	$8,\overline{3}$	6,25	5

b) Für die Berechnung der Oberfläche (A_O) ist zunächst aus dem Volumen (V_B) der Radius einer Bohne zu bestimmen.

$$V_B = \frac{4}{3} \cdot \pi \cdot r^3 \quad \left| \cdot \frac{3}{4 \cdot \pi} \right.$$

$$r^3 = \frac{3 \cdot V_B}{4 \cdot \pi}$$

$$r = \sqrt[3]{\frac{3 \cdot V_B}{4 \cdot \pi}}$$

$$r = \sqrt[3]{\frac{3 \cdot 250\,mm^3}{4 \cdot \pi}}$$

$$\underline{r \approx 3{,}9\,mm} \quad (= 0{,}39\,cm)$$

$$A_O = 4 \cdot \pi \cdot r^2$$

$$A_O = 4 \cdot \pi \cdot (3{,}9\,mm)^2$$

$$A_O \approx 191\,mm^2 \approx \underline{\underline{1{,}9\,cm^2}}$$

Eine Kaffeebohne hat einen Oberflächeninhalt von rund 1,9 cm^2.

c) Rechne mit den gleichen Volumeneinheiten.

Das Verhältnis der Oberfläche von 1 000 Körnern (je 1,9 mm^2) zu der Oberfläche einer Kaffeebohne (je 1,9 cm^2 = 190 mm^2) lautet:

$$\frac{1\,000 \cdot 1{,}9\,mm^2}{190\,mm^2} = \frac{1\,900\,mm^2}{190\,mm^2} = \underline{\underline{\frac{10}{1}}}$$

Durch das Mahlen einer Kaffeebohne vergrößert sich der Oberflächeninhalt auf das Zehnfache.

2. a) An jeder Abzweigung des Baumdiagramms ergänzen sich die Wahrscheinlichkeiten zum Wert 1.

Baumdiagramm:

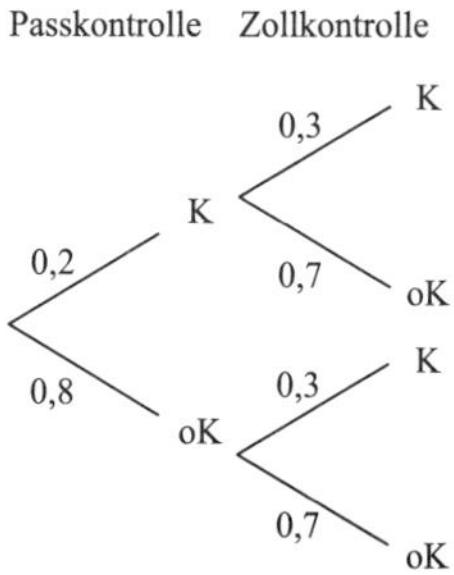

oK ≙ ohne Kontrolle
K ≙ Kontrolle

b) Jeder Pfad eines Baumdiagramms zeigt ein mögliches Ereignis an. Es sind vier Pfade zu unterscheiden: (K, K), (K, oK), (oK, K), (oK, oK) Die Wahrscheinlichkeit eines Pfades entspricht dem Produkt aller längst des Pfades auftretenden Wahrscheinlichkeiten (1. Pfadregel / Produktregel).

nur Passkontrolle: $P(K, oK) = 0{,}2 \cdot 0{,}7 = \underline{0{,}14}$

nur Zollkontrolle: $P(oK, K) = 0{,}8 \cdot 0{,}3 = \underline{0{,}24}$

Für die Berechnung der Wahrscheinlichkeit, dass bei einem Fluggast genau eine Kontrolle durchgeführt wird, sind diese beiden Ergebnisse möglich. Die beiden Wahrscheinlichkeiten werden addiert (2. Pfadregel / Summenregel).

$P(\text{genau eine Kontrolle}) = 0{,}14 + 0{,}24 = \underline{\underline{0{,}38}}$

c) Wahrscheinlichkeit beider Kontrollen:
$P(K, K) = 0{,}2 \cdot 0{,}3 = \underline{0{,}06}$

$150 \text{ Fluggäste} \cdot 0{,}06 = \underline{\underline{9 \text{ Fluggäste}}}$

3. a) Eine Skizze ist hilfreich bei der Bestimmung der Anzahl der Kanten.

Berechnung des Verschnitts:

$$\frac{x}{4\,\%} = \frac{100\text{ cm}}{100\,\%} \quad | \cdot 4\,\%$$

$$x = 4\text{ cm}$$

Es verbleiben 96 cm Drahtlänge für 12 gleich große Kanten des Würfels.

Berechnung der Kantenlänge a des Würfels:

$$a = \frac{96\text{ cm}}{12} = \underline{\underline{8\text{ cm}}}$$

b)
- Die Seitenkante s soll um 5 cm länger sein als a.
- Eine quadratische Pyramide hat vier gleich große Grundkanten a und vier gleich große Seitenkanten s.

Setze die beiden Informationen in zwei Gleichungen um.
Der Verschnitt war nur bei Teilaufgabe a zu berücksichtigen. Hier ist wieder von einem Drahtstück der Länge 1 m bzw. 100 cm auszugehen.

Gleichungssystem (ohne Einheiten):

$$\begin{array}{ll} \text{I} & a+5 = s \\ \text{II} & 4a+4s = 100 \end{array}$$

c) Wähle ein vorteilhaftes Verfahren zum Lösen des Gleichungssystems.

Lösung nach dem Einsetzverfahren:

$$\begin{array}{lrl} \text{I in II:} & 4a+4(a+5)=100 & \text{Klammer auflösen} \\ & 4a+4a+20=100 & \text{zusammenfassen} \\ & 8a+20=100 & \mid -20 \\ & 8a=80 & \mid :8 \\ & \underline{\underline{a=10}} & \end{array}$$

a in I einsetzen: $10+5=s$

$$\underline{\underline{s=15}}$$

Kontrolle:

$$4 \cdot 10\text{ cm} + 4 \cdot 15\text{ cm} = 40\text{ cm} + 60\text{ cm} = 100\text{ cm}$$

Alternative Lösungsmöglichkeit:

Lösung durch systematisches Probieren:

Grundkante a	Seitenkante s = a + 5 cm	Drahtlänge = 4a + 4s
1 cm	6 cm	28 cm
2 cm	7 cm	36 cm
3 cm	8 cm	44 cm
5 cm	10 cm	60 cm
8 cm	13 cm	84 cm
9 cm	14 cm	92 cm
10 cm	15 cm	100 cm

Die Grundkante a der quadratischen Pyramide ist 10 cm lang und die Seitenkante s ist 15 cm lang.

4. a) Die Funktion $y = f(x) = x^2 + 2x$ $(x \in \mathbb{R})$ ist eine quadratische Funktion der Form $y = f(x) = x^2 + px + q$ mit $p = 2$ und $q = 0$. Der Graph ist eine nach oben geöffnete Normalparabel. Der Scheitel hat die Koordinaten $S\left(-\frac{p}{2}; q - \left(\frac{p}{2}\right)^2\right)$. Durch Einsetzen von $p = 2$ und $q = 0$ ergibt sich: $S\left(-\frac{2}{2}; 0 - \left(\frac{2}{2}\right)^2\right) = S(-1; -1)$

Der Graph der Funktion $y = g(x) = x^3$ gehört zu einer Potenzfunktion 3. Grades mit den Punkten $P_1(-1; -1)$; $P_2(0; 0)$ und $P_3(1; 1)$ (siehe auch Formelsammlung). Ein alternativer Lösungsweg für die Bestimmung der Lage der Graphen ist durch die Ermittlung von geordneten Zahlenpaaren in Form einer Wertetabelle möglich, z. B. für die Funktion $y = g(x) = x^3$:

x	–2	–1	–0,5	0	0,5	1	2
$y = g(x) = x^3$	–8	–1	–0,125	0	0,125	1	8

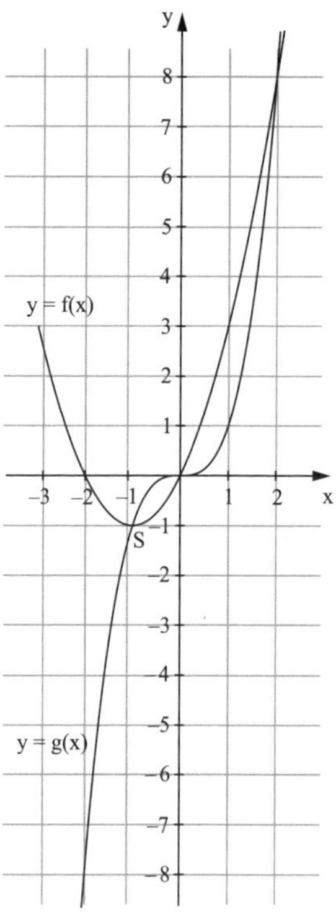

b) Das Intervall in dem beide Funktionen monoton steigen ist der Darstellung zu entnehmen.

Für alle x mit $-1 \leq x < \infty$, $x \in \mathbb{R}$ steigen beide Funktionen monoton.

Ausschlaggebend ist dabei die Funktion f, die erst ab $x = -1$ monoton steigend ist.

c) Zur Berechnung der Argumente ist in die Funktionsgleichung $f(x) = x^2 + 2x$ der gegebene Funktionswert $f(x) = 1{,}25$ einzusetzen.

$$f(x) = x^2 + 2x \qquad | f(x) = 1{,}25$$

$$1{,}25 = x^2 + 2x \qquad | -1{,}25$$

$$0 = x^2 + 2x - 1{,}25 \qquad \text{Verwendung der Lösungsformel}$$

$$x_{1,2} = -\frac{p}{2} \pm \sqrt{\left(\frac{p}{2}\right)^2 - q}$$

$$x_{1,2} = -\frac{2}{2} \pm \sqrt{\left(\frac{2}{2}\right)^2 - (-1{,}25)}$$

$$x_{1,2} = -1 \pm \sqrt{2{,}25}$$

$$x_1 = 0{,}5$$

$$x_2 = -2{,}5$$

Zum Funktionswert $f(x) = 1{,}25$ gehören die Argumente $x_1 = 0{,}5$ und $x_2 = -2{,}5$.

Realschulabschluss Sachsen-Anhalt 2009
Prüfungsaufgaben Mathematik – Pflichtaufgaben

1. a) Schreiben Sie $9{,}01 \cdot 10^4$ als natürliche Zahl.

   b) Der Term $(-4x^2)^3$ ist umgeformt worden.
   Wählen Sie das korrekte Ergebnis aus.

   A: $64x^6$ B: $-12x^5$ C: $-64x^6$ D: $-12x^6$

   c) Zeichnen Sie den Graphen einer linearen Funktion, die die Nullstelle 3 hat und die monoton fallend ist, in ein Koordinatensystem.

   d) Berechnen Sie den Umfang und den Flächeninhalt eines Kreises mit dem Radius 3,9 cm.

   e) Gegeben ist das Dreieck XYZ (siehe Bild 1).
   Von diesem Dreieck sind bekannt:

   $\alpha = 29{,}7°$
   $\beta = 75{,}1°$
   $x = 5{,}3$ cm

   Berechnen Sie die Länge der Seite y.

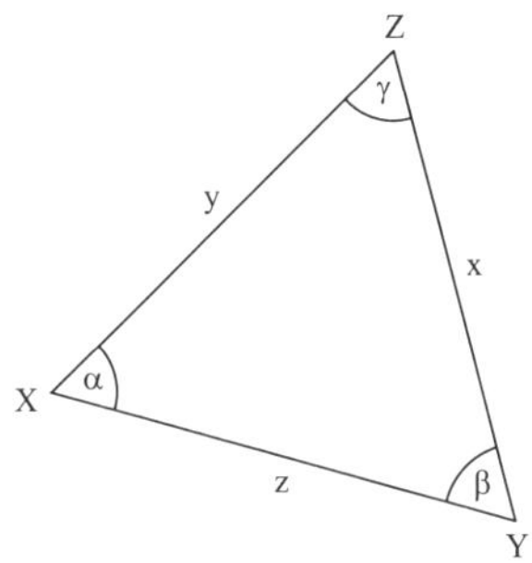

Bild 1 (nicht maßstäblich)

   f) Ein Sparer legt einen Geldbetrag für ein Jahr zu einem Zinssatz von 4,0 % fest an.
   Er erhält nach einem Jahr 240 € Zinsen.
   Berechnen Sie, wie viel Euro der Sparer angelegt hat.

   g) Der Arendsee ist der größte natürliche See Sachsen-Anhalts.
   Ermitteln Sie die Entfernung zwischen den Standorten A und B mithilfe der nebenstehenden Karte (siehe Bild 2).

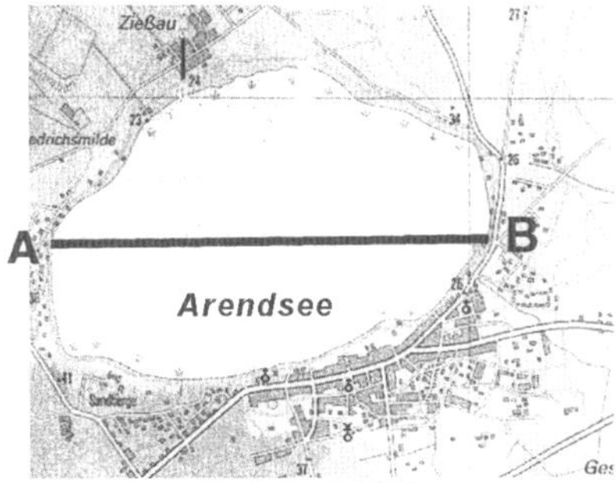

Maßstab 1 : 75 000

Bild 2

   h) Barrel ist eine Maßeinheit, die insbesondere zur Mengenangabe bei Erdöl verwendet wird. 1 Barrel entspricht 117,35 Liter.
   Berechnen Sie, wie viel Barrel einem Kubikmeter entsprechen.

i) Begründen Sie mithilfe mathematischer Sätze, dass im Bild 3 der Winkel α ein rechter Winkel ist.

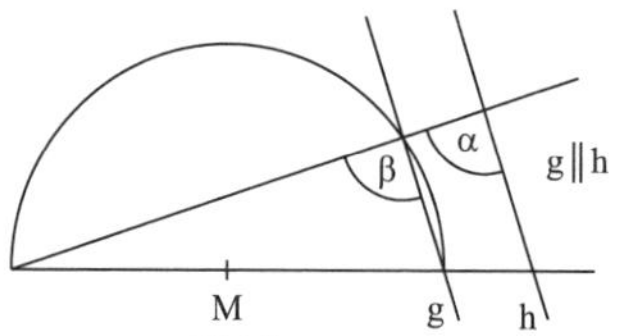

Bild 3

Für Aufgabe 1 erreichbare BE: 11

2. Im Bild 4 ist eine aus zwei rechtwinkligen Dreiecken zusammengesetzte geometrische Figur ABCD dargestellt.

   $\overline{AB} = 5{,}0\text{ cm}$

   $\overline{BC} = \overline{CD} = 2{,}0\text{ cm}$

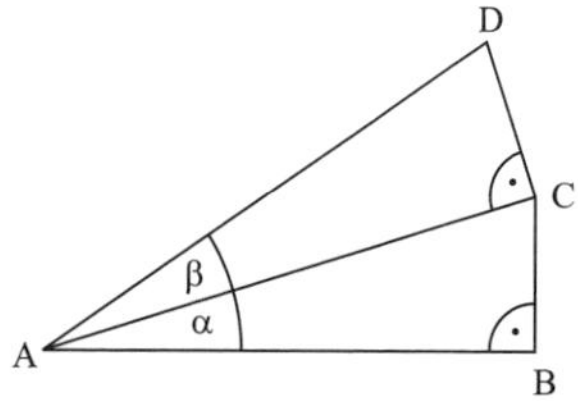

Bild 4 (nicht maßstäblich)

   a) Konstruieren Sie diese Figur ABCD.

   b) Berechnen sie die Größe des Winkels α und die Länge der Strecke $\overline{AD}$.

   c) Begründen Sie, dass das Viereck ABCD kein Drachenviereck ist.

Für Aufgabe 2 erreichbare BE: 8

3. Bei einer Verkehrskontrolle von 200 Fahrzeugen wurden folgende Mängel mit der angegebenen Häufigkeit festgestellt.

Foto: LISA Halle, Landesbildarchiv

Mangel	Beleuchtung	Bereifung	Warndreieck	Verbandskasten	ohne TÜV/AU	sonstige Mängel
absolute Häufigkeit	38	22	4	10	4	2

   a) Stellen Sie die Ergebnisse der Verkehrskontrolle in einem geeigneten Diagramm dar.

   b) Berechnen Sie, mit welcher relativen Häufigkeit bei allen kontrollierten Fahrzeugen Beleuchtungsmängel auftreten.

c) Monika analysiert die Tabelle und sagt: „Genau 80 Fahrzeuge haben Mängel."
Unter welcher Bedingung ist Monikas Aussage zutreffend?

d) Erklären Sie mithilfe der Ergebnisse der Verkehrskontrolle, wie der Journalist zur Feststellung kommt, dass *drei Viertel* aller Mängel bei Beleuchtung und Bereifung auftreten.

Aus einer Zeitungsmeldung:

Hauptmangel: Licht und Reifen
Die gestern durchgeführte Verkehrskontrolle ergab, dass drei Viertel aller festgestellten Mängel bei Beleuchtung und Bereifung auftreten. ...

e) Erfahrungsgemäß haben 15 % aller Fahrzeuge Mängel. Bei Verkehrskontrollen wird durchschnittlich jedes zehnte Fahrzeug zufällig ausgewählt und überprüft.
Berechnen Sie die Wahrscheinlichkeit dafür, dass ein Fahrzeug bei einer Verkehrskontrolle überprüft wird und ohne Mangel ist.

Für Aufgabe 3 erreichbare BE: 7

Lösungen

1. a) Verschieben Sie das Komma um vier Stellen nach rechts.

$9{,}01 \cdot 10^4 = \underline{\underline{90\,100}}$

b) Multiplizieren Sie.

$(-4x^2)^3 = (-4x^2) \cdot (-4x^2) \cdot (-4x^2) = -64x^6$

Auswahlergebnis C

c) Zeichnen Sie eine fallende Gerade, die die x-Achse im Punkt (3; 0) schneidet.

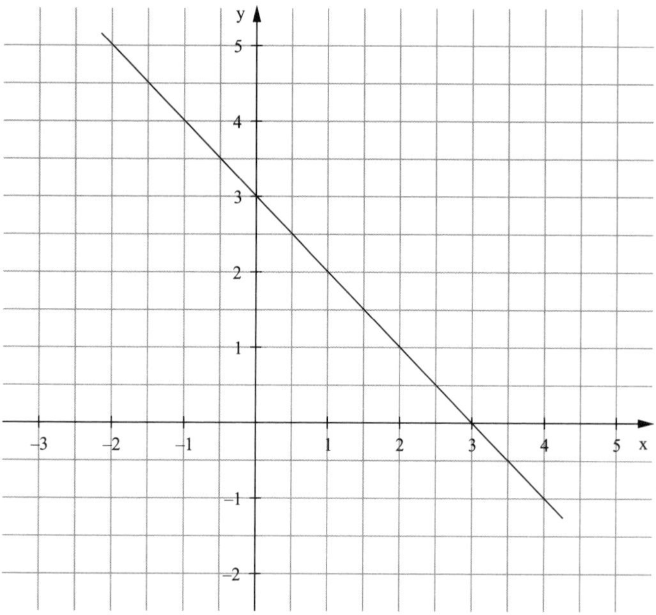

d) Berechnen Sie den Umfang und den Flächeninhalt des Kreises.
Umfang eines Kreises: $u = \pi \cdot d$ mit $d = 2r$
Flächeninhalt des Kreises: $A = \pi \cdot r^2$

Berechnungen: $r = 3{,}9\text{ cm}$

$u = \pi \cdot 2 \cdot 3{,}9\text{ cm}$

$\underline{\underline{u = 24{,}5\text{ cm}}}$

$A = \pi \cdot (3{,}9\text{ cm})^2$

$\underline{\underline{A = 47{,}78\text{ cm}^2}}$

e) Berechnen Sie die Seite y mit dem Sinussatz.

$$\frac{y}{x} = \frac{\sin\beta}{\sin\alpha} \quad |\cdot x$$

$$y = \frac{\sin(75{,}1°)}{\sin(29{,}7°)} \cdot 5{,}3\text{ cm}$$

$$\underline{\underline{y = 10{,}3\text{ cm}}}$$

f) Berechnen Sie den Grundwert mit dem Dreisatz oder mit der Gleichung $G = \frac{W}{p} \cdot 100$.

$240{,}00\text{ €} \mathrel{\hat{=}} 4\,\%$ $\quad |:4$ oder $G = \frac{240{,}00\text{ €}}{4\,\%} \cdot 100\,\%$

$60{,}00\text{ €} \mathrel{\hat{=}} 1\,\%$ $\quad |\cdot 100$ $\qquad G = 6\,000{,}00\text{ €}$

$6\,000{,}00\text{ €} \mathrel{\hat{=}} 100\,\%$

Der Sparer legte 6 000 € an.

g) Messen Sie die Entfernung von A nach B auf der Karte: 3,9 cm
Berechnen Sie die Entfernung der Standorte A und B bei einem Maßstab 1 : 75 000.

$3{,}9\text{ cm} \cdot 75\,000 = 292\,500\text{ cm} = 2\,925\text{ m} = \underline{\underline{2{,}925\text{ km}}}$

h) $1\text{ Barrel} \mathrel{\hat{=}} 117{,}35\,\ell$
$x\text{ Barrel} \mathrel{\hat{=}} 1\text{ m}^3 = 1\,000\,\ell$
Lösen Sie mithilfe einer Verhältnisgleichung.

$$x\text{ B} : 1\text{ B} = 1\,000\,\ell : 117{,}35\,\ell \quad |\cdot 1\text{ B}$$
$$x = 1\,000\,\ell : 117{,}35\,\ell \cdot 1\text{ B}$$
$$x = 8{,}52\text{ Barrel}$$

Einem Kubikmeter entsprechen 8,52 Barrel.

i) Im Bild 3 sind die Winkel α und β Stufenwinkel an geschnittenen Parallelen ($g \parallel h$) und somit gilt $\alpha = \beta$.
Der Winkel β ist nach dem Satz des Thales ein rechter Winkel, d. h. $\alpha = \beta = 90°$.
Satz des Thales: Jeder Peripheriewinkel über einem Halbkreis ist ein rechter Winkel.

2. a) Konstruktion der Figur ABCD
Konstruktionsschritte:
- Zeichnen eines rechten Winkels mit dem Scheitelpunkt B
- Auf einem Schenkel die Länge $\overline{BC} = 2{,}0\text{ cm}$ abtragen, es entsteht Punkt C.
- Auf dem anderen Schenkel die Länge $\overline{AB} = 5{,}0\text{ cm}$ abtragen, es entsteht Punkt A.
- Punkte A und C verbinden.
- Zur Strecke $\overline{AC}$ in C eine Senkrechte errichten.
- Auf der Senkrechten die Länge $\overline{CD} = 2{,}0\text{ cm}$ abtragen.
- Den entstandenen Punkt D mit A verbinden.

Konstruktion der Figur ABCD:

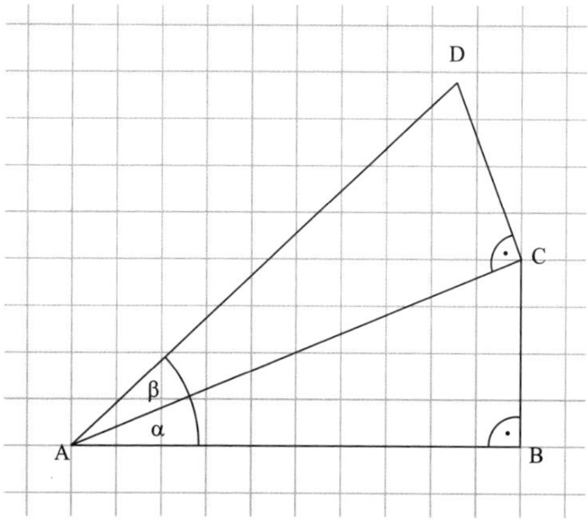

b) Der Winkel α liegt im rechtwinkligen Dreieck ABC.

Es gilt:

$$\tan\alpha = \frac{\overline{BC}}{\overline{AB}}$$
$$= 0{,}4$$
$$\underline{\underline{\alpha = 21{,}8°}}$$

Für die Berechnung der Länge der Strecke $\overline{AD}$ ist zunächst die Länge der Strecke $\overline{AC}$ zu bestimmen.

$$\overline{AC}^2 = \overline{AB}^2 + \overline{BC}^2$$
$$\overline{AC} = \sqrt{(5{,}0\ \text{cm})^2 + (2{,}0\ \text{cm})^2}$$
$$\underline{\underline{\overline{AC} = 5{,}39\ \text{cm}}}$$

Für die Länge der Strecke $\overline{AD}$ im ebenfalls rechtwinkligen Dreieck ACD gilt:

$$\overline{AD}^2 = \overline{AC}^2 + \overline{CD}^2$$
$$\overline{AD} = \sqrt{(5{,}39\ \text{cm})^2 + (2{,}0\ \text{cm})^2}$$
$$\underline{\underline{\overline{AD} = 5{,}75\ \text{cm}}}$$

Ein Vergleich mit den Ergebnissen aus der Konstruktion bestätigt das Ergebnis.

c) Im Drachenviereck muss es zwei Paar benachbarter gleichlanger Seiten geben.
Es ist $\overline{BC} = \overline{CD}$ und

$\overline{AB} \neq \overline{AD}$

Das Viereck ABCD ist kein Drachenviereck.

3. a) 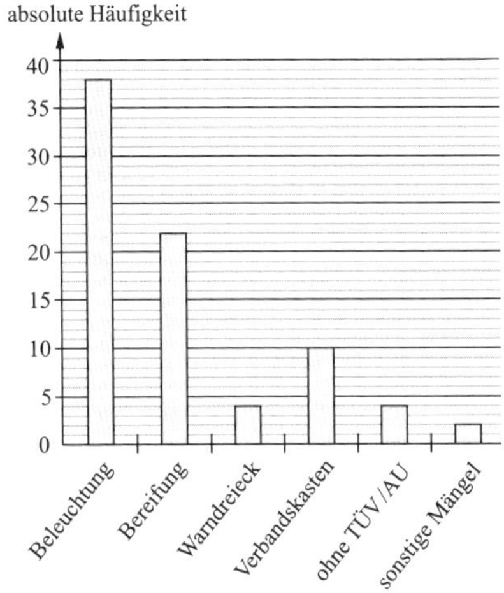

b) Berechnen Sie die relative Häufigkeit der Beleuchtungsmängel.

$h\,(\text{Bel.}) = 38 : 200 = 0{,}19 \mathrel{\hat{=}} \underline{\underline{19\ \%}}$

c) Monikas Aussage ist nur dann zutreffend, wenn jedes mangelhafte Auto genau einen Mangel hat.

d) Addieren Sie die Mängel bei Beleuchtung und Bereifung.

$38 + 22 = 60$

Setzen Sie die Mängel ins Verhältnis zu allen Mängeln.

$60 : 80 = 0{,}75 = \underline{\underline{\frac{3}{4}}}$

e) Wahrscheinlichkeit, dass ein Fahrzeug kontrolliert wird: 0,10 (Jedes zehnte Fahrzeug.)
Wahrscheinlichkeit, dass das Fahrzeug ohne Mangel ist: 0,85

15 % der Fahrzeuge haben Mängel, d. h. 85 % sind ohne Mangel.
Die Wahrscheinlichkeit, dass ein Fahrzeug überprüft und ohne Mangel ist, wird mit der Produktregel berechnet.

$P = 0{,}10 \cdot 0{,}85 = 0{,}085 \mathrel{\hat{=}} \underline{\underline{8{,}5\ \%}}$

Realschulabschluss Sachsen-Anhalt 2009
Prüfungsaufgaben Mathematik – Wahlpflichtaufgaben

1. Die Berechnung der Kosten für Trinkwasser erfolgt durch die Stadtwerke GmbH einmal im Jahr.
   Es gilt ein Tarif, der sich aus den Verbrauchskosten und einem Grundpreis zusammensetzt.
   Verbrauchspreis: 1,39 € je m^3
   Grundpreis: 0,20 € je Tag

   a) Familie Kluge hat an 365 Tagen im Jahr insgesamt 121 m^3 Wasser verbraucht.
   Berechnen Sie die Gesamtkosten.

   b) Der Grundpreis G (in Euro) hängt von der Anzahl x der Tage ab.
   Geben Sie eine Gleichung für die Berechnung des Grundpreises G in Abhängigkeit von x an.
   Stellen Sie den Grundpreis G in Abhängigkeit von x in einem Koordinatensystem grafisch dar.

   c) Die Wasseruhr der Familie Bauer zeigt am 1. Januar einen Zählerstand von 546 (Einheit in m^3) und am 30. November desselben Jahres den Zählerstand 678. Familie Bauer meldet beide Zählerstände an die Stadtwerke. Dort wird aus diesen Daten der voraussichtliche Jahresverbrauch errechnet, indem man den durchschnittlichen Verbrauch der ersten elf Monate zugrunde legt.
   Berechnen Sie den voraussichtlichen Jahresverbrauch an Trinkwasser der Familie Bauer.

Für Aufgabe 1 erreichbare BE: 7

2. Beim Aufstellen von Bauzäunen werden Ständer benutzt. Die Ständer haben die Form eines Prismas und in der Mitte eine zylindrische Bohrung (siehe Bild 5).

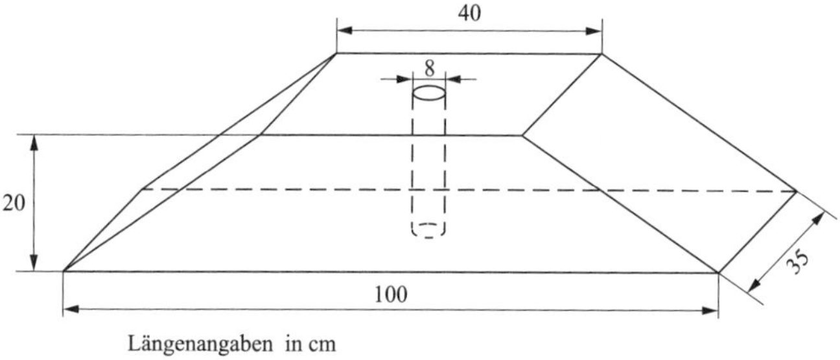

Bild 5 (nicht maßstäblich)

   a) Stellen Sie einen solchen Ständer in senkrechter Zweitafelprojektion im Maßstab 1 : 10 dar.

   b) Berechnen Sie das Volumen eines solchen Ständers.

Für Aufgabe 2 erreichbare BE: 7

3. Gegeben ist die Gleichung $x^2 + 3x - a = 0$ mit $x \in \mathbb{R}$ und $a \in \mathbb{R}$.

   a) Das Zahlenpaar (x; a) mit (–3; 0) ist eine Lösung der gegebenen Gleichung. Beschreiben Sie, wie diese Aussage nachgewiesen werden kann.

   b) Lösen Sie die Gleichung für $x = \frac{1}{2}$.

   c) Lösen Sie die gegebene Gleichung für $a = 4$.

   d) Ermitteln Sie den Wert von a, so dass die gegebene quadratische Gleichung genau eine Lösung hat.

Für Aufgabe 3 erreichbare BE: 7

4. Am Fürst-Franz-Weg zwischen Wörlitz und Dessau liegt das Forsthaus „Leiner Berg“ (Lageskizze mit Entfernungen – siehe Bild 6).

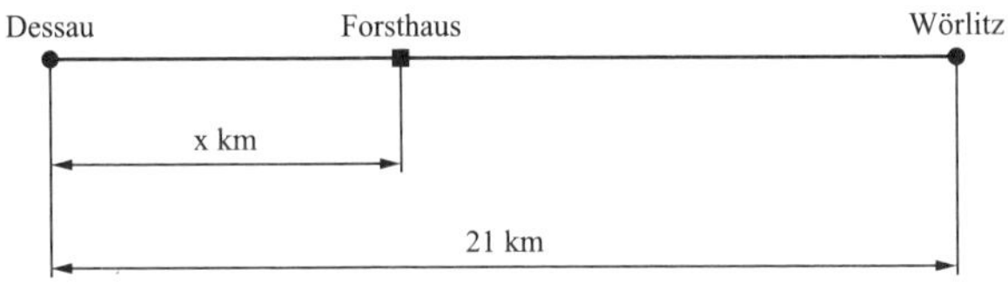

Bild 6

Die Familien Müller und Schulze wollen sich am Forsthaus treffen. Sie fahren dorthin mit dem Fahrrad und haben eine Durchschnittsgeschwindigkeit von $10\frac{\text{km}}{\text{h}}$.
Familie Müller startet in Dessau und Familie Schulze in Wörlitz.
Familie Müller benötigt bis zum Forsthaus drei Viertel der Zeit, die die Familie Schulze benötigt.

   a) Erklären Sie, was der Term $21 - x$ beschreibt.
   Familie Schulze benötigt y Stunden bis zum Forsthaus.
   Geben Sie die Zeit, die Familie Müller bis zum Forsthaus benötigt, in Abhängigkeit von y an.

   b) Die Entfernung x (in km) und die Zeitdauer y (in h) können mithilfe des folgenden Gleichungssystems berechnet werden.

   $$\begin{aligned} 4x - 30y &= 0 \\ x + 10y &= 21 \end{aligned}$$

   Lösen Sie dieses Gleichungssystem.

   c) Ermitteln Sie, wann Familie Müller spätestens abfahren muss, wenn sich die Familien Müller und Schulze um 10.00 Uhr am Forsthaus treffen wollen.

Für Aufgabe 3 erreichbare BE: 7

Lösungen

1. a) Berechnen Sie die Gesamtkosten.
   Multiplizieren Sie dazu den Preis je m^3 mit dem Verbrauch und den Grundpreis mit den Tagen pro Jahr. Addieren Sie die zwei Terme.

$$G = 1{,}39 \frac{€}{m^3} \cdot 121\ m^3 + 0{,}20\ € \cdot 365$$

$$G = 241{,}19\ €$$

b) $G(x) = 0{,}20 \cdot x$

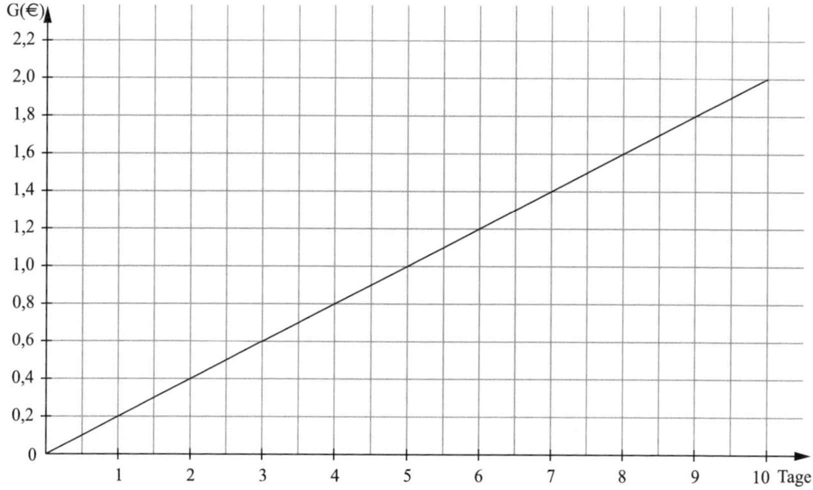

c) Subtrahieren Sie die beiden Zählerstände.

$678\ m^3 - 546\ m^3 = 132\ m^3$

Familie Bauer verbrauchte in 11 Monaten 132 m^3 Wasser, d. h. in einem Monat verbrauchten sie durchschnittlich 12 m^3, denn $132\ m^3 : 11 = 12\ m^3$.
Der voraussichtliche Jahresverbrauch wird berechnet:

Multiplizieren Sie dazu den Verbrauch pro Monat mit 12 Monaten, das ist 1 Jahr.

$12\ m^3 \cdot 12 = 144\ m^3$

2. a) Für die Darstellung des Prismas im Maßstab 1 : 10 sind die Längen der Bildstrecken zu bestimmen.
Der Maßstab (M) ist das Verhältnis von Bildstrecke (a') zum Original (a).

$M = \frac{a'}{a}, \ a' = M \cdot a$

a	a'
100 cm	10 cm
35 cm	3,5 cm
40 cm	4,0 cm
20 cm	2,0 cm
8 cm	0,8 cm

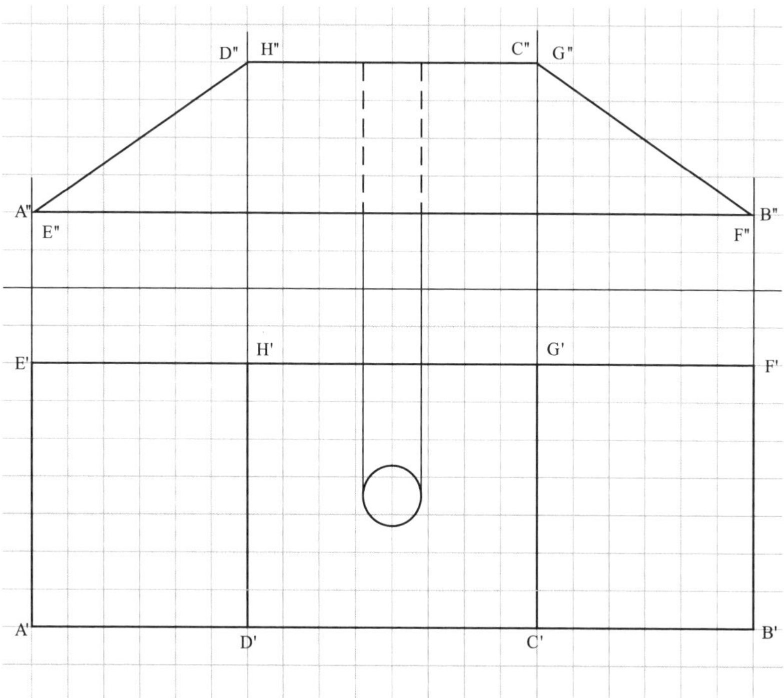

b) Die Fläche ABCD ist Grundfläche des Ständers (des Prismas). Diese Grundfläche hat die Form eines Trapezes.

$$A_G = \frac{\overline{AB} + \overline{CD}}{2} \cdot h_{Trapez}$$
$$= \frac{100\text{ cm} + 40\text{ cm}}{2} \cdot 20\text{ cm}$$
$$= 1\,400\text{ cm}^2$$

Das Volumen des Prismas ist $V_{Prisma} = A_G \cdot h_{Prisma}$.
Davon wird das Volumen der zylindrischen Bohrung subtrahiert.
Das Volumen des Zylinders ist $V_{Zylinder} = A_{Kreis} \cdot h_{Zylinder}$.
Der Flächeninhalt des Kreises ist $A_{Kreis} = \pi \cdot \frac{d^2}{4}$.

$$V = V_{Prisma} - V_{Zylinder}$$

$$= A_G \cdot h_{Prisma} - \frac{d^2}{4} \cdot \pi \cdot h_{Zylinder}$$

$$= 1\,400\ \text{cm}^2 \cdot 35\ \text{cm} - \frac{(8\ \text{cm})^2}{4} \cdot 3{,}14 \cdot 20\ \text{cm}$$

$$\underline{\underline{V = 47\,994{,}7\ \text{cm}^3}}$$

$$\approx 48\ \text{dm}^3$$

Das Volumen beträgt 48 dm³.

3. a) Das Einsetzen der Werte für $x = -3$ und $a = 0$ in die gegebene Gleichung muss zu einer wahren Aussage führen.

Nachweis:

$$x^2 + 3x - a = 0$$
$$(-3)^2 + 3 \cdot (-3) - 0 = 0$$
$$9 - 9 = 0$$
$$0 = 0$$

Wahre Aussage, d. h. das Zahlenpaar (–3; 0) ist Lösung der Gleichung.

b) Lösung für $x = \frac{1}{2}$

$$\left(\frac{1}{2}\right)^2 + 3 \cdot \frac{1}{2} - a = 0$$
$$\frac{1}{4} + \frac{3}{2} - a = 0$$
$$\frac{7}{4} - a = 0$$
$$a = \frac{7}{4}$$
$$\mathbb{L} = \left\{\frac{7}{4}\right\}$$

Probe: $\frac{1}{4} + \frac{3}{2} - \frac{7}{4} = 0$

$0 = 0$ w. A.

c) Lösung für $a = 4$

$x^2 + 3x - 4 = 0$ Ist eine quadratische Gleichung der Form $x^2 + px + q = 0$ mit $p = 3$ und $q = -4$.

$$x_{1,2} = -\frac{3}{2} \pm \sqrt{\left(\frac{3}{2}\right)^2 - (-4)}$$

$$= -\frac{3}{2} \pm \frac{5}{2}$$

$x_1 = 1 \quad x_2 = -4$

$\mathbb{L} = \{1; -4\}$

Probe 1: $1^2 + 3 \cdot 1 - 4 = 0$

$4 - 4 = 0$

$0 = 0$ w. A.

Probe 2: $(-4)^2 + 3(-4) - 4 = 0$

$16 - 12 - 4 = 0$

$0 = 0$ w. A.

d) Quadratische Gleichungen der Form $x^2 + px + q = 0$ haben genau dann eine Lösung, wenn die Diskriminate $D = \left(\frac{p}{2}\right)^2 - q = 0$ beträgt.

Für $p = 3$ folgt:

$$D = \left(\frac{3}{2}\right)^2 - (-a) = 0$$

$$\frac{9}{4} + a = 0$$

$$a = -\frac{9}{4}$$

Für $a = -\frac{9}{4}$ besitzt die gegebene Gleichung genau eine Lösung.

4. a) Planfigur:

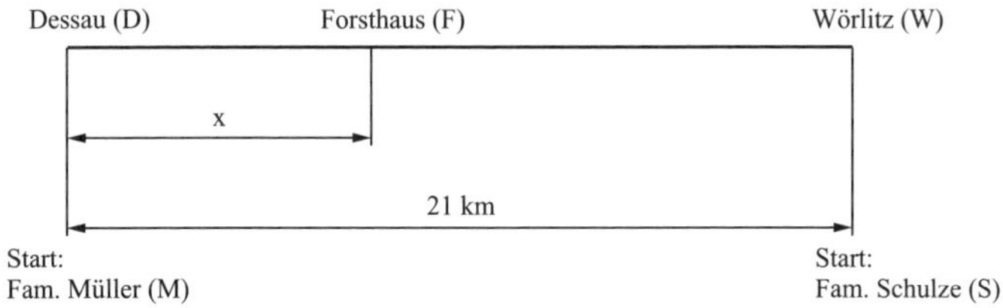

Für den Sachverhalt gilt: $(x = \overline{DF})$

$$\overline{DF} + \overline{FW} = 21\text{ km}$$
$$\overline{FW} = 21\text{ km} - \overline{DF}$$
$$\overline{FW} = 21\text{ km} - x$$

Der Term $21\text{ km} - x$ gibt die Entfernung zwischen Forsthaus (F) und Wörlitz (W) an.
Für die Fahrzeit der Familie Müller (t_M) gilt:

$$\underline{\underline{t_M = \frac{3}{4}y}} \qquad \text{(y: Fahrzeit der Familie Schulze)}$$

b) I $\quad 4x - 30y = 0$

II $\quad x + 10y = 21$

II' $\quad x = 21 - 10y$

II' in I $\quad 4(21 - 10y) - 30y = 0$

$$84 - 40y - 30y = 0$$
$$y = 1{,}2$$
$$y = 1{,}2\text{ h}$$

$$x = 21 - 10 \cdot 1{,}2$$
$$x = 9$$
$$x = 9\text{ km}$$

c) Fahrzeit der Familie Müller:

$$t_M = \frac{3}{4} \cdot y$$
$$t_M = \frac{3}{4} \cdot 1{,}2\text{ h}$$
$$t_M = 0{,}9\text{ h}$$
$$\underline{\underline{t_M = 54\text{ min}}}$$

Nebenrechnung:

$$1\text{ h} \mathrel{\hat{=}} 60\text{ Min}$$
$$0{,}9\text{ h} \mathrel{\hat{=}} K\text{ Min}$$
$$K = \frac{60\text{ min} \cdot 0{,}9\text{ h}}{1\text{ h}}$$
$$K = 54\text{ min}$$

Bei 54 Minuten Fahrzeit müsste Familie Müller um 9.06 Uhr in Dessau abfahren.

Realschulabschluss Sachsen-Anhalt 2010
Prüfungsaufgaben Mathematik – Pflichtaufgaben

1. a) Berechnen Sie den Wert des Terms $\frac{3a}{1-b}$ für $a = 2$ und $b = 0{,}5$.

   b) Berechnen Sie das Volumen einer Kugel mit dem Radius $r = 2{,}5$ cm.

   c) Die Formen ♣ und ⊗ sind nach einem bestimmten Muster geordnet.
   ♣ ⊗ ♣ ♣ ⊗ ⊗ ♣ ♣ ♣ ⊗ ⊗ ⊗
   Welcher Formensatz ist nach dem gleichen Muster geordnet?
   A: ♦ ∇ ∇ ♦ ♦ ∇ ∇ ∇ ♦ ♦ ♦
   B: ∇ ♦ ∇ ∇ ♦ ∇ ∇ ∇ ♦ ∇ ∇ ∇
   C: ∇ ♦ ∇ ∇ ♦ ♦ ∇ ∇ ∇ ♦ ♦ ♦
   D: ♦ ∇ ♦ ♦ ∇ ∇ ∇ ♦ ♦ ♦ ♦

   d) Lösen Sie das Gleichungssystem.
   $$\begin{array}{ll} \text{I} & y + 2x = 4 \\ \text{II} & \quad\;\; y = 0{,}5x \end{array}$$

   e) Im Bild 1 gilt $g \parallel h$.

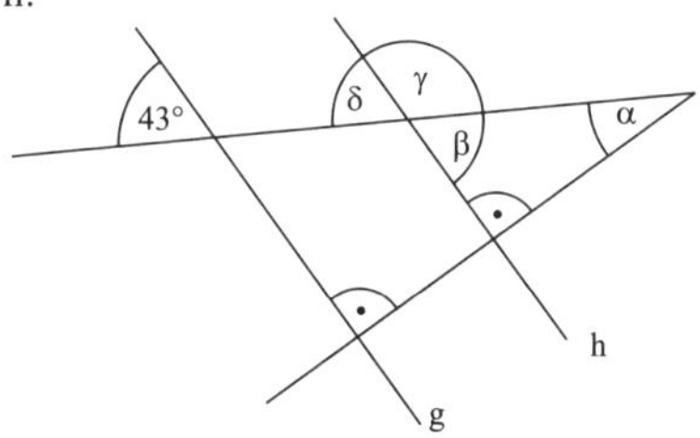

Bild 1 (nicht maßstäblich)

   Geben Sie die Größe des Winkels γ an.
   Begründen Sie, dass gilt: $\alpha + \delta = 90°$.

   f) Ein Schrank kostete ursprünglich 480 €. Der Preis wurde auf 75 % gesenkt.
   Geben Sie den neuen Verkaufspreis an.

   g) In einem Lostopf befinden sich Gewinnlose (Anzahl g) und Nieten (Anzahl n).
   Stellen Sie eine Gleichung zur Berechnung der Wahrscheinlichkeit P für das Ziehen eines Gewinnloses auf.

   h) Begründen Sie, dass folgende Aussage falsch ist:
   Für alle reellen Zahlen x und y gilt: $(x + y)^2 = x^2 + y^2$

Für Aufgabe 1 erreichbare BE: 10

2. Das Bild 2 zeigt einen Ausschnitt aus einer Karte des Stadtzentrums von Magdeburg. Der Dom (D), der Jahrtausendturm im Elbauenpark (J) und der Aussichtsturm im Kulturpark (A) sind besondere Sehenswürdigkeiten.

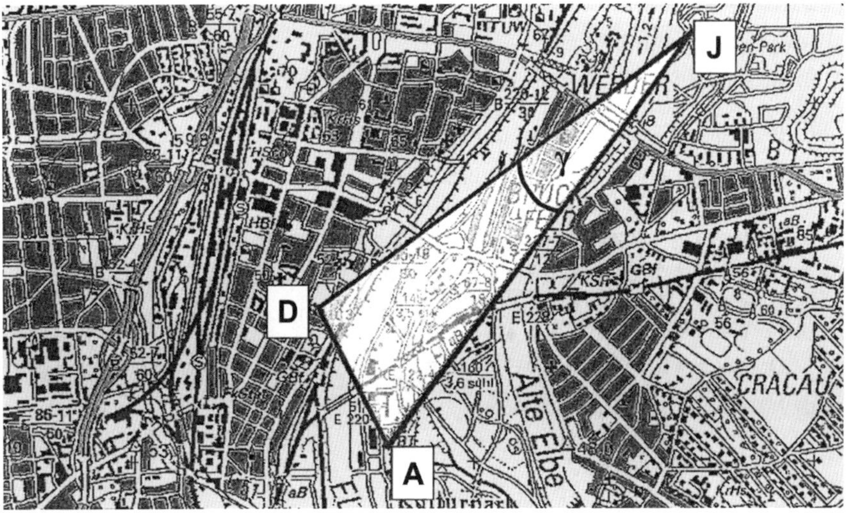

Quelle: TOP50 LISA

Bild 2

Die Punkte A, J und D bilden auf der Karte ein Dreieck, von dem folgende Daten bekannt sind:

$\overline{AJ} = 2\,890\text{ m}$ $\quad$ $\overline{DJ} = 2\,670\text{ m}$ $\quad$ $\gamma = \sphericalangle DJA = 17{,}0°$

a) Berechnen Sie die Entfernung $\overline{AD}$ des Aussichtsturms vom Dom.

b) Konstruieren Sie das Dreieck AJD im Maßstab 1 : 50 000.

c) Berechnen Sie den Flächeninhalt des Dreiecks AJD in Hektar (ha).

Für Aufgabe 2 erreichbare BE: 8

3. Gegeben ist die quadratische Funktion f mit $y = f(x) = x^2 + 6x + 7$, $x \in \mathbb{R}$.

a) Geben Sie die Koordinaten des Scheitelpunktes S des Graphen der Funktion f an und zeichnen Sie den Graphen der Funktion f in ein Koordinatensystem mindestens im Intervall $-6 \le x \le 0$ (1 LE $\hat{=}$ 1 cm).

b) Berechnen Sie die Nullstellen der Funktion f.

c) Weisen Sie rechnerisch nach, dass der Punkt P(0; 7) zum Graphen der Funktion f gehört.

d) Berechnen Sie die Länge der Strecke $\overline{SP}$.

Für Aufgabe 3 erreichbare BE: 8

Lösungen

1. a) Setzen Sie in den Term für a = 2 und für b = 0,5 ein.

$$\frac{3a}{1-b} = \frac{3\cdot 2}{1-0,5} = \frac{6}{0,5} = 12$$

b) Berechnen Sie das Volumen einer Kugel mit dem Radius r = 2,5 cm.

$$V = \frac{4\pi \cdot r^3}{3} = \frac{4\cdot \pi \cdot 2,5^3\ \text{cm}^3}{3} \approx 65,450\ \text{cm}^3$$

c) Vergleichen Sie die vier Muster.

Auswahlantwort C

d) Lösen Sie das Gleichungssystem z. B. nach dem Einsetzverfahren.

$$\begin{array}{ll} \text{I} & y + 2x = 4 \\ \text{II} & y = 0,5x \end{array}$$

Setzen Sie II in I ein.

$$\begin{aligned} 0,5x + 2x &= 4 \\ 2,5x &= 4 \qquad |:2,5 \\ \underline{x} &\underline{= 1,6} \end{aligned}$$

Setzen Sie x = 1,6 in II ein.

$$\begin{aligned} y &= 0,5x \\ y &= 0,5 \cdot 1,6 \\ \underline{y} &\underline{= 0,8} \qquad\qquad L = \{1,6; 0,8\} \end{aligned}$$

Lösen Sie das Gleichungssystem z. B. nach dem Gleichsetzverfahren.

$$\begin{array}{ll} \text{I} & y + 2x = 4 \\ \text{II} & y = 0,5x \end{array}$$

Stellen Sie I nach y um.

$$\text{I} \qquad y = 4 - 2x$$

Setzen Sie I = II.

$$\begin{aligned} y &= y \\ 4 - 2x &= 0,5x \qquad |+2x \\ 4 &= 2,5x \qquad |:2,5 \\ \underline{1,6} &\underline{= x} \end{aligned}$$

Setzen Sie x = 1,6 in II ein.

$$\begin{aligned} y &= 0,5x \\ y &= 0,5 \cdot 1,6 \\ \underline{y} &\underline{= 0,8} \qquad\qquad L = \{1,6; 0,8\} \end{aligned}$$

e) Für den Winkel γ gilt: $\gamma = 137°$
γ und δ sind Nebenwinkel, sie sind zusammen 180°.
δ und der Winkel mit der Größe 43° sind Stufenwinkel an geschnittenen Parallelen und somit gleich groß, d. h. $\delta = 43°$.

Begründen Sie, dass gilt: $\alpha + \delta = 90°$
Die Winkel δ und β sind Scheitelwinkel, d. h. $\delta = \beta$.
Die Winkel α, β und der Winkel der Größe 90° sind die Innenwinkel eines Dreieckes.
Die Innenwinkelsumme eines Dreieckes beträgt 180°.
$\alpha + \beta + 90° = 180°$
$\Rightarrow \quad \alpha + \beta = 90° \quad \text{und} \quad \delta = \beta$
Also gilt: $\alpha + \delta = 90°$

f) Berechnen Sie den Prozentwert, der 75 % entspricht.

$480\ € \mathrel{\hat{=}} 100\ \%$
$W \mathrel{\hat{=}} 75\ \%$

$$\frac{W}{480\ €} = \frac{75\ \%}{100\ \%}$$

$$W = \frac{75 \cdot 480\ €}{100} = 360\ €$$

Der neue Verkaufspreis beträgt 360 €.

g) Stellen Sie eine Gleichung zur Berechnung der Wahrscheinlichkeit P für das Ziehen eines Gewinnloses auf.

P = (Anzahl der Gewinnlose g) : (Anzahl aller Lose g + n)

$$P(g) = \frac{g}{g+n}$$

h) Nach der binomischen Formel gilt: $(x+y)^2 = x^2 + 2xy + y^2$
Also fehlt in dem angegeben Ausdruck der Term 2xy.
Dieser Term 2xy ist nur dann 0, wenn $x = 0$ oder $y = 0$ ist, also nicht für alle reellen Zahlen.

Alternativ kann zum Nachweis einer Falschaussage ein Gegenbeispiel angeführt werden, z. B.:

$(4+5)^2 = 4^2 + 5^2$
$9^2 = 16 + 25$
$81 \neq 41 \qquad$ w. z. b. w.

2. a) Skizzieren einer Planfigur

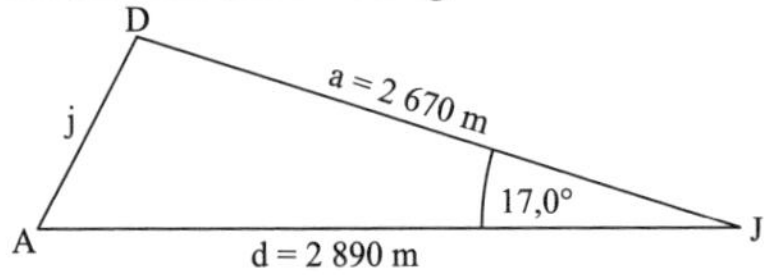

Vom Dreieck AJD sind zwei Seiten und der von diesen Seiten eingeschlossene Winkel DJA gegeben.
Zur Berechnung der Entfernung $\overline{AD}$ wird der Kosinussatz eingesetzt (S,W,S).

$$\overline{AD}^2 = \overline{AJ}^2 + \overline{DJ}^2 - 2 \cdot \overline{AJ} \cdot \overline{DJ} \cdot \cos \sphericalangle DJA$$
$$= (2\,890 \text{ m})^2 + (2\,670 \text{ m})^2 - 2 \cdot 2\,890 \text{ m} \cdot 2\,670 \text{ m} \cdot \cos 17{,}0°$$
$$\overline{AD} \approx 850{,}14 \text{ m}$$

b) Zur Konstruktion sind zunächst die Längen der Bildstrecken $\overline{A'J'}$ und $\overline{D'J'}$ zu bestimmen.

Der Maßstab (M) ist festgelegt als Verhältnis der Bildstrecke ($\overline{A'J'}$) zur Orginalstrecke ($\overline{AJ}$).

$$\frac{1}{50\,000} = \frac{\overline{A'J'}}{\overline{AJ}} = \frac{\overline{A'J'}}{2\,890 \text{ m}}$$

$$\overline{A'J'} = \frac{1 \cdot 2\,890 \text{ m}}{50\,000} = 0{,}0578 \text{ m} \approx 5{,}8 \text{ cm}$$

Für $\overline{D'J'}$ folgt:

$$\overline{D'J'} = \frac{1 \cdot 2\,670 \text{ m}}{50\,000} = 0{,}0534 \text{ m} \approx 5{,}3 \text{ cm}$$

Konstruktionsschritte:

1. Schritt: Zeichnen der Strecke $\overline{A'J'} = 5{,}8$ cm
2. Schritt: Im Punkt J' den Winkel $\sphericalangle DJA = 17°$ abtragen.
3. Schritt: Um Punkt J' einen Kreisbogen mit $\overline{D'J'} = 5{,}3$ cm zeichnen.

Der Schnittpunkt des Kreisbogens mit dem Schenkel des Winkels ergibt den Eckpunkt D' des Dreiecks A'J'D'.

Konstruktion:

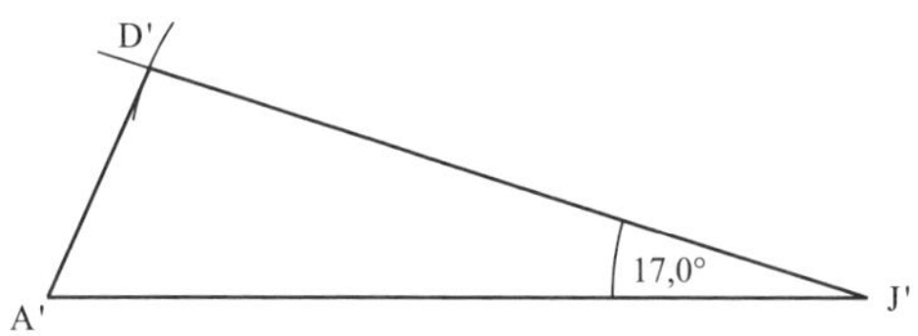

Vergleich von Meßwert $\overline{A'D'}$ mit berechnetem Wert $\overline{AD}$ durchführen.

c) Berechnung des Flächeninhaltes mit der Flächenformel:

$$A = \frac{1}{2} \cdot \overline{AJ} \cdot \overline{DJ} \cdot \sin \sphericalangle DJA$$
$$= \frac{1}{2} \cdot 2\,890 \text{ m} \cdot 2\,670 \text{ m} \cdot \sin 17{,}0°$$
$$A \approx 1\,128\,013{,}9 \text{ m}^2$$

Umrechnung in Hektar (1 ha $\triangleq$ 10 000 m^2)
$A \approx 112{,}8$ ha

3. a) Die gegebene quadratische Funktion $y = f(x) = x^2 + 6x + 7$ liegt in der Normalform $y = f(x) = x^2 + px + q$ vor.
Es ist $p = 6$ und $q = 7$.

Für die Koordinaten des Scheitels (S) gilt:

$$s_x = -\frac{p}{2} \text{ und } s_y = q - \left(\frac{p}{2}\right)^2$$

$$s_x = -\frac{6}{2} \text{ und } s_y = 7 - \left(\frac{6}{2}\right)^2$$

S(–3 | –2)

Der zur Funktion gehörende Graph ist eine nach oben geöffnete Normalparabel.

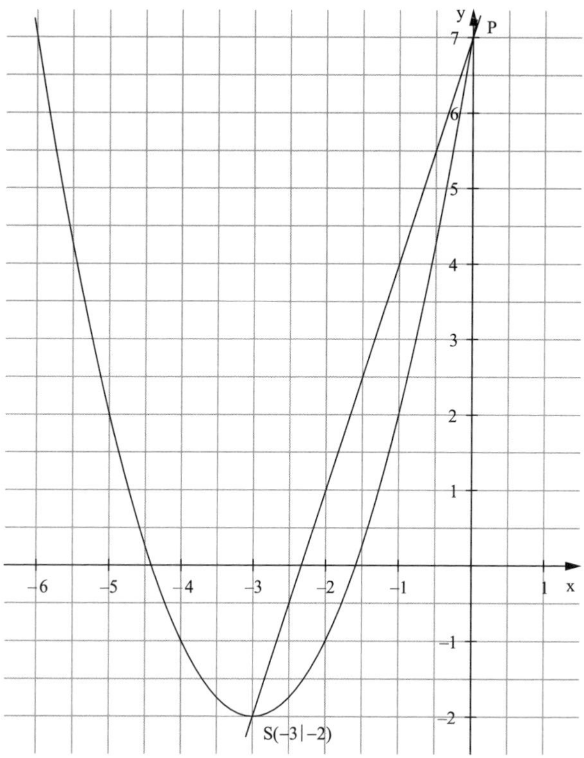

Darstellung der Funktion im Intervall $-6 \leq x \leq 0$.

b) Für die Berechnung der Nullstellen einer quadratischen Funktion muss gelten: $y = 0$.
Durch Einsetzen ergibt sich die quadratische Gleichung $0 = x^2 + 6x + 7$, $x \in \mathbb{R}$

Berechnung unter Verwendung der Lösungsformel:

$$x_{1/2} = -\frac{p}{2} \pm \sqrt{\left(\frac{p}{2}\right)^2 - q}$$

$$x_{1/2} = -\frac{6}{2} \pm \sqrt{\left(\frac{6}{2}\right)^2 - 7} = -3 \pm \sqrt{2}$$

$x_1 \approx -3 + 1{,}4 = -1{,}6$
$x_2 \approx -3 - 1{,}4 = -4{,}4$

c) Zum rechnerischen Nachweis müssen die Koordinaten des Punktes P in die Funktionsgleichung eingesetzt werden. Die nachfolgende Gleichung muss dann zu einer wahren Aussage führen.

$y = x^2 + 6x + 7$
$7 = 0^2 + 6 \cdot 0 + 7$
$7 = 7$ w. A.
Der Punkt $P(0|7)$ gehört zum Graphen der Funktion.

d) Mithilfe des Satzes von Pythagoras kann man die Länge der Strecke $\overline{SP}$ berechnen.
Es gilt:

$$\begin{aligned}\overline{SP} &= \sqrt{(3\text{ cm})^2 + (2\text{ cm} + 7\text{ cm})^2}\\ &= \sqrt{90\text{ cm}^2}\\ &\approx 9{,}5\text{ cm}\end{aligned}$$

Die Strecke $\overline{SP}$ ist ca. 9,5 cm lang.

Realschulabschluss Sachsen-Anhalt 2010
Prüfungsaufgaben Mathematik – Wahlpflichtaufgaben

1. Die Temperatur wird in Deutschland zumeist in Grad Celsius (kurz: °C) angegeben. In Großbritannien wird die sogenannte Fahrenheit-Temperaturskala verwendet, deren Einheit Grad Fahrenheit (kurz: °F) ist.
Zwischen beiden Skalen besteht ein linearer Zusammenhang, und es gilt:

$$0\,°C \mathrel{\hat{=}} 32\,°F$$
$$100\,°C \mathrel{\hat{=}} 212\,°F$$

a) Stellen Sie diesen Zusammenhang zwischen der Temperatur T_F in °F und der Temperatur T_C in °C in einem rechtwinkligen Koordinatensystem grafisch dar.
Hinweis: Wählen Sie für T_C die „x-Achse" und für T_F die „y-Achse".

b) Ermitteln Sie den Temperaturunterschied auf der Fahrenheit-Temperaturskala, wenn die Temperatur um 1 °C steigt.
Ermitteln Sie rechnerisch die in der Tabelle fehlenden Werte.

T_C	10 °C	
T_F		104 °F

c) Geben Sie eine Gleichung $T_F = f(T_C)$ für die lineare Funktion f, die den Zusammenhang zwischen beiden Temperaturskalen beschreibt, an.

Für Aufgabe 1 erreichbare BE: 7

2. Aus einem massiven Rohling wird die im Bild 3 dargestellte Welle gedreht.
Die Dichte des Materials beträgt $7{,}9\,\frac{g}{cm^3}$.

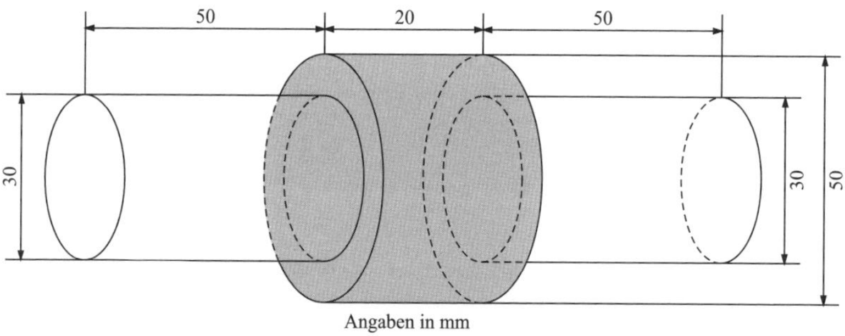

Bild 3 (nicht maßstäblich)

Eine Firma hat 3 000 dieser Wellen bestellt. Diese 3 000 Wellen sollen mit einem Kleintransporter, dessen zulässige Nutzlast 3,5 t ist, befördert werden.
Stellen Sie durch Berechnung fest, ob dies mit einer Fahrt möglich ist.

Für Aufgabe 2 erreichbare BE: 7

3. Gegeben ist ein Trapez ABCD.
Von diesem ist bekannt:
(1) $\overline{AB} \parallel \overline{CD}$
(2) $\overline{AB} = 8{,}0\ \text{cm}$
(3) $\overline{AD} = \overline{BC} = 4{,}0\ \text{cm}$
(4) $\alpha = \sphericalangle BAD = 60°$
(5) $\beta = \sphericalangle CBA = 60°$

a) Fertigen Sie eine Planfigur an, in der Sie alle gegebenen Stücke eintragen.
Konstruieren Sie das Trapez ABCD.

b) Berechnen Sie die Höhe des Trapezes ABCD.

c) M sei der Mittelpunkt der Strecke $\overline{AB}$.
Weisen sie nach: $\Delta\ AMD \cong \Delta\ MBC$.

Für Aufgabe 3 erreichbare BE: 7

4. Im folgenden Diagramm ist die Entwicklung der Übernachtungszahlen im Reisegebiet Anhalt-Wittenberg dargestellt.

Anzahl der Übernachtungen im Reisegebiet Anhalt-Wittenberg
Quelle: Statistisches Landesamt Sachsen-Anhalt (www.stala.sachsen-anhalt.de)

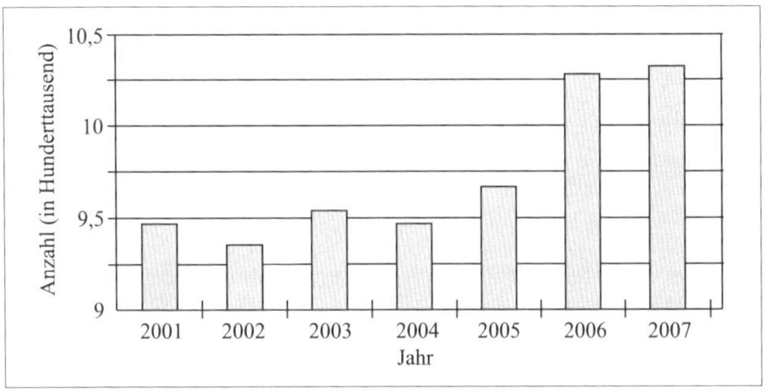

a) Lesen Sie aus dem Diagramm einen Näherungswert für die Anzahl der Übernachtungen im Jahr 2005 ab.

b) Die genauen Übernachtungszahlen für die Jahre 2001 und 2007 sind:

Jahr	2001	2007
Übernachtungen	947 233	1 032 023

Berechnen Sie, um wie viel Prozent die Anzahl der Übernachtungen im Jahr 2007 gegenüber dem Jahr 2001 gestiegen ist.

c) Im Jahr 2007 wurde im Reisegebiet Anhalt-Wittenberg eine durchschnittliche Auslastung bei den Übernachtungen von 30,9 % erreicht.
Berechnen Sie die in diesem Reisegebiet in den Herbergsbetrieben (Hotels, Pensionen usw.) im Jahr 2007 vorhandene Anzahl von Betten.

Für Aufgabe 4 erreichbare BE: 7

Lösungen

1. a) Darstellung der Zusammenhänge durch Eintragung der gegebenen zugeordneten Punkte $P_1(0\,°C\,|\,32\,°F)$ und $P_2(100\,°C\,|\,212\,°F)$ in ein T_C-T_F-Koordinatensystem.

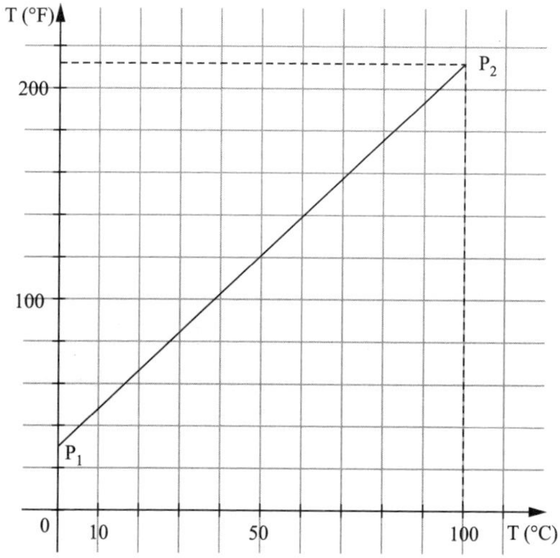

b) Ermittlung des Temperaturunterschiedes:
Es gilt:

$100\,°C \triangleq 212\,°F - 32\,°F$

$1\,°C \triangleq 1{,}80\,°F$

Wenn die Temperatur um 1 °C steigt, erhöht sich die Temperatur auf der Fahrenheit-Temperaturskala um 1,8° F.

Ermittlung der fehlenden Werte der Tabelle:

$T_F = 1{,}8 \cdot 10 + 32 = 50 \qquad T_C = \dfrac{104 - 32}{1{,}8}$

$T_F = 50\,°F \qquad T_C = 40\,°C$

T_C	10 °C	40 °C
T_F	50 °F	104 °F

c) $T_F = f(T_C) = m \cdot T_C + 32$

Der Anstieg m = 1,8 wurde schon in der Aufgabe b bestimmt.

Eine Überprüfung ergibt:

$m = \dfrac{212 - 32}{100 - 0} = 1{,}8$

$T_F = f(T_C) = 1{,}8 \cdot T_C + 32\,°F$

2. Berechnen Sie die Masse der 3 000 Wellen und überprüfen Sie die zulässige Nutzlast. Die Masse m wird mit der Dichte $\delta = \frac{m}{V}$ berechnet. Es gilt also: $m = \delta \cdot V$.

Berechnen Sie das Volumen einer Welle, die aus drei verschiedenen Zylindern zusammengesetzt ist.

Zylinder 1: Radius r = 25 mm = 2,5 cm   Höhe h = 20 mm = 2 cm
Zylinder 2: Radius r = 15 mm = 1,5 cm   Höhe h = 50 mm = 5 cm

$\text{Volumen}_{\text{gesamt}} = \text{Volumen}_{\text{Zylinder 1}} + 2 \cdot \text{Volumen}_{\text{Zylinder 2}}$

Zylinder 1: $V = \pi \cdot r^2 \cdot h$
$V = \pi \cdot 2{,}5^2\ \text{cm}^2 \cdot 2\ \text{cm}$
$V \approx 39{,}27\ \text{cm}^3$

Zylinder 2: $V = \pi \cdot r^2 \cdot h$
$V = \pi \cdot 1{,}5^2\ \text{cm}^2 \cdot 5\ \text{cm}$
$V \approx 35{,}34\ \text{cm}^3$

$V_{\text{gesamt}} = 39{,}27\ \text{cm}^3 + 2 \cdot 35{,}34\ \text{cm}^3$
$\approx 109{,}95\ \text{cm}^3$

Masse einer Welle:

$m = \delta \cdot V$

$m = 7{,}9\ \frac{\text{g}}{\text{cm}^3} \cdot 109{,}95\ \text{cm}^3$

$m \approx 868{,}605\ \text{g}$

Masse der 3 000 Wellen:
$m = 3\,000 \cdot 868{,}605\ \text{g}$
$m \approx 2\,605\,815\ \text{g}$
$m \approx 2{,}61\ \text{t} < \text{Nutzlast } 3{,}5\ \text{t}$

Die 3 000 Wellen können mit einer Fahrt transportiert werden.

3. a) Planfigur

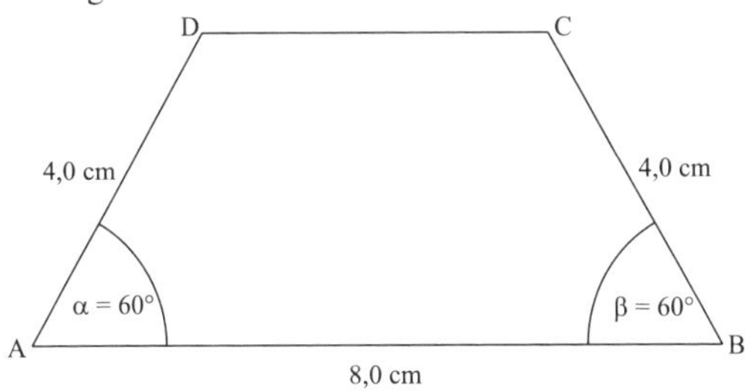

Konstruktionsschritte (das Trapez ist gleichschenklig):

1. Schritt: Zeichnen der Strecke $\overline{AB} = 8{,}0$ cm
2. Schritt: Im Punkt A den Winkel $\alpha = 60°$ und im Punkt B den Winkel $\beta = 60°$ eintragen.
3. Schritt: Um Punkt A einen Kreisbogen mit $r = \overline{AD} = 4{,}0$ cm zeichnen. Der Schnittpunkt mit dem freien Schenkel des Winkels α ergibt den Eckpunkt D.
4. Schritt: Die Parallelverschiebung von $\overline{AB}$ durch den Punkt D ergibt auf dem freien Schenkel des Winkels β den Eckpunkt C.

Konstruktion:

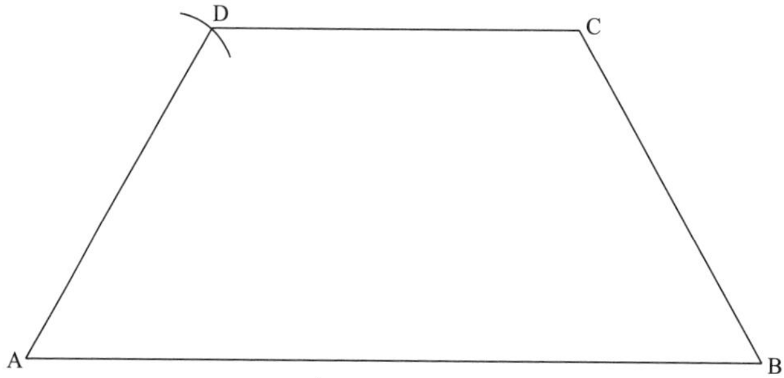

Maßstab 1 : 1

b) Berechnung der Höhe $h_F = \overline{FD}$.
Das Dreieck AFD ist rechtwinklig.
Einzeichnen in die Planfigur:

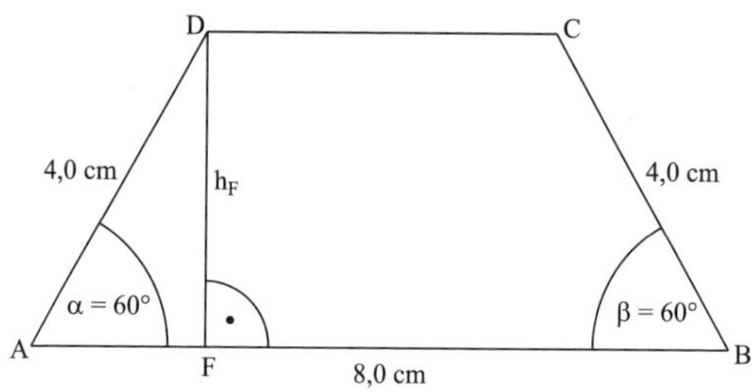

$$\sin\alpha = \frac{h_F}{\overline{AD}}$$
$$h_F = 4{,}0\text{ cm} \cdot \sin 60°$$
$$h_F \approx 3{,}46\text{ cm}$$

c) Einzeichnen in die Planfigur:

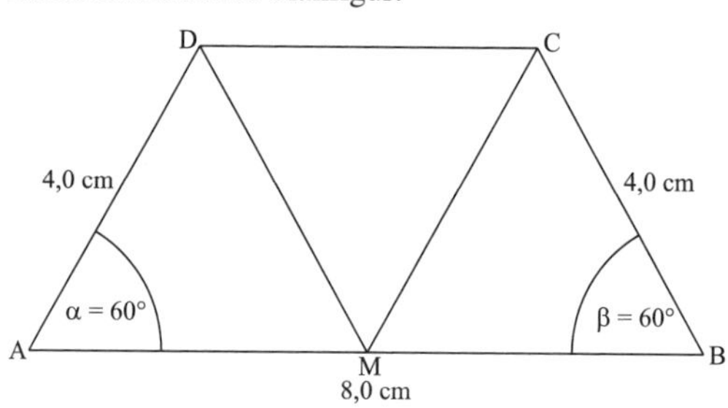

Nachweis der Kongruenz:
$\Delta AMD \cong \Delta MBC$

1.	$\overline{AM} = \overline{BM}$	M ist Mittelpunkt von $\overline{AB}$.
2.	$\overline{AD} = \overline{BC}$	nach Voraussetzung
3.	$\sphericalangle MAD = \sphericalangle CBM$	nach Voraussetzung

Dreiecke sind kongruent, wenn sie in zwei Seiten und dem von diesen Seiten eingeschlossenen Winkel übereinstimmen.

Nach Kongruenzsatz (S,W,S) sind die Dreiecke AMD und MBC kongruent.

4. a) Näherungswert für das Jahr 2005: ca. 965 000 Übernachtungen

b) Berechnen Sie die prozentuale Steigung der Übernachtungen.

$2007: \quad 1\,032\,023 \mathrel{\hat{=}} x$

$2001: \quad 947\,233 \mathrel{\hat{=}} 100\,\%$

$x : 100\,\% = 1\,032\,023 : 947\,233$

$$x = \frac{1\,032\,023}{947\,233} \cdot 100\,\%$$

$$x \approx 108{,}95\,\%$$

$108{,}95\,\% - 100\,\% = 8{,}95\,\%$

Die Anzahl der Übernachtungen ist in diesem Zeitraum um 8,95 % gestiegen.

c) Die Auslastung bei den Übernachtungen im Jahr 2007 betrug 30,9 %. Berechnen Sie die möglichen Übernachtungen des gesamten Jahres (100 %).

$30{,}9\,\% \mathrel{\hat{=}} 1\,032\,023$

$100\,\% \mathrel{\hat{=}} x$

$x : 100\,\% = 1\,032\,023 : 30{,}9\,\%$

$$x = \frac{1\,032\,023}{30{,}9\,\%} \cdot 100\,\%$$

$$x \approx 3\,339\,880$$

Um die Anzahl der vorhandenen Betten zu ermitteln, ist die Jahresangabe auf den Tag umzurechnen.

$3\,339\,880 : 365 \text{ Tage} \approx 9\,150$

Im Jahr 2007 waren in diesem Reisegebiet 9 150 Betten vorhanden.

Realschulabschluss Sachsen-Anhalt 2011
Prüfungsaufgaben Mathematik – Pflichtaufgaben

1. a) Bei einem Experiment entstand folgende Messreihe: 5,2 s; 5,8 s; 4,9 s; 5,5 s; 5,0 s. Berechnen Sie die Durchschnittszeit.

   b) Schreiben Sie als Term:
   Summe aus der entgegengesetzten Zahl von 4,8 und dem zehnten Teil von x.

   c) Berechnen Sie die Höhe der bisherigen Ausbildungsvergütung im ersten Lehrjahr unter Verwendung der Angaben aus der nebenstehenden Zeitungsmeldung.

   > **Höhere Ausbildungsvergütung**
   > Nachwuchs-Gärtner können sich über kräftigen Lohnzuwachs freuen. Ihre Ausbildungsvergütung steigt im ersten Lehrjahr um 56 €. Das sind 19,71 % mehr als bisher.

   d) Von einem rechtwinkligen Dreieck sind zwei Seiten gegeben. Ihre Längen betragen 15 cm und 12 cm.
   Berechnen Sie eine Länge der dritten Seite.

   e) Wie groß ist der Winkel α in der abgebildeten Figur (siehe Bild 1)?
   Wählen Sie die zutreffende Antwort aus.
   A: 110° B: 125° C: 150° D: 250°

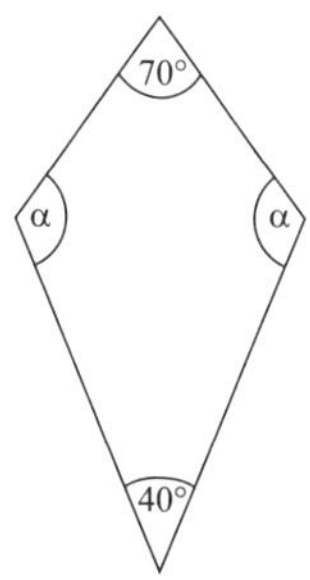

Bild 1 (nicht maßgenau)

   f) Die Wände eines Zimmers sollen in Orange gestrichen werden. Dafür werden die Farben Rot und Gelb im Verhältnis 1 : 4 gemischt. Insgesamt werden 25 Liter Farbe benötigt. Berechnen Sie, wie viel Liter gelbe Farbe erforderlich sind.

   g) Berechnen Sie die Höhe h im gleichschenkligen Trapez (siehe Bild 2).

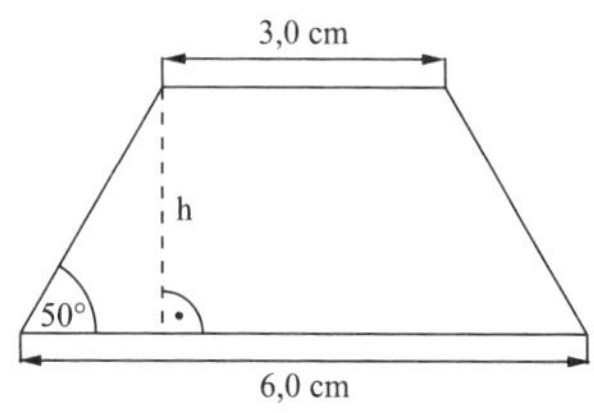

Bild 2 (nicht maßstäblich)

   h) Die Dichte von Luft beträgt $0{,}0013\ \frac{\text{g}}{\text{cm}^3}$.
   Berechnen Sie die Masse von 1 Liter Luft.

Für Aufgabe 1 erreichbare BE: 10

2. Gegeben ist das folgende lineare Gleichungssystem mit $x \in \mathbb{R}$ und $y \in \mathbb{R}$.

(I) $y = 2x$

(II) $y = -\frac{1}{2}x - 4$

a) Lösen Sie dieses lineare Gleichungssystem rechnerisch und grafisch.
Hinweis: 1 Längeneinheit im Koordinatensystem entspricht 1 cm.

b) Die Gerade zur Gleichung (I) und die Gerade zur Gleichung (II) schließen mit der y-Achse ein Dreieck ein.
Berechnen Sie den Flächeninhalt dieses Dreiecks.

c) Geben Sie zur Gleichung (I) eine Gleichung (III) an, sodass das lineare Gleichungssystem mit den Gleichungen (I) und (III) keine Lösung hat.

Für Aufgabe 2 erreichbare BE: 8

3. Das Bild 3 zeigt einen Pfosten, der aus einem quaderförmigen Holzbalken hergestellt wurde.

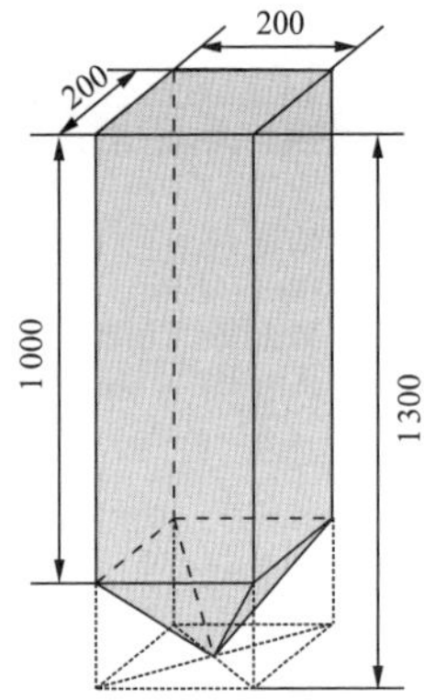

Bild 3 (nicht maßstäblich)
Angaben in mm

a) Berechnen Sie das Volumen eines Pfostens (in dm^3).

b) Stellen Sie einen solchen Pfosten in senkrechter Zweitafelprojektion im Maßstab 1 : 10 dar.

c) Zur Berechnung des Flächeninhalts einer der vier gleichgroßen dreieckigen Seitenflächen an der Spitze des Pfostens hat Bernd den Ansatz

$A = \frac{1}{2} \cdot 200 \text{ mm} \cdot 300 \text{ mm}$

aufgestellt.
Beurteilen Sie diesen Ansatz.

Für Aufgabe 3 erreichbare BE: 8

Lösungen

1. a) Man berechnet einen Durchschnitt, indem man die Summe der Werte durch die Anzahl der Werte dividiert.

$$\frac{5,2+5,8+4,9+5,5+5,0}{5}=5,28$$

b) Eine entgegengesetzte Zahl von einer positiven Zahl ist eine negative Zahl.

$$-4,8+\frac{x}{10}$$

c) Hier kann man z. B. den Dreisatz anwenden.

$$19,71\,\% \mathrel{\hat{=}} 56,00\text{ €}$$
$$1\,\% \mathrel{\hat{=}} 2,8412\text{ €}$$
$$100\,\% \mathrel{\hat{=}} 284,12\text{ €}$$

Die bisherige Ausbildungsvergütung betrug 284,12 €.

d) Dies ist eine offene Aufgabe. Man kann sowohl die zweite Kathete als auch die Hypotenuse (leichter!) berechnen, beides mit dem Satz des Pythagoras.

Hypotenuse:

$$(15\text{ cm})^2+(12\text{ cm})^2=x^2 \qquad |\sqrt{}$$
$$x=\sqrt{(15\text{ cm})^2+(12\text{ cm})^2}$$
$$x=19,2\text{ cm}$$

2. Kathete:

$$x^2+(12\text{ cm})^2=(15\text{ cm})^2 \qquad |-(12\text{ cm})^2$$
$$x^2=(15\text{ cm})^2-(12\text{ cm})^2 \qquad |\sqrt{}$$
$$x=\sqrt{81\text{ cm}^2}$$
$$x=9\text{ cm}$$

e) Man muss den Innenwinkelsatz für Vierecke kennen. Mit dessen Hilfe kann man berechnen, wie groß 2α (also das Doppelte des Winkels α) ist.

Antwort B, da $(360°-70°-40°):2=125°$.

f) Es sind insgesamt 5 Teile, die gemischt werden. Diese 5 Teile entsprechen 25 Litern. Wie viel gelbe Farbe benötigt wird, kann man z. B. mit dem Dreisatz berechnen.

$$5\text{ Teile} \mathrel{\hat{=}} 25\text{ Liter}$$
$$1\text{ Teil} \mathrel{\hat{=}} 5\text{ Liter}$$
$$4\text{ Teile} \mathrel{\hat{=}} 20\text{ Liter}$$

Es sind 20 Liter gelbe Farbe erforderlich.

g) Da das Trapez gleichschenklig ist, beträgt die Länge der einen Kathete $(6{,}0\text{ cm} - 3{,}0\text{ cm}) : 2 = 1{,}5\text{ cm}$. Im rechtwinkligen Dreieck gilt:

$$\tan x = \frac{\text{Gegenkathete}}{\text{Ankathete}}$$

$$\tan 50° = \frac{h}{1{,}5\text{ cm}} \qquad |\cdot 1{,}5\text{ cm}$$

$$1{,}5\text{ cm} \cdot \tan 50° = h$$

$$h = 1{,}8\text{ cm}$$

Die Höhe beträgt 1,8 cm.

h) $1\text{ Liter} = 1\text{ dm}^3 = 1\,000\text{ cm}^3$

$$1\,000\text{ cm}^3 \cdot 0{,}0013\,\frac{\text{g}}{\text{cm}^3} = 1{,}3\text{ g}$$

Die Masse von 1 Liter Luft beträgt 1,3 g.

2. a) Rechnerische Lösung des Gleichungssystems durch Gleichsetzen

I $\quad y = 2x$

II $\quad y = -0{,}5x - 4$

$$2x = -0{,}5x - 4 \qquad |+0{,}5x$$

$$2{,}5x = -4 \qquad |:2{,}5$$

$$\underline{x = -1{,}6}$$

Einsetzen von $x = -1{,}6$ in I:

$y = 2 \cdot (-1{,}6)$

$\underline{y = -3{,}2}$ $\qquad L = \{(-1{,}6; -3{,}2)\}$

Zeichnerische Lösung des Gleichungssystems durch Einzeichnen der beiden durch die Gleichungen gegebenen Geraden in ein rechtwinkliges Koordinatensystem und Ablesen des Schnittpunktes.

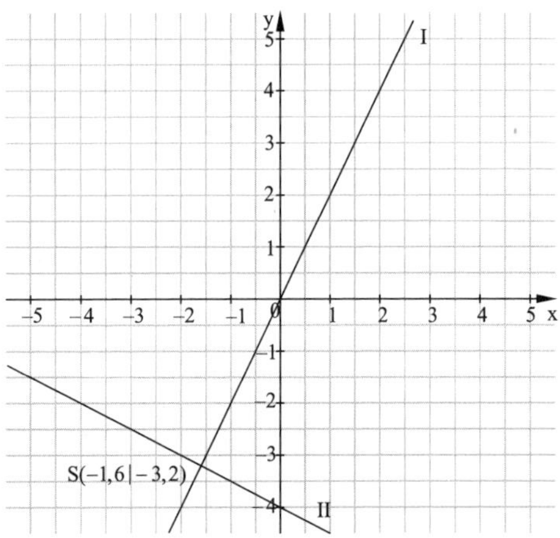

$L = \{(-1{,}6; -3{,}2)\}$

b) Die Länge der Grundseite des Dreiecks ergibt sich aus dem Abstand der Schnittpunkte der beiden Geraden mit der y-Achse. Sie beträgt 4 cm. Die Länge der Höhe auf diese Grundseite ist der Abstand des gemeinsamen Schnittpunktes von der y-Achse. Sie beträgt 1,6 cm.

$$A = \frac{4\text{ cm} \cdot 1{,}6\text{ cm}}{2} = 3{,}2\text{ cm}^2$$

c) Ein Gleichungssystem hat keine (grafische) Lösung, wenn die beiden durch die Gleichung gegebenen Geraden parallel sind. Das sind sie, wenn der Anstieg gleich ist.

$y = 2x \pm n$; z.B. $y = 2x + 1$

3. Der Körper besteht aus einem Quader und einer Pyramide.

a) Berechnung des Volumens V_1 des Quaders

$V_1 = 10\text{ dm} \cdot 2\text{ dm} \cdot 2\text{ dm}$

$V_1 = 40\text{ dm}^3$

Berechnung des Volumens V_2 der Pyramide

$V_2 = \frac{1}{3} \cdot 2^2\text{ dm}^2 \cdot 3\text{ dm}$

$V_2 = 4\text{ dm}^3$

Berechnung des Gesamtvolumens V_{ges}

$V_{ges} = V_1 + V_2 = 44\text{ dm}^3$

Das Volumen des Körpers beträgt 44 dm^3.

b) Zweitafelbild im Maßstab 1 : 10
(d. h. 1 300 mm = 13 cm)

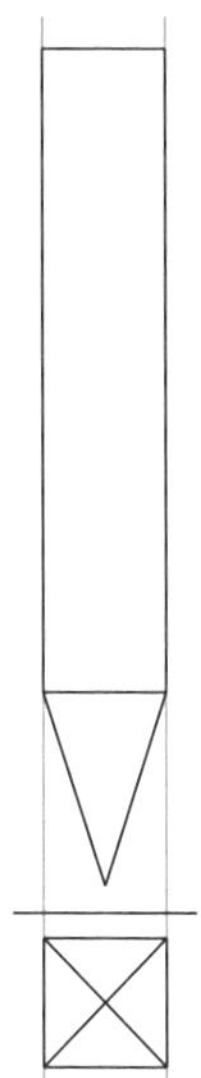

c) Der Ansatz ist falsch, da die Höhe der Seitenfläche größer als 300 mm ist.

1. Ein Windkraftkonverter (umgangssprachlich Windrad) dient der Gewinnung von Elektroenergie aus erneuerbaren Energien.

Foto: chrisroll / FreeDigitalPhotos.net

a) Der Rotordurchmesser eines Windrades beträgt 50,00 m.
Berechnen Sie die Durchschnittsgeschwindigkeit, mit der sich die Spitze eines Rotorblattes bewegt, wenn der Rotor für eine volle Umdrehung 4 s benötigt.

b) Eine wichtige Kennzahl zur Beschreibung der Rotorgeschwindigkeit ist die sogenannte Schnelllaufzahl z.
Die Schnelllaufzahl z ist der Quotient aus Umfangsgeschwindigkeit v_u und Windgeschwindigkeit v_W.
Geben Sie eine Gleichung für die Schnelllaufzahl z an.
Ermitteln Sie die Windgeschwindigkeit bei einer Schnelllaufzahl $z = 5$ und einer Umfangsgeschwindigkeit von $150\,\frac{\text{km}}{\text{h}}$.

c) Die heute üblichen Dreiblattrotoren erreichen bei einer Schnelllaufzahl von 7 bis 8 den größten Wirkungsgrad.
Ermitteln Sie den Bereich, in dem die Umfangsgeschwindigkeit v_u liegt, wenn starker Wind ist (Windgeschwindigkeit $40\,\frac{\text{km}}{\text{h}}$) und der Wirkungsgrad am größten sein soll.

Für Aufgabe 1 erreichbare BE: 7

2. Die Städte Magdeburg, Halle und Dessau-Roßlau präsentieren sich seit 2008 als „Tagungsdreieck" (siehe Bild 4).

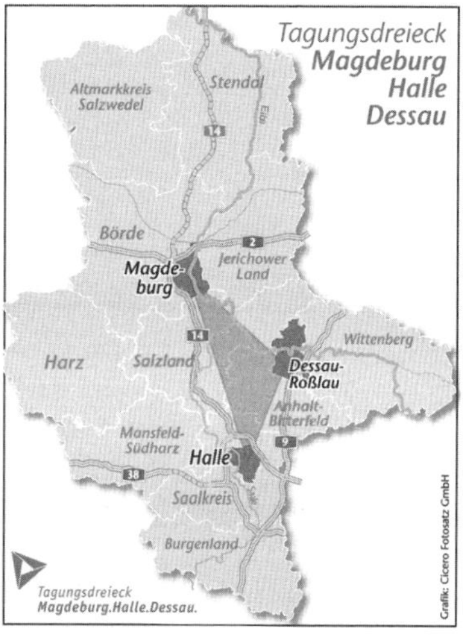

Bild 4
(aus Magdeburger Volksstimme vom 14. 08. 2008)

Mithilfe einer topografischen Karte wurden die Seitenlängen dieses Dreiecks (jeweils Luftlinie) ermittelt:

Magdeburg – Halle: $\overline{MH} = 80$ km

Halle – Dessau: $\overline{HD} = 45$ km

Dessau – Magdeburg: $\overline{DM} = 50$ km

a) Konstruieren Sie das Dreieck HDM im Maßstab 1 : 1 000 000.

b) Die Fläche von Sachsen-Anhalt beträgt 20 400 km^2.
Überprüfen Sie rechnerisch, ob die Aussage
„Das Tagungsdreieck nimmt ein Zwanzigstel der Fläche von Sachsen-Anhalt ein."
gerechtfertigt ist.

Für Aufgabe 2 erreichbare BE: 7

3. Der Wertverlust eines Pkws kann nach folgenden Richtwerten ermittelt werden:

Zeitraum	**Wertverlust**
nach dem 1. Jahr	25 % des Neupreises
nach dem 2. Jahr	5 % des Zeitwertes nach dem 1. Jahr
nach dem 3. Jahr	5 % des Zeitwertes nach dem 2. Jahr
usw.	jeweils weitere 5 % des Zeitwertes vom Vorjahr

Herr Blume kaufte seinen Pkw vor drei Jahren zu einem Neupreis von 16 800 €.

a) Nach Betrachten der Tabelle stellt Herr Blume fest, dass sein Pkw nach drei Jahren einen Wertverlust von 35 % des Neupreises hat.
Seine Frau meint, dass das nicht stimmt.
Untersuchen Sie, wer recht hat, und ermitteln Sie gegebenenfalls den tatsächlichen prozentualen Wertverlust nach drei Jahren bezogen auf den Neupreis.

b) Mit einem Tabellenkalkulationsprogramm kann man den Zeitwert des Pkws berechnen.
Eine Möglichkeit bietet die folgende Tabelle:

	A	**B**	**C**	**D**
1	Neupreis:	16 800 €		
2				
3		Wertverlust	Zeitwert	
4	nach 1. Jahr			
5	nach 2. Jahr			
6	nach 3. Jahr			

Geben Sie Formeln für die Zellen B4 und C4 an.

Für Aufgabe 3 erreichbare BE: 7

4. Zwei elektrische Bauelemente B_1 und B_2 können in Reihe hintereinander geschaltet (siehe Bild 5) oder parallel geschaltet sein (siehe Bild 6).

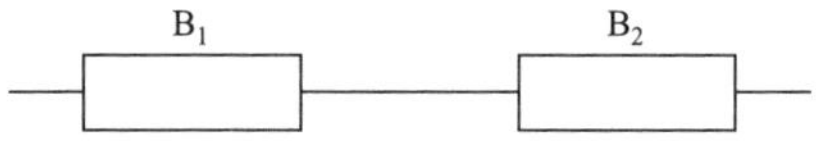

Bild 5: Reihenschaltung

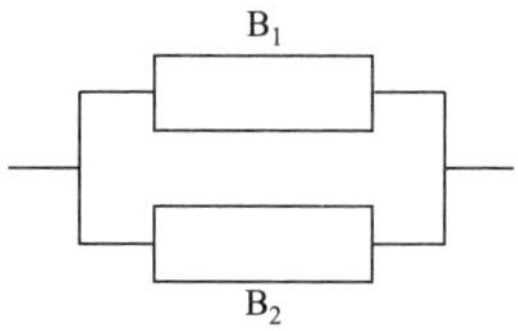

Bild 6: Parallelschaltung

Die Ausfallwahrscheinlichkeit der beiden voneinander unabhängigen Bauelemente B_1 und B_2 sei jeweils 0,05.

a) Die Reihenschaltung fällt aus, wenn mindestens ein Bauelement ausfällt.
Zeichnen Sie dazu ein Baumdiagramm und geben Sie an allen Pfaden die Wahrscheinlichkeit an.
Berechnen Sie die Wahrscheinlichkeit, dass die Reihenschaltung nicht ausfällt.

b) Die Parallelschaltung fällt aus, wenn alle Bauelemente gleichzeitig ausfallen.
Berechnen Sie die Wahrscheinlichkeit, dass die Parallelschaltung nicht ausfällt.

c) Eine Reihenschaltung aus **zwei** Bauelementen soll durch eine Reihenschaltung aus **drei** Bauelementen ersetzt werden (alle Bauelemente haben die gleiche Ausfallwahrscheinlichkeit von 0,05).
Es bestehen hinsichtlich der zugehörigen Wahrscheinlichkeiten, dass die jeweilige Reihenschaltung nicht ausfällt, folgende Möglichkeiten:
Die Wahrscheinlichkeit, dass eine Reihenschaltung aus drei Bauelementen nicht ausfällt, ist …

(I): größer als

(II): genauso groß wie

(III): kleiner als

… die Wahrscheinlichkeit, dass eine Reihenschaltung aus **zwei** Bauelementen nicht ausfällt.
Entscheiden Sie, ob (I), (II) oder (III) wahr ist und begründen Sie.

Für Aufgabe 4 erreichbare BE: 7

Lösungen

1. a) Der Weg, den die Spitze zurücklegt, ist der Umfang.

Berechnung des Umfangs

$u = \pi \cdot d$

$u = \pi \cdot 50{,}0\ \text{m} = 157{,}1\ \text{m}$

Die Geschwindigkeit ergibt sich als Quotient aus dem zurückgelegten Weg und der benötigten Zeit.

Berechnung der Geschwindigkeit

$$v = \frac{s}{t} = \frac{157{,}1\ \text{m}}{4\text{s}} = 39{,}3\ \frac{\text{m}}{\text{s}}$$

Die Geschwindigkeit der Spitze des Rotorblattes beträgt $39{,}3\ \frac{\text{m}}{\text{s}}$.

b) Ein Quotient ist das Ergebnis einer Division.

Die Gleichung lautet $z = \frac{v_u}{v_w}$.

Nach Einsetzen der gegebenen Größen $z = 5$ und $v_u = 150\ \frac{\text{km}}{\text{h}}$ in die obige Gleichung kann man v_w berechnen.

$$5 = \frac{150\ \frac{\text{km}}{\text{h}}}{v_w}$$

$$v_w = 30\ \frac{\text{km}}{\text{h}}$$

Die Windgeschwindigkeit beträgt $v_w = 30\ \frac{\text{km}}{\text{h}}$.

c) Nach Einsetzen der vorgegebenen Größen für die Schnelllaufzahl z (untere Schranke $z = 7$ bzw. obere Schranke $z = 8$) und die Windgeschwindigkeit $v_w = 40\ \frac{\text{km}}{\text{h}}$ in die Gleichung aus Aufgabenteil b kann man die die untere bzw. obere Grenze für die Umfangsgeschwindigkeit v_u berechnen.

$$7 = \frac{v_u}{40\ \frac{\text{km}}{\text{h}}} \qquad 8 = \frac{v_u}{40\ \frac{\text{km}}{\text{h}}}$$

$$v_u = 7 \cdot 40\ \frac{\text{km}}{\text{h}} = 280\ \frac{\text{km}}{\text{h}} \qquad v_u = 8 \cdot 40\ \frac{\text{km}}{\text{h}} = 320\ \frac{\text{km}}{\text{h}}$$

Der Umfangsgeschwindigkeit liegt im Bereich zwischen 280 und 320 $\frac{\text{km}}{\text{h}}$.

2. a) Da die Längen der drei Originalstrecken gegeben sind, kann das Dreieck nach SSS konstruiert werden. Hierzu müssen lediglich die Längen der Bildstrecken gemäß des vorgegebenen Maßstabes bestimmt werden.
Der Maßstab (M) ist festgelegt als das Verhältnis von Bildstrecke zu Originalstrecke.

$$\frac{1}{1\,000\,000} = \frac{\overline{M'H'}}{\overline{MH}} = \frac{\overline{M'H'}}{80\ \text{km}}$$

$$\overline{M'H'} = \frac{1 \cdot 80\ \text{km}}{1\,000\,000} = 0{,}00008\ \text{km} = 8\ \text{cm}$$

Für $\overline{H'D'}$ folgt:

$$\overline{H'D'} = \frac{1 \cdot 45\ \text{km}}{1\,000\,000} = 0{,}000045\ \text{km} = 4{,}5\ \text{cm}$$

Für $\overline{D'M'}$ folgt:

$$\overline{D'M'} = \frac{1 \cdot 50\ \text{km}}{1\,000\,000} = 0{,}00005\ \text{m} = 5\ \text{cm}$$

Konstruktionsschritte:

1. Schritt: Zeichnen der Strecke [M'H'] mit der Länge 8 cm.

2. Schritt: Um Punkt M' einen Kreisbogen mit $\overline{D'M'} = 5$ cm zeichnen.

3. Schritt: Um Punkt H' einen Kreisbogen mit $\overline{H'D'} = 4{,}5$ cm zeichnen.

Der oberhalb der Kante [M'H'] liegende Schnittpunkt der beiden Kreisbogen ergibt den Eckpunkt D' des Dreiecks M'H'D'.

Konstruktion:

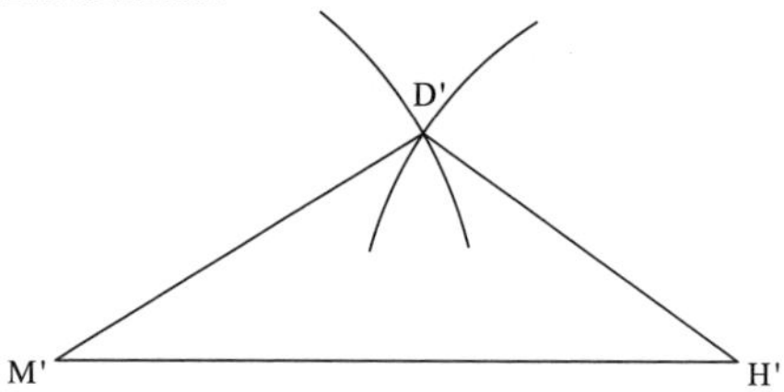

b) Um die Fläche zu berechnen, benötigt man einen Winkel. Die Lösung erfolgt mithilfe des Kosinussatzes. Dieser lautet:

$$c^2 = a^2 + b^2 - 2ab \cdot \cos\gamma$$

$$\cos\gamma = \frac{a^2 + b^2 - c^2}{2ab}$$

Man legt die Seiten des Dreiecks z. B. wie in Aufgabenteil a fest, also a = [HD], b = [DM] und als Grundseite c = [MH].

Berechnung eines Winkels

$$\cos\gamma = \frac{45^2\ \text{km}^2 + 50^2\ \text{km}^2 - 80^2\ \text{km}^2}{2 \cdot 45\ \text{km} \cdot 50\ \text{km}}$$

$$\gamma = 114{,}6°$$

Berechnung der Fläche

$$A = 0{,}5 \cdot a \cdot b \cdot \sin\gamma$$

$$A = 0{,}5 \cdot 45\ \text{km} \cdot 50\ \text{km} \cdot \sin 114{,}6°$$

$$A = 1\,023\ \text{km}^2$$

Bildung des Quotienten

$$\frac{\text{Fläche Tagungsdreieck}}{\text{Fläche Sachsen-Anhalt}} = \frac{1\,023\ \text{km}^2}{20\,400\ \text{km}^2} \approx 0{,}05 = \frac{1}{20}$$

Die Aussage stimmt.

3. a) Die Berechnung des Wertverlustes kann mit dem Dreisatz erfolgen. Dabei vermindert sich von Jahr zu Jahr der Grundwert. Der Wertverlust nach drei Jahren ergibt sich dann als die Differenz aus Neupreis und dreimal vermindertem Grundwert.

$100\,\% = 16\,800\,€$
$1\,\% = 168\,€$
$75\,\% = 12\,600\,€$ (nach 1. Jahr)

(verminderter Grundwert)
$100\,\% = 12\,600\,€$
$1\,\% = 126\,€$
$95\,\% = 11\,970\,€$ (nach 2. Jahr)

(2. verminderter Grundwert)
$100\,\% = 11\,970\,€$
$1\,\% = 119{,}70\,€$
$95\,\% = 11\,371{,}50\,€$ (nach 2. Jahr) $\Rightarrow$ Wertverlust: $16\,800\,€ - 11\,371{,}50\,€ = 5\,428{,}50\,€$

Der prozentuale Wertverlust des Pkw ist der Anteil des Wertverlustes am Neupreis.

Prozentualer Wertverlust p

$$p = \frac{5\,428{,}50\,€ \cdot 100\,\%}{16\,800\,€} \approx 32{,}3\,\%$$

Damit hat Frau Blume recht.

b) Der Neuwert steht in Zelle B1. Der Zeitwert ist die Differenz von Neupreis und Wertverlust.

Formel Zelle B4 = B1 * 25 / 100

Formel Zelle C4 = B1 – B4

4. a) Das Baumdiagramm bezieht sich auf die Ausfallwahrscheinlichkeit.

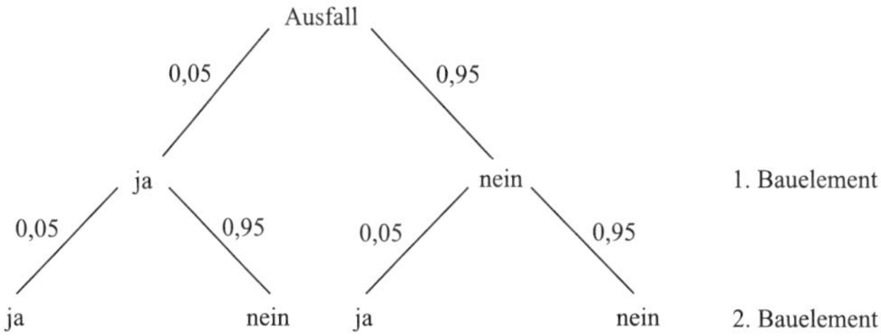

Man benötigt die erste Pfadregel. Lösung ist der Pfad nein – nein.

$p = 0{,}95 \cdot 0{,}95 = 0{,}9025 \mathrel{\hat{=}} 90{,}3\,\%$

b) Man benötigt die zweite Pfadregel. Lösung sind alle Pfade außer ja – ja.

$p = 1 - 0{,}05 \cdot 0{,}05 = 0{,}9975 \mathrel{\hat{=}} 99{,}8\,\%$

c) (III) ist wahr, denn da das dritte Bauelement auch keine 100 %ige Funktionstüchtigkeit hat, muss die Wahrscheinlichkeit kleiner sein.

Die Wahrscheinlichkeit p, dass eine Reihenschaltung aus drei Bauelementen nicht ausfällt, lässt sich auch exakt angegeben, nämlich $p = 0{,}95^3 \mathrel{\hat{=}} 85{,}7\,\%$.

Realschulabschluss Sachsen-Anhalt 2012
Prüfungsaufgaben Mathematik – Pflichtteil 1

1. Berechnen Sie.

   a) $\frac{3}{4}$ von 120 kg

   b) $0{,}3 \cdot 0{,}2$

   c) $\frac{2}{5} - 0{,}4$

   d) $-12 + 1{,}5 \cdot 4$

2. Geben Sie die Zinsen für ein Guthaben von 500 € bei einem Zinssatz von 2 % für ein Jahr an.

3. Kreuzen Sie alle rationalen Zahlen an, die die Gleichung $x^2 = 64$ erfüllen.

–32	–8	4	8	32
☐	☐	☐	☐	☐

4. Vervollständigen Sie.

   0,1 t = ________ kg

5. Stellen Sie die Gleichung $u = 2\pi r$ nach r um.

6. Geben Sie die Größe des Winkels α an.

   α = ________________ °

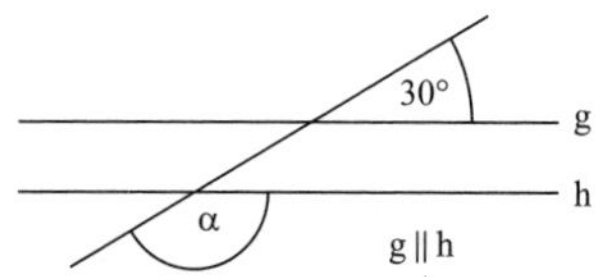

Abbildung nicht maßgenau

7. Geben Sie eine Formel zur Berechnung des Umfangs eines Rechtecks mit den Seitenlängen a und b an.

   u = __________________

8. Wenden Sie auf das abgebildete rechtwinklige Dreieck den Satz des Pythagoras an und kreuzen Sie die zutreffende Gleichung an.

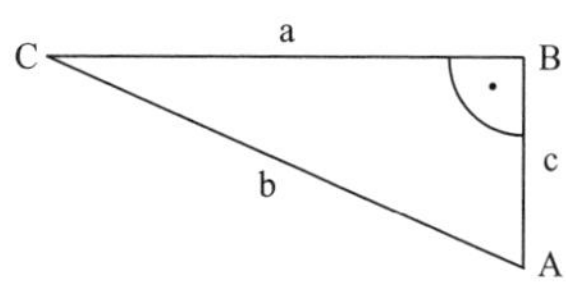

$a^2 = b^2 + c^2$	$b^2 = a^2 + c^2$	$c^2 = a^2 + b^2$
☐	☐	☐

9. Paul wirft eine Münze wiederholt und erhält dabei folgende Ergebnisse, wobei W „Wappen liegt oben." und Z „Zahl liegt oben." bedeutet.

   W W Z W Z Z Z W W W

   Geben Sie die relative Häufigkeit für das Ergebnis „Zahl liegt oben." an.

10. Im Koordinatensystem ist der Graph einer linearen Funktion f dargestellt.

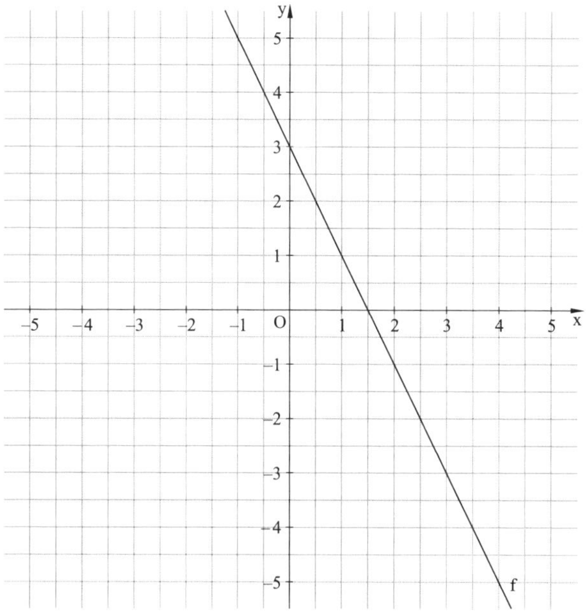

a) Geben Sie die Nullstelle der Funktion f an.

---

b) Zeichnen Sie in das Koordinatensystem den Graphen einer Funktion, die den gleichen Anstieg wie die Funktion f hat.

11. Ergänzen Sie die Tabelle, sodass eine indirekt proportionale Zuordnung $y \sim \frac{1}{x}$ entsteht.

x	12		3
y	4	8	16

Für Pflichtteil 1 erreichbare BE: 8

Lösungen

1. a) Um $\frac{3}{4}$ von 120 kg zu berechnen, muss man beide Zahlen miteinander multiplizieren.

   $\frac{3}{4}$ von 120 kg $\triangleq \frac{3}{4} \cdot 120\ \text{kg} = 90\ \text{kg}$

   b) $0{,}3 \cdot 0{,}2 = 0{,}06$

   c) $\frac{2}{5} - 0{,}4 = 0$

   d) $-12 + 1{,}5 \cdot 4 = -12 + 6 = -6$

2. Hier kann man z. B. den Dreisatz anwenden.
   1 % erhält man, indem man durch 100 teilt.

   $100\ \% \triangleq 500\ €$

   $1\ \% \triangleq 5\ €$

   $2\ \% \triangleq 10\ €$

3. Die Gleichung $x^2 = 64$ hat zwei Lösungen.

–32	–8	4	8	32
☐	☒	☐	☒	☐

4. Eine Tonne hat 1 000 kg.

   $0{,}1\ \text{t} = 0{,}1 \cdot 1\,000\ \text{kg} = 100\ \text{kg}$

5. Man muss durch 2 und durch π teilen, damit r allein steht.

   $u = 2\pi r \quad |:2\ :\pi$

   $r = \frac{u}{2\pi}$

6. Der Winkel α ist Nebenwinkel des 30° großen Stufenwinkels.

   $\alpha = 180° - 30° = 150°$

7. Der Umfang eines geometrischen Objektes ist die Gesamtlänge seiner Umrisslinie. Ein Rechteck besteht aus zwei Paaren paralleler und damit gleich langer Seiten. Der Umfang eines Rechtecks ergibt sich demnach als die Summe des Doppelten der beiden Seitenlängen.

   $u = 2a + 2b$ oder $u = 2(a + b)$ oder $u = a + b + a + b$

8. Da der rechte Winkel bei B liegt, ist b die Hypotenuse.

$a^2 = b^2 + c^2$	$b^2 = a^2 + c^2$	$c^2 = a^2 + b^2$
☐	☒	☐

9. Wie oft wird die Münze insgesamt geworfen und wie oft lautet dabei das Ergebnis „Zahl liegt oben.“?

$p = \frac{4}{10}$

10. a) Die Nullstelle einer Funktion ist der x-Wert x_0, in dem die Funktion die x-Achse schneidet.

$x_0 = 1{,}5$

b) Eine Funktion, die den gleichen Anstieg wie die Funktion f hat, ist parallel zur Funktion f.
Um den Graphen einer zu f parallelen Funktion einzuzeichnen, „verschiebt“ man den Graphen von f parallel mithilfe eines Lineals. Es gibt dabei (theoretisch) unendlich viele Möglichkeiten.

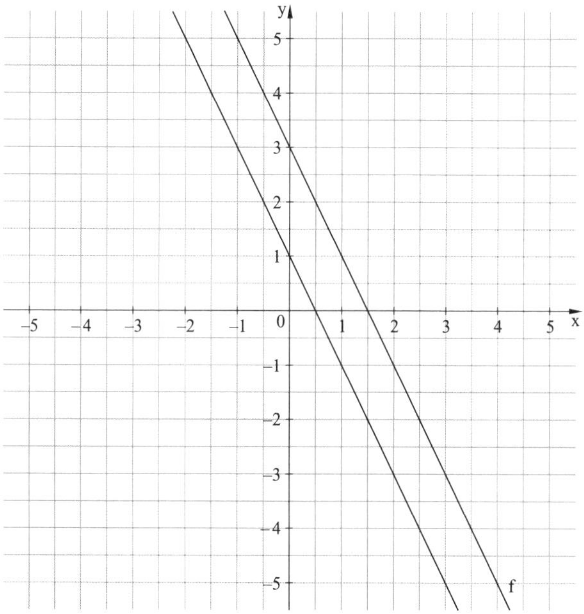

11. Bei einer indirekten Proportionalität ergibt das Produkt aus zusammengehörigen x und y immer eine konstante Zahl, in diesem Fall $12 \cdot 4 = 48$.
Also muss das Produkt aus dem fehlenden Wert und der Zahl 8 ebenfalls 48 ergeben.

$8x = 48 \quad |:8$

$x = 6$

x	12	6	3
y	4	8	16

Realschulabschluss Sachsen-Anhalt 2012
Prüfungsaufgaben Mathematik – Pflichtteil 2

1. a) Von einer Pyramide mit rechteckiger Grundfläche sind die Kantenlängen a und b der Grundfläche sowie ihre Körperhöhe h gegeben.

   $a = 6{,}0\text{ cm},\quad b = 5{,}0\text{ cm},\quad h = 6{,}5\text{ cm}$

   Zeichnen Sie ein Schrägbild dieser Pyramide.

   b) Berechnen Sie den Umfang der Grundfläche des im Bild dargestellten Kreiskegels.

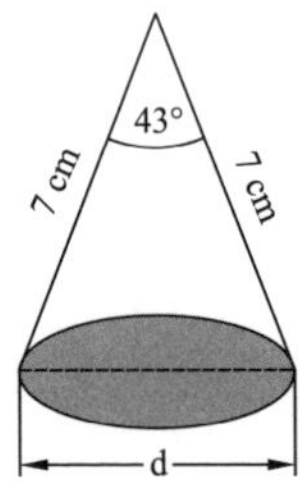

   c) In einem Ziehungsbehälter befinden sich weiße Kugeln (w) und schwarze Kugeln (s). Es werden nacheinander zwei Kugeln ohne Zurücklegen gezogen. Das folgende Baumdiagramm gibt zum Ziehungsvorgang einige Pfadwahrscheinlichkeiten an.

   Ermitteln Sie die Pfadwahrscheinlichkeiten x und y.

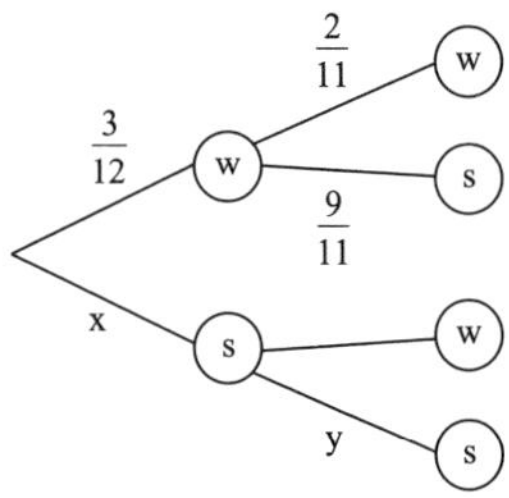

   d) Schreiben Sie als Term unter Verwendung der Variablen n ($n \in \mathbb{N}$):
   Differenz zweier aufeinanderfolgender gerader Zahlen.

Für Aufgabe 1 erreichbare BE: 9

2. Der Oberflächeninhalt des Planeten Erde beträgt rund 510 Millionen km^2.

   a) Die Weltmeere bedecken 71 % der Erdoberfläche. Die restliche Fläche wird als Landfläche bezeichnet.
   Stellen Sie beide Anteile in einem Kreisdiagramm dar.

   b) Deutschland nimmt eine Fläche von 357 020 km^2 ein.
   Berechnen Sie, wie oft die Fläche von Deutschland in der Landfläche der Erde enthalten ist.

   c) Die Erde kann man sich annähernd als eine Kugel vorstellen.
   Berechnen Sie den Radius dieser Kugel.

Für Aufgabe 2 erreichbare BE: 7

3. Gegeben ist eine Funktion f durch die Gleichung $y = f(x) = x^2 - 4x + 3$ mit $x \in \mathbb{R}$.

a) Zeichnen Sie den Graphen der Funktion f in ein Koordinatensystem mindestens im Intervall $-1 \leq x \leq 5$ (1 LE $\hat{=}$ 1 cm).

b) Zeigen Sie rechnerisch, dass $x = 1$ eine Nullstelle der Funktion f ist.

Berechnen Sie den y-Wert des Schnittpunktes des Graphen der Funktion f mit der y-Achse.

c) Der Koordinatenursprung, der Punkt A(1; 0) und der Punkt B(0; 3) bestimmen ein Dreieck.
Berechnen Sie die Länge der Strecke $\overline{AB}$ sowie den Innenwinkel dieses Dreiecks mit dem Scheitelpunkt A.

Für Aufgabe 3 erreichbare BE: 8

Lösungen

1. a) Es empfiehlt sich, eine gerade Pyramide zu wählen, damit man die Höhe der Pyramide über den Mittelpunkt der Grundfläche gut einzeichnen kann.

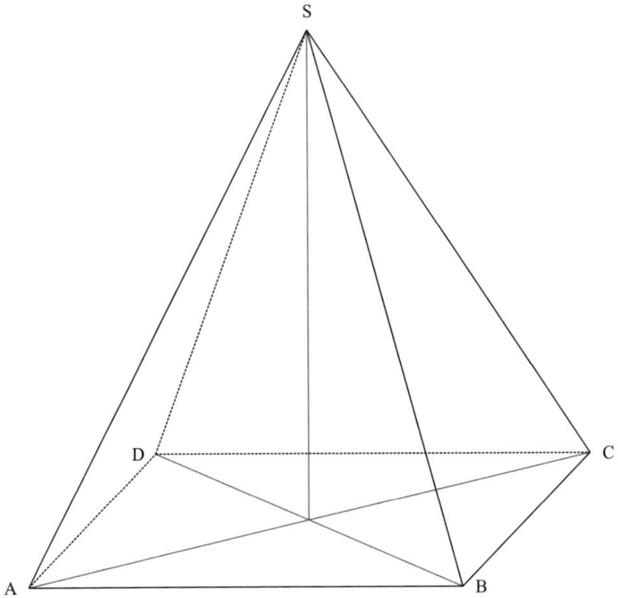

b) Den Durchmesser d kann man mithilfe des Kosinussatzes berechnen. Dieser lautet: $c^2 = a^2 + b^2 - 2ab \cdot \cos\gamma$

$d^2 = (7\text{ cm})^2 + (7\text{cm})^2 - 2 \cdot 7\text{ cm} \cdot 7\text{ cm} \cdot \cos 43°$

$d^2 \approx 26{,}3\text{ cm}^2 \qquad |\sqrt{\ }$

$d \approx 5{,}1\text{ cm}$

Berechnung des Umfangs:
$u = \pi \cdot d$
$u \approx \pi \cdot 5{,}1\text{ cm}$
$u \approx 16{,}0\text{ cm}$

Alternativ kann man statt des Durchmessers d auch den Radius r mithilfe des Sinus im rechtwinkligen Dreieck bestimmen.

$\sin 21{,}5° = \dfrac{r}{7\text{ cm}} \qquad |\cdot 7\text{ cm}$

$r = \sin 21{,}5° \cdot 7\text{ cm}$

$r \approx 2{,}6\text{ cm}$

Berechnung des Umfangs:
$u = 2 \cdot \pi \cdot r$
$u \approx 2 \cdot \pi \cdot 2{,}6\text{ cm}$
$u \approx 16{,}3\text{ cm}$

c) Die Summe der Wahrscheinlichkeiten an zwei vom selben Punkt ausgehenden Ästen muss immer eins ergeben.

$$\frac{3}{12} + x = 1$$

$$x = \frac{9}{12}$$

Damit: $y = \frac{8}{11}$

d) Der Term für eine gerade Zahl lautet 2n (das Doppelte jeder natürlichen Zahl ist eine gerade Zahl).
Der Term für die nachfolgende gerade Zahl ist demzufolge $2n + 2$.

$2n - (2n + 2)$

2. a) Weltmeere und Landfläche ergeben zusammen 100 % der Erdoberfläche.
Um die Winkelgröße zu erhalten, muss man den Prozentsatz mit 3,6° multiplizieren.
So erhält man z. B. für die Landfläche: $29 \cdot 3{,}6° = 104°$.

Kreisdiagramm

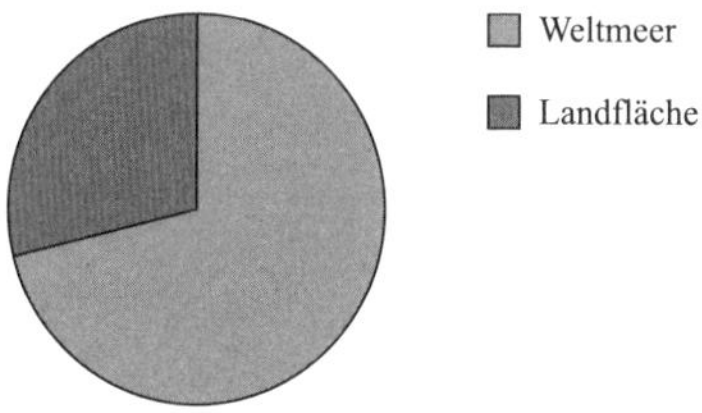

b) Die Berechnung der Landfläche kann z. B. mit dem Dreisatz erfolgen.

$100\ \% \mathrel{\hat{=}} 510\,000\,000\ km^2$

$1\ \% \mathrel{\hat{=}} 5\,100\,000\ km^2$

$29\ \% \mathrel{\hat{=}} 147\,900\,000\ km^2$

Der Quotient aus der Landfläche der Erde und der Fläche Deutschlands ergibt, wie oft Deutschland in der Landfläche der Erde enthalten ist.

$$\frac{147\,900\,000\ km^2}{357\,020\ km^2} \approx 414$$

Die Landfläche Deutschlands ist rund 414-mal in der Landfläche der Erde enthalten.

c) Der Erdradius muss aus der Formel für den Oberflächeninhalt berechnet werden.

$A_O = 4 \cdot \pi \cdot r^2 \quad |:4\ :\pi$

$r^2 = \frac{A_O}{4\pi} \quad |\sqrt{\ }$

$r = \sqrt{\frac{510\,000\,000\ km^2}{4\pi}}$

$r \approx 6\,371\ km$

Der Erdradius beträgt ungefähr 6 371 km.

3. a) Der Scheitelpunkt der quadratischen Funktion $y = x^2 - 4x + 3$ ist S(2; –1).

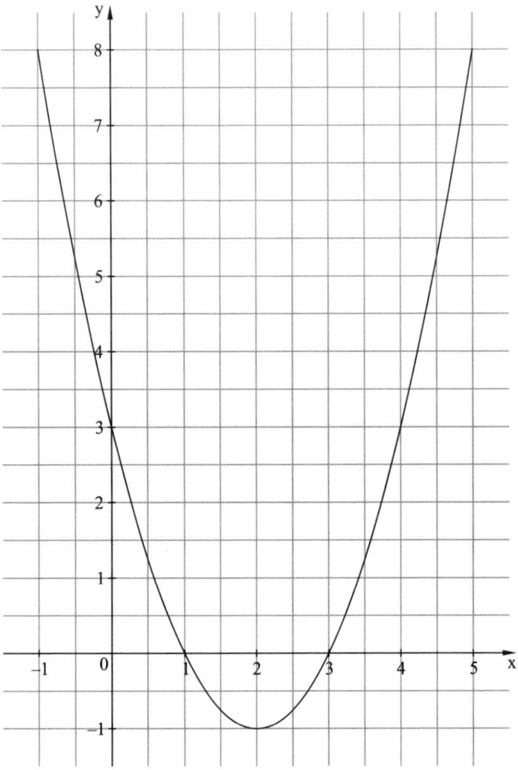

Beachten Sie das Intervall $-1 \le x \le 5$ und den Maßstab.

b) **Nachweis, dass x = 1 Nullstelle von f ist**

Wenn x = 1 eine Nullstelle von f ist, dann muss man y = 0 erhalten, wenn man x = 1 in die Funktionsgleichung von f einsetzt.

$y = 1^2 - 4 \cdot 1 + 3$
$y = 0$

Alternativ: Wenn x = 1 eine Nullstelle von f ist, dann muss die Zahl 1 eine Lösung der quadratischen Gleichung $x^2 - 4x + 3 = 0$ sein.

$x^2 - 4x + 3 = 0$

$$x_{1;2} = -\frac{p}{2} \pm \sqrt{\frac{p^2}{4} - q}$$

$$x_{1;2} = -\frac{-4}{2} \pm \sqrt{\frac{(-4)^2}{4} - 3}$$

$$x_{1;2} = 2 \pm \sqrt{1}$$

$$x_1 = 3;\ \ x_2 = 1$$

Berechnung des y-Wertes des Schnittpunktes des Graphen mit der y-Achse

Es gilt $x = 0$ für den Schnittpunkt mit der y-Achse.

$y = 0^2 - 4 \cdot 0 + 3$
$y = 3$

c) **Länge der Strecke $\overline{AB}$**

Die Berechnung der Länge der Strecke $\overline{AB}$ erfolgt mit dem Satz des Pythagoras, denn das Dreieck OAB ist rechtwinklig mit rechtem Winkel im Ursprung O. Beachten Sie dabei den Maßstab (1 Längeneinheit $\hat{=}$ 1 cm).

$$\overline{AB}^2 = \overline{OA}^2 + \overline{OB}^2$$

$$\overline{AB}^2 = (1\,\text{cm})^2 + (3\,\text{cm})^2$$

$$\overline{AB}^2 = 10\,\text{cm}^2 \qquad |\sqrt{}$$

$$\overline{AB} = \sqrt{10\,\text{cm}^2}$$

$$\overline{AB} \approx 3\,\text{cm}$$

Innenwinkel

Den Innenwinkel α mit dem Scheitelpunkt A kann man z. B. mit dem Tangens berechnen. Es gilt:

$$\tan\alpha = \frac{\text{Gegenkathete}}{\text{Ankathete}}$$

$$\tan\alpha = \frac{\overline{OB}}{\overline{OA}}$$

$$\tan\alpha = \frac{3\,\text{cm}}{1\,\text{cm}}$$

$$\tan\alpha = 3$$

$$\alpha \approx 71{,}6°$$

1. Die Tarife eines Stromanbieters setzen sich aus Grund- und Verbrauchspreisen zusammen. Das Diagramm stellt zwei verschiedene Tarife dar.

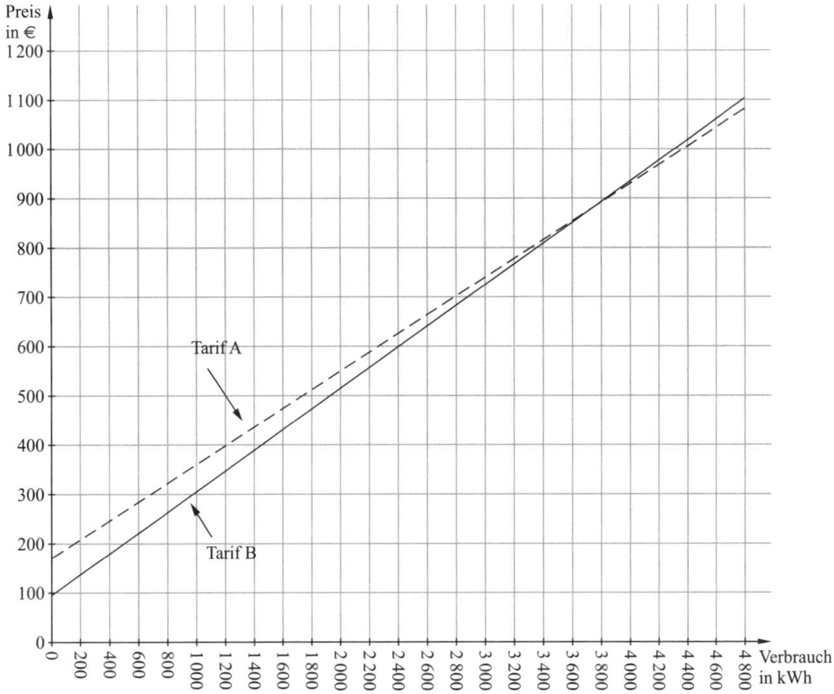

a) Von den zwei Tarifen sind die folgenden Gleichungen bekannt:

Gleichung I: $y = 0{,}19x + 170$ **Gleichung II:** $y = 0{,}21x + 95$

Geben Sie die tarifliche Bedeutung der Variablen x, des Zahlenwertes 0,19 und des Zahlenwertes 170 in der Gleichung I an.

Ordnen Sie die Gleichungen den entsprechenden Tarifen zu und begründen Sie die Zuordnung.

b) Berechnen Sie den Verbrauch, bei dem beide Tarife den gleichen Preis haben, und geben Sie diesen Preis an.

c) Erklären Sie, wie mithilfe dieses Diagramms ein Kunde den für sich günstigeren Tarif erkennen kann.

Für Aufgabe 1 erreichbare BE: 8

2. Die Daten der Niederschlagsmengen für die Sommermonate der letzten Jahre in Magdeburg sind mit einem Tabellenkalkulationsprogramm erfasst worden.

	A	B	C	D	E
1		Niederschlagsmengen in mm			
2	Jahr	Juni	Juli	August	
3	2006	38,6	28,0	56,3	
4	2007	130,7	82,1	86,7	
5	2008	42,1	81,8	45,0	
6	2009	51,6	60,5	20,7	
7					
8					
9	Mittelwert				

a) Geben Sie eine Formel an, mit der man in der Zelle B9 den Mittelwert der Niederschlagsmengen der Jahre 2006 bis 2009 im Monat Juni berechnen kann.

Hinweis: In der Formel sind Zellbezüge zu verwenden.

Beschreiben Sie an diesem Beispiel zwei Vorteile, die die Nutzung eines Tabellenkalkulationsprogramms bringt.

b) Die Niederschlagsmenge im Juni 2007 liegt um 113 % über dem Mittelwert der letzten Jahrzehnte für den Monat Juni.
Berechnen Sie diesen langjährigen Mittelwert für den Monat Juni.

c) In Wetterberichten werden die Niederschlagsmengen entweder in Liter pro m^2 oder in mm angegeben.

Weisen Sie nach, dass folgende Beziehung gilt.

$$1\,\frac{\ell}{m^2} = 1\text{ mm}$$

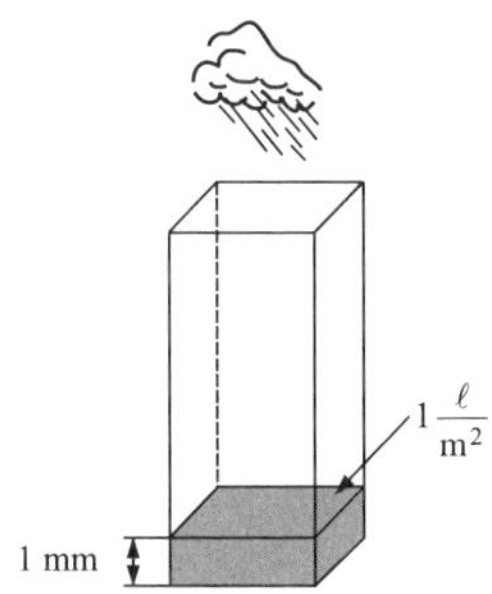

Für Aufgabe 2 erreichbare BE: 8

3. Fenster gibt es in vielfältiger Größe und Form. Die Abbildung zeigt eine quadratische Fensterform mit eingearbeitetem dreieckigen Buntglas. M_1 und M_2 sind die Mittelpunkte zweier Quadratseiten.

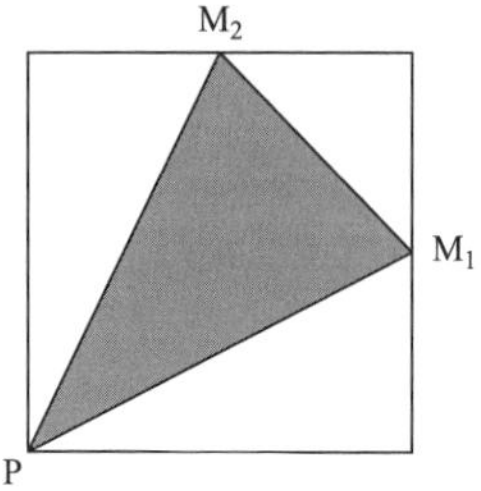

a) Ermitteln Sie mithilfe einer Konstruktion im Maßstab 1 : 10 den Umfang des dreieckigen Buntglases, wenn die Quadratseite 0,60 m lang ist.

   Berechnen Sie die Länge der Strecke $\overline{PM_1}$.

b) Die Quadratseite habe eine frei wählbare Seitenlänge a.
   Weisen Sie nach, dass für den Inhalt der dreieckigen Buntglasfläche PM_1M_2 folgende Formel gilt.

   $A = \frac{3}{8}a^2$

Für Aufgabe 3 erreichbare BE: 8

Lösungen

1. a) **Tarifliche Bedeutung**
Variable x: Verbrauch in Kilowattstunden (kWh)
Zahlenwert 0,19: Verbrauchspreis je kWh in Euro
Zahlenwert 170: Grundpreis in Euro

Zuordnung
Gleichung I – Tarif A, Gleichung II – Tarif B

Begründung:
Da der Tarif A eine Grundgebühr von 170 € hat, beginnt die Zuordnung auf der Preis-Achse bei 170.

Alternativ kann man auch wie folgt argumentieren.

Tarif B hat einen stärkeren Anstieg, demnach muss die zugehörige Gleichung den größeren Verbrauchspreis haben.

b) Diese Aufgabe kann man durch ein Gleichungssystem lösen.

$$\begin{aligned} &\text{I} \quad y = 0{,}19x + 170 \\ &\text{II} \quad y = 0{,}21x + 95 \end{aligned}$$

Lösen des Gleichungssystems durch Gleichsetzen.

Gleichsetzen von I und II:

$$\begin{aligned} 0{,}19x + 170 &= 0{,}21x + 95 \quad &&|-95 \\ 0{,}19x + 75 &= 0{,}21x &&|-0{,}19x \\ 75 &= 0{,}02x &&|:0{,}02 \\ \underline{x} &\underline{= 3\,750} \end{aligned}$$

Einsetzen von y = 3 750 in I:

$$y = 0{,}19 \cdot 3\,750 + 170$$
$$\underline{y = 882{,}50}$$

Bei einem Verbrauch von 3 750 kWh muss bei beiden Tarifen ein Preis in Höhe von 882,50 € bezahlt werden.

Alternativ kann man diese Aufgabe auch durch Probieren mithilfe einer Tabelle lösen.

c) Bis zu einem Verbrauch von 3 750 kWh ist Tarif B günstiger, weil für gleiche Leistung weniger bezahlt werden muss, ab einem Verbrauch von 3 750 kWh ist Tarif A günstiger.

2. a) **Formel Zelle B9**
=(B3+B4+B5+B6)/4 oder =SUMME(B3:B6)/4 oder =MITTELWERT(B3:B6)

Vorteile bei der Nutzung eines Tabellenkalkulationsprogramms

Hier sind drei mögliche von vielen denkbaren Antworten angegeben.

- Die Formel in der Zelle B9 kann in die Zellen C9 und D9 kopiert werden, weil das Programm die Zellbezüge automatisch anpasst.
- Nach dem Markieren von C9 und D9 können mit dem Befehl „rechts ausfüllen" auch die Mittelwerte von Juli und August berechnet werden.
- Die Werte in der Tabelle können automatisch in Diagrammen dargestellt werden.

b) Bei der Berechnung des Mittelwerts der letzten Jahrzehnte mit dem Dreisatz muss man auf die Formulierung „um 113 %“ achten.

$213\,\% \mathrel{\hat{=}} 130{,}7\text{ mm}$

$1\,\% \mathrel{\hat{=}} 0{,}614\text{ mm}$

$100\,\% \mathrel{\hat{=}} 61{,}4\text{ mm}$

Der langjährige Mittelwert liegt bei 61,4 mm.

c) $1\ \ell = 1\text{ dm}^3 = 0{,}001\text{ m}^3$

$$1\frac{\ell}{\text{m}^2} = 1\text{ mm}$$

$$\frac{0{,}001\text{ m}^3}{1\text{ m}^2} = 1\text{ mm} \quad \mid \text{Kürzen von m}^2$$

$$0{,}001\text{ m} = 1\text{ mm}$$

$$1\text{ mm} = 1\text{ mm} \quad \text{w. A.}$$

3. a) **Umfang**

Konstruktion im Maßstab 1 : 10 (siehe nebenstehende Abbildung)

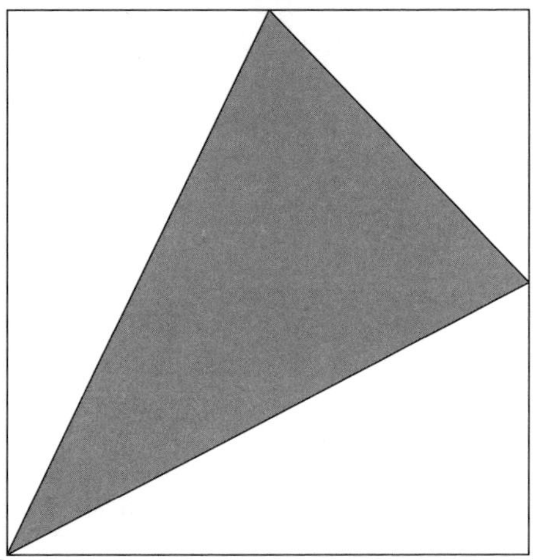

$\overline{PM_1} = \overline{PM_2} = 6{,}7\text{ cm} \mathrel{\hat{=}} 0{,}67\text{ m}$

$\overline{M_1M_2} = 4{,}2\text{ cm} \mathrel{\hat{=}} 0{,}42\text{ m}$

$u = 0{,}67\text{ m} + 0{,}67\text{ m} + 0{,}42\text{ m}$
$u = 1{,}76\text{ m}$

Länge der Strecke $\overline{PM_1}$

Anwendung des Satzes des Pythagoras.

$\overline{PM_1}^2 = (0{,}60\text{ m})^2 + (0{,}30\text{ m})^2$

$\overline{PM_1}^2 = 0{,}36\text{ m}^2 + 0{,}09\text{ m}^2$

$\overline{PM_1}^2 = 0{,}45\text{ m}^2 \quad \mid \sqrt{\ }$

$\overline{PM_1} \approx 0{,}67\text{ m}$

b) Der Inhalt der dreieckigen Buntglasfläche PM_1M_2 ergibt sich als die Differenz des Flächeninhaltes des Quadrates und der Flächeninhalte der drei weiteren (rechtwinkligen) Dreiecke.

Flächeninhalt des Quadrates: $A = a^2$

Flächeninhalt der zwei größeren Dreiecke: $A = 2 \cdot \frac{1}{2} \cdot a \cdot \frac{a}{2} = \frac{a^2}{2}$

Flächeninhalt des kleinen Dreiecks: $A = \frac{1}{2} \cdot \frac{a}{2} \cdot \frac{a}{2} = \frac{a^2}{8}$

Flächeninhalt der Buntglasfläche: $A = a^2 - \frac{a^2}{2} - \frac{a^2}{8} = \frac{8a^2}{8} - \frac{4a^2}{8} - \frac{a^2}{8} = \frac{3a^2}{8}$

Realschulabschluss Sachsen-Anhalt 2013
Prüfungsaufgaben Mathematik – Pflichtteil 1

1. Berechnen Sie.

   a) $0,75+\frac{1}{4}$

   b) $2,4:10$

   c) $5\text{ cm}\cdot 0,35\text{ cm}\cdot 2\text{ cm}$

   d) $2\text{ kg}+60\text{ g}$

2. Wie viel Prozent sind 6 kg von 24 kg?

3. Vom Dreieck ABC sind folgende Innenwinkel bekannt:
   $\alpha=24^\circ$ und $\beta=36^\circ$.

   Kreuzen Sie alle für dieses Dreieck zutreffenden Angaben an.
   Das Dreieck ABC ist …

   a) ☐ spitzwinklig. ☐ rechtwinklig. ☐ stumpfwinklig.

   b) ☐ unregelmäßig. ☐ gleichschenklig. ☐ gleichseitig.

4. Geben Sie eine Formel zur Berechnung des Oberflächeninhalts eines Würfels mit der Kantenlänge a an.

____

5. Die Darstellung zeigt den Graphen einer quadratischen Funktion mit der Gleichung $y = f(x) = (x + 2)^2$.

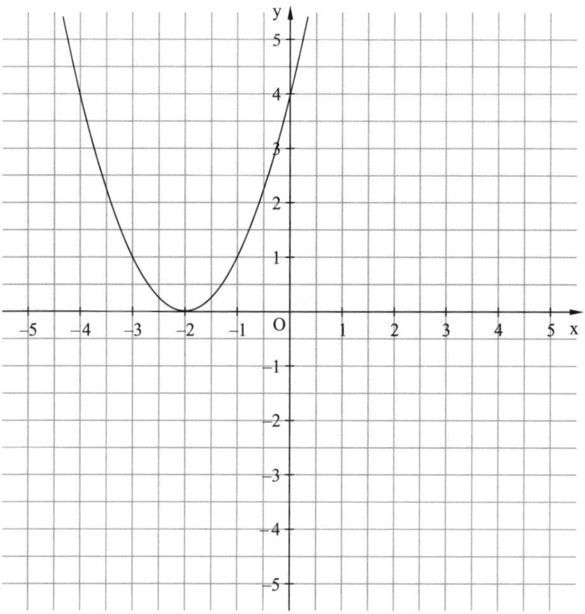

a) Spiegeln Sie den Graphen dieser Funktion an der y-Achse.

b) Geben Sie die Koordinaten des Scheitelpunktes des gespiegelten Graphen an.

S(___; ___)

6. In einer Urne befinden sich insgesamt 12 Kugeln. Es sind nur rote und blaue Kugeln in der Urne. Die Anzahl der blauen Kugeln ist dabei dreimal so groß wie die Anzahl der roten Kugeln.

a) Wie viele rote Kugeln sind in der Urne?

____

b) Geben Sie die Wahrscheinlichkeit an, dass beim einmaligen Ziehen eine rote Kugel gezogen wird.

____

7. Färben Sie eine Grundfläche des abgebildeten Prismas ein.

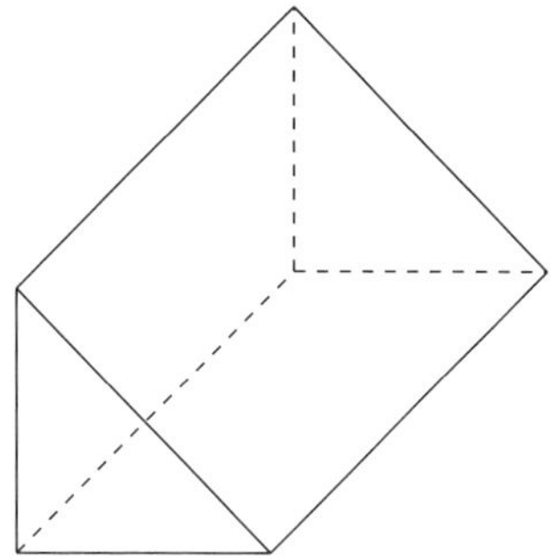

8. Stellen Sie die Formel $\rho = \frac{m}{V}$ nach m um.

9. Kreuzen Sie an, welche Beschreibung zum Term $2a - \frac{1}{2}b$ passt.

- ☐ Die Differenz aus der Hälfte von a und dem Doppelten von b.
- ☐ Die Differenz aus der Hälfte von b und dem Doppelten von a.
- ☐ Die Differenz aus dem Doppelten von a und der Hälfte von b.
- ☐ Die Differenz aus dem Doppelten von b und der Hälfte von a.

10. Mithilfe eines Tabellenkalkulationsprogramms soll eine Wertetabelle für die Funktion mit der Gleichung $y = 2x - 4$ erstellt werden.

	A	B	C	D	E	F	G	H	I	J	K	L	M
1		Wertetabelle											
2	x	–5	–4	–3	–2	–1	0	1	2	3	4	5	
3	y												
4													

Geben Sie eine Formel für Zelle B3 an.

Hinweis: Die Formel muss einen Zellbezug enthalten.

Für Pflichtteil 1 erreichbare BE: 8

Lösungen

1. a) $0,75 + \frac{1}{4} = 0,75 + 0,25 = 1$

   b) $2,4 : 10 = 0,24$

   c) Rechne vorteilhaft mithilfe des Kommutativ- und Assoziativgesetzes.
   $5\text{ cm} \cdot 0,35\text{ cm} \cdot 2\text{ cm} = (5\text{ cm} \cdot 2\text{ cm}) \cdot 0,35\text{ cm} = 10\text{ cm}^2 \cdot 0,35\text{ cm} = 3,5\text{ cm}^3$

   d) Wandle zunächst in eine gemeinsame Einheit um.
   Beachte 1 kg sind 1 000 g.
   $2\text{ kg} + 60\text{ g} = 2\,000\text{ g} + 60\text{ g} = 2\,060\text{ g} = 2,060\text{ kg}$

2. $\frac{6\text{ kg}}{24\text{ kg}} = \frac{1}{4}$
   6 kg von 24 kg entsprechen einem Viertel, also 25 %.

3. $\gamma = 180° - 24° - 36° = 120°$
   spitzwinkliges Dreieck: Alle Winkel sind kleiner als 90°.
   rechtwinkliges Dreieck: Ein Winkel beträgt 90°.
   stumpfwinkliges Dreieck: Ein Winkel ist stumpf, d. h. zwischen 90° und 180°.
   unregelmäßiges Dreieck: Alle Winkel sind unterschiedlich groß.
   gleichschenkliges Dreieck: Die Basiswinkel sind gleich groß.
   gleichseitiges Dreieck: Alle Winkel sind gleich groß und betragen 60°.

   a) ☐ spitzwinklig ☐ rechtwinklig ☒ stumpfwinklig

   b) ☒ unregelmäßig ☐ gleichschenklig ☐ gleichseitig

4. Den Würfel begrenzen 6 gleiche Quadrate mit einem Flächeninhalt von a^2.
   $A = 6 \cdot a^2$

5. a)

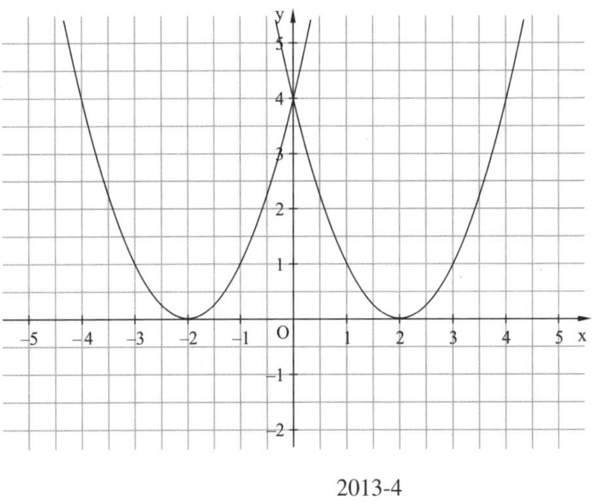

b) Der Scheitelpunkt lässt sich am gespiegelten Graphen ablesen.
S(2; 0)

6. a) Diese Aufgabe kann man durch Probieren lösen.
In der Urne sind 3 rote Kugeln.

b) Die Wahrscheinlichkeit, eine rote Kugel zu ziehen, wird berechnet, indem die Anzahl aller günstigen Versuche durch die Anzahl aller Kugeln dividiert wird.

$$p = \frac{3}{12}$$

7. Eines der Dreiecke ist die Grundfläche.

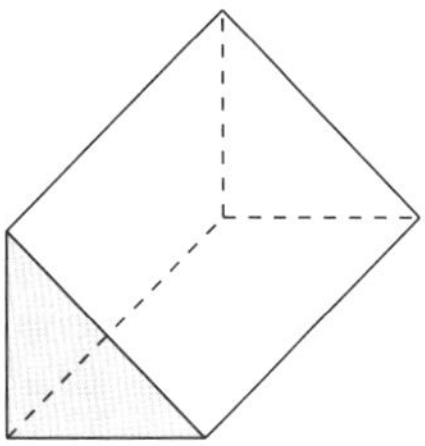

oder

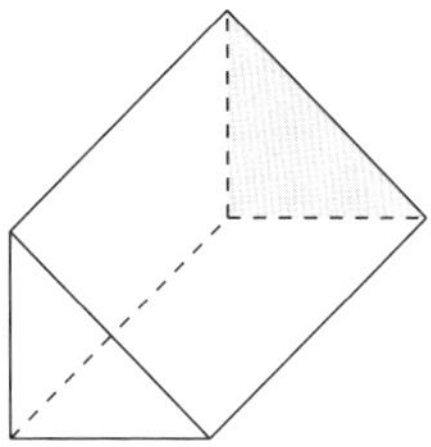

8. Man muss mit V multiplizieren, damit m allein auf einer Seite steht.

$$\rho = \frac{m}{V} \qquad |\cdot V$$

$$\rho \cdot V = m$$

$$m = \rho \cdot V$$

9. In Worten formuliert ist 2a das Doppelte von a und $\frac{1}{2}$b die Hälfte von b. Da die Differenz aus 2a und $\frac{1}{2}$b gebildet wird, passt zu dem Term nur die dritte Beschreibung.

☒ Die Differenz aus dem Doppelten von a und der Hälfte von b.

10. Eine Formel für die Zelle B3 lautet:
=2*B2−4

Realschulabschluss Sachsen-Anhalt 2013
Prüfungsaufgaben Mathematik – Pflichtteil 2

1. a) Lösen Sie die quadratische Gleichung ($x \in \mathbb{R}$).

   $x^2 - 15x - 7{,}75 = 0$

   b) Die nebenstehende Abbildung zeigt Angaben auf einer Lebensmittelverpackung.
   Berechnen Sie daraus die empfohlene Tagesmenge an Energie (in kcal).

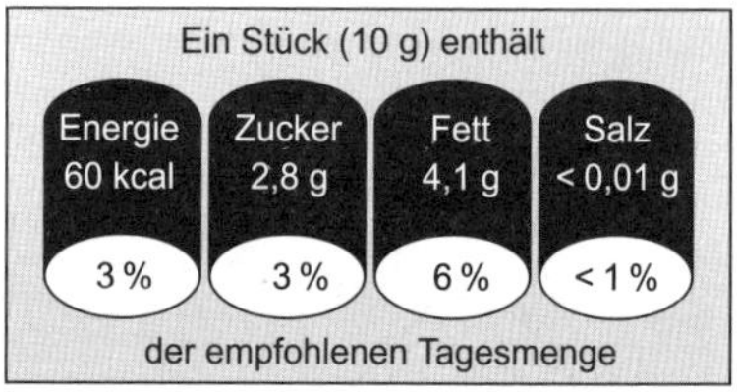

   c) Die Abbildung zeigt einen Körper im Schrägbild $\left(\text{Verkürzungsverhältnis } q = \frac{1}{2}\right)$.

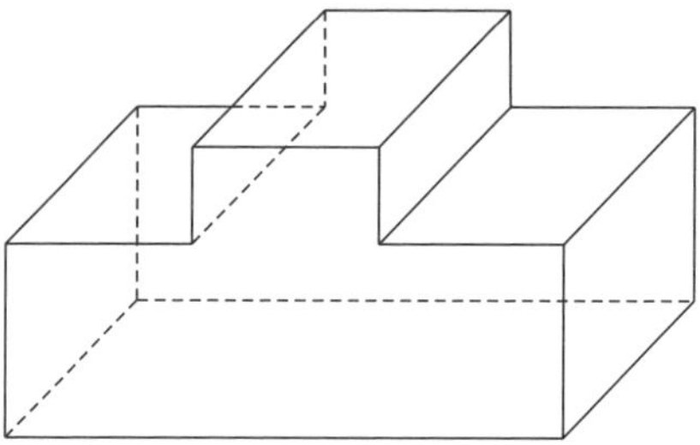

   Zeichnen Sie ein Zweitafelbild dieses Körpers.
   Hinweis: Erforderliche Größen sind dem Schrägbild zu entnehmen.

   d) Die Himmelsscheibe von Nebra ist annähernd kreisförmig und hat einen Durchmesser von 32 cm. Sie ist in der Mitte 4,5 mm und am Rand nur 1,8 mm dick.

   Helene möchte das Volumen der Himmelsscheibe näherungsweise berechnen.
   Geben Sie dafür einen Körper mit seinen Maßen an, der für die näherungsweise Berechnung des Volumens geeignet ist.

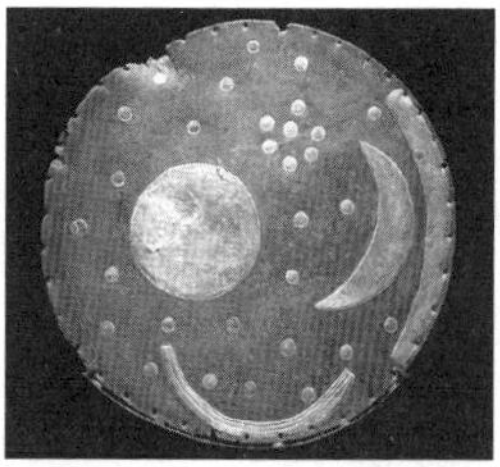

Foto: ullstein bild – Prisma/Pepper

Für Aufgabe 1 erreichbare BE: 10

2. Gegeben ist ein Rhombus ABCD mit $a = 4$ cm und $\alpha = 110°$.

   a) Konstruieren Sie den Rhombus ABCD und beschreiben Sie die Konstruktion.

   b) Berechnen Sie die Länge der Diagonalen $\overline{BD}$ des Rhombus ABCD.

   c) Begründen Sie, dass der Flächeninhalt des Rhombus ABCD mit dem Ansatz $A = 4\text{ cm} \cdot 4\text{ cm} \cdot \sin 110°$ berechnet werden kann.

Für Aufgabe 2 erreichbare BE: 8

3. Für eine Nahverkehrsverbindung wurde untersucht, wie häufig welche Arten von Fahrkarten verwendet werden. Die Ergebnisse sind in folgender Übersicht dargestellt.

Art der Fahrkarte	**Anzahl**
Einzelfahrschein	348
Tageskarte	208
Wochenkarte	250
Monatskarte	540
Sonstige (z. B. Jahreskarte)	94

   a) Stellen Sie die Daten in einem Diagramm dar.

   b) Berechnen Sie die relative Häufigkeit für das Vorhandensein einer Monatskarte.

   c) Auf einer Nahverkehrsverbindung werden insgesamt 425 000 Fahrgäste in einem Jahr befördert.
   Berechnen Sie, wie viele Fahrgäste durchschnittlich pro Tag befördert werden.
   Beurteilen Sie den Informationsgehalt dieses Durchschnittswertes.

Für Aufgabe 3 erreichbare BE: 6

Lösungen

1. a) Zum Lösen einer quadratischen Gleichung der Form $x^2 + px + q = 0$ nutzt man die Lösungsformel:

$$x_{1/2} = -\frac{p}{2} \pm \sqrt{\left(\frac{p}{2}\right)^2 - q}$$

Für $x^2 - 15x - 7{,}75 = 0$ ist $p = -15$ und $q = -7{,}75$.

$$x_{1/2} = -\frac{-15}{2} \pm \sqrt{\left(\frac{-15}{2}\right)^2 - (-7{,}75)}$$

$$x_{1/2} = 7{,}5 \pm \sqrt{64}$$

$$x_{1/2} = 7{,}5 \pm 8$$

$$x_1 = 15{,}5$$

$$x_2 = -0{,}5$$

b) Diese Aufgabe kann man z. B. mit dem Dreisatz berechnen.

$3\,\% \mathrel{\hat{=}} 60$ kcal

$1\,\% \mathrel{\hat{=}} 20$ kcal

$100\,\% \mathrel{\hat{=}} 2\,000$ kcal

Die empfohlene Tagesmenge an Energie beträgt 2 000 kcal.

c) Berücksichtige beim Zeichnen des Zweitafelbildes das Verkürzungsverhältnis $q = \frac{1}{2}$.

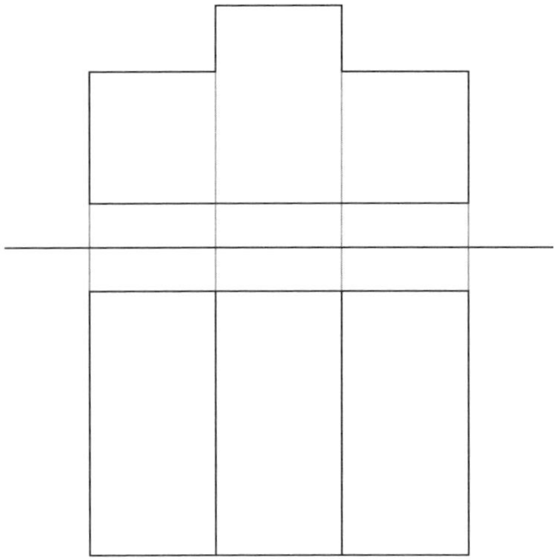

d) Um das Volumen der Himmelsscheibe näherungsweise zu berechnen, könnte man z. B. einen Zylinder mit einem Durchmesser von 32 cm und einer Höhe zwischen 1,8 mm und 4,5 mm nutzen.

2. a) Ein Rhombus ist ein Viereck mit vier gleich langen Seiten. Gegenüberliegende Seiten verlaufen parallel und gegenüberliegende Winkel sind gleich groß. Im Folgenden ist eine mögliche Konstruktion beschrieben und dargestellt.

Konstruktionsbeschreibung:

- Zeichnen der Seite mit der Länge $\overline{AB} = 4\ \text{cm}$
- Antragen des Winkels $\alpha = 110°$ im Punkt A
- Abtragen der Seite mit der Länge $\overline{AD} = 4\ \text{cm}$ auf dem zweiten Schenkel
- Schlagen von Kreisbögen um B und D mit dem Radius $r = 4\ \text{cm}$
- Verbinden des Schnittpunktes C der beiden Kreisbögen mit B und D

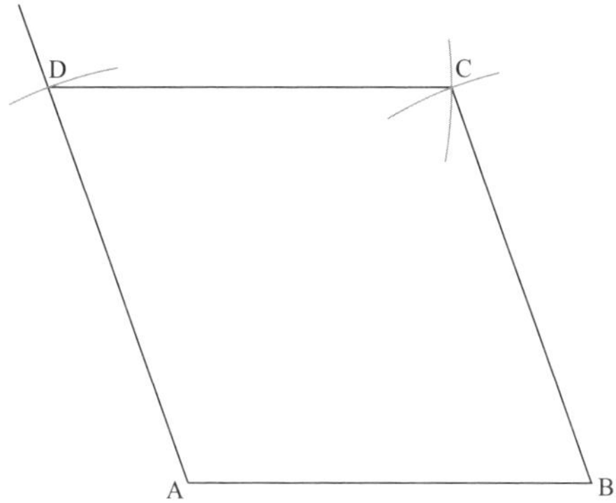

b) Im Dreieck ABD bildet die Diagonale $\overline{BD}$ des Rhombus die gegenüberliegende Seite zum Winkel α. Die Berechnung der Diagonale $\overline{BD}$ erfolgt mit dem Kosinussatz.

$c^2 = a^2 + b^2 - 2ab \cdot \cos\gamma$

$$\overline{BD}^2 = (4\ \text{cm})^2 + (4\ \text{cm})^2 - 2 \cdot 4\ \text{cm} \cdot 4\ \text{cm} \cdot \cos 110°$$

$$\overline{BD}^2 \approx 42{,}9\ \text{cm}^2$$

$$\overline{BD} \approx 6{,}6\ \text{cm}$$

c) Da die Diagonale $\overline{BD}$ den Rhombus in zwei kongruente Dreiecke teilt, ergibt sich der Flächeninhalt des Rhombus aus dem doppelten Flächeninhalt des Dreiecks.

Den Flächeninhalt des Dreiecks erhält man mit der Flächenformel für allgemeine Dreiecke.

$A = \frac{1}{2} \cdot a \cdot b \cdot \sin\gamma$

$$A = 2 \cdot \frac{1}{2} \cdot 4\ \text{cm} \cdot 4\ \text{cm} \cdot \sin 110°$$

$$A = 4\ \text{cm} \cdot 4\ \text{cm} \cdot \sin 110°$$

3. a) Die Darstellung der Daten kann in einem Säulen-Diagramm geschehen.

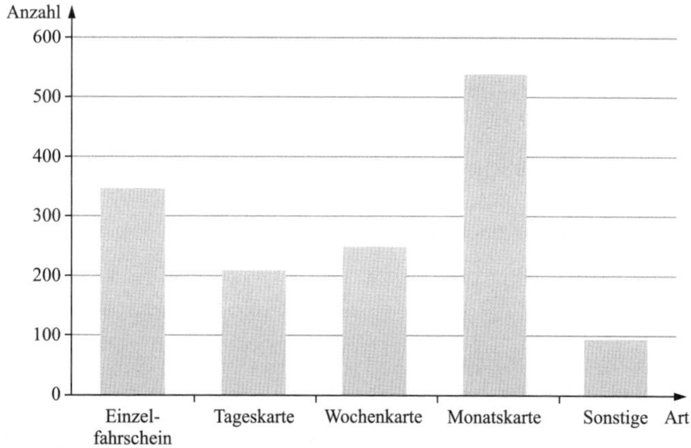

b) Wie viele Fahrkarten wurden insgesamt gekauft und wie oft wurde eine Monatskarte verwendet?

Insgesamt gekaufte Fahrkarten

$348 + 208 + 250 + 540 + 94 = 1\,440$

Relative Häufigkeit für das Vorhandensein einer Monatskarte

$$p = \frac{540 \cdot 100\ \%}{1\,440} = 37{,}5\ \%$$

c) Um den Durchschnitt der beförderten Fahrgäste pro Tag zu berechnen, ist die Jahresangabe auf den Tag umzurechnen.

$$\overline{x} = \frac{425\,000}{365} \approx 1164{,}4 \approx 1164 \text{ Fahrgäste}$$

Der Durchschnitt ist unabhängig von solchen Faktoren wie Jahreszeit, Wetter, Woche/ Wochenende gebildet worden und sollte damit nicht als Grundlage für andere Berechnungen genutzt werden.

1. Für Mietverträge können sogenannte Staffelmieten vereinbart werden. Dabei ist festgelegt, wie sich die Miete jährlich erhöht.
   Für eine 94 m^2 große Wohnung wurde eine Staffelmiete mit gleicher jährlicher prozentualer Steigerung vereinbart.
   Die Tabelle enthält die Monatsmieten der ersten fünf Jahre für diese Wohnung.

Monatsmiete	im 1. Jahr	im 2. Jahr	im 3. Jahr	im 4. Jahr	im 5. Jahr
	566,40 €	580,56 €	595,07 €	609,95 €	625,20 €

a) Die Monatsmieten in der Tabelle wurden mit der Gleichung $y = 566{,}40 \cdot 1{,}025^x$ berechnet.
Berechnen Sie mithilfe dieser Gleichung die Monatsmiete im 6. Jahr.
Ermitteln Sie die jährliche Steigerung der Monatsmiete.

b) Staffelmieten sollen die ortsübliche Vergleichsmiete nicht um mehr als 20 % übersteigen. Die Vergleichsmiete für diese Wohnung beträgt 6,90 € je Quadratmeter. Überprüfen Sie, ob die angegebene Staffelmiete auch nach 10 Jahren die zulässige Miethöhe nicht überschreitet, wobei angenommen wird, dass die angegebenen Bedingungen sich in diesem Zeitraum nicht ändern.

Für Aufgabe 1 erreichbare BE: 8

2. Die Abbildung zeigt den Leipziger Turm in Halle. Er ist der einzige Turm, der von der mittelalterlichen Stadtbefestigung erhalten geblieben ist.
   Der Leipziger Turm ist insgesamt 44,2 m hoch. Die Höhe des Dachaufbaus bis zur Turmspitze beträgt 17,4 m.
   Der Rundturm hat annähernd dic Form eines Hohlzylinders, dessen Außendurchmesser 8,50 m ist. Die Mauerdicke beträgt 2,70 m.
   Zur Bauzeit des Leipziger Turms standen als Transportmittel nur Pferdefuhrwerke zur Verfügung.

Foto: OmiTs, lizenziert unter cc-by-sa-3.0.
http://commons.wikimedia.org/wiki/File:Leipziger_Turm.jpg

Berechnen Sie die Anzahl der Fuhren, die erforderlich waren, um das Baumaterial für den Rundturm des Leipziger Turms heranzuschaffen.

Gehen Sie von folgenden Annahmen und Vereinfachungen aus:
- Das Baumaterial für den Rundturm hat etwa eine Dichte von $2\,\frac{\text{kg}}{\text{dm}^3}$.
- Ein Fuhrwerk konnte etwa 1,5 t transportieren.
- Der Rundturm wird annähernd als Hohlzylinder betrachtet, d. h., die Verkleinerung des Außendurchmessers und der Mauerdicke mit zunehmender Höhe sowie Fenster- und Türöffnungen werden nicht berücksichtigt.

Für Aufgabe 2 erreichbare BE: 8

3. In Bergwerken erfolgt die Beförderung von Personen in Förderkörben.

Von einem solchen Förderkorb ist bekannt, dass er sich mit einer annähernd konstanten Geschwindigkeit von 6 Metern pro Sekunde bewegt.
Dieser Förderkorb beginnt die sogenannte Seilfahrt im Förderturm auf einer Höhe von 18 m (über der Erdoberfläche), passiert den ersten Stollen 210 m unter Tage (unter der Erdoberfläche) und endet am zweiten Stollen 480 m unter Tage.

Die nebenstehende schematische Abbildung veranschaulicht den Grundaufbau einer solchen Förderanlage.

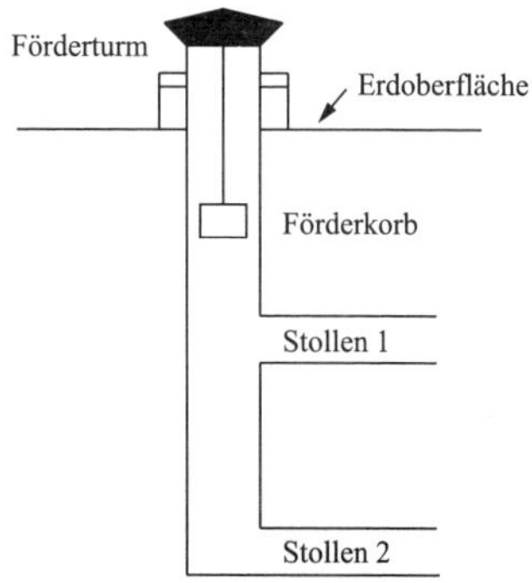

Im Folgenden wird die lineare Funktion f mit der Gleichung $h = f(t)$ betrachtet, wobei t die Zeit (in Sekunden) und h die Position des Förderkorbes (in Meter) bei einer Seilfahrt ohne Zwischenstopps in den Schacht angibt.

$h = f(0) = 18$ bedeutet: Nach 0 Sekunden befindet sich der Förderkorb 18 m über der Erde im Förderturm.

$h = f(t_1) = -210$ bedeutet: Nach t_1 Sekunden befindet sich der Förderkorb 210 m unter Tage.

a) Die gegebenen Informationen sind in einer Wertetabelle dargestellt.

Zeit t	0	t_1	t_2
Position h	18	−210	−480

Berechnen Sie t_2.

Stellen Sie die Funktion f in einem Koordinatensystem grafisch dar.

b) Ermitteln Sie die Nullstelle der Funktion f und beschreiben Sie, was diese Nullstelle bezogen auf den Sachverhalt angibt.

c) Geben Sie eine Gleichung der Funktion f an.

Für Aufgabe 3 erreichbare BE: 8

Lösungen

1. a) Da im ersten Jahr der Exponent $x=0$ ist, gilt im 6. Jahr $x=5$.

$y = 566{,}40\ € \cdot 1{,}025^5 \approx 640{,}83\ €$

Die Monatsmiete beträgt im 6. Jahr ungefähr 640,83 €.

Ermittlung der jährlichen prozentualen Steigerung

Die jährliche prozentuale Steigerung kann mithilfe der Monatsmieten in zwei aufeinanderfolgenden Jahren ermittelt werden. Hier wurden die Monatsmieten im 1. und 2. Jahr gewählt.

$$p = \frac{(580{,}56 - 566{,}40)\ € \cdot 100\ \%}{566{,}40\ €} = 2{,}5\ \%$$

Die jährliche prozentuale Steigerung beträgt 2,5 %.

Alternativ kann man die jährliche prozentuale Steigerung auch an der Basis der Potenz $1{,}025^x$ erkennen.

b) Berechnung der Vergleichsmiete

$$94\ m^2 \cdot 6{,}90\ \frac{€}{m^2} = 648{,}60\ €$$

Berechnung der Monatsmiete nach 10 Jahren

Nach 10 Jahren bedeutet, dass man sich im 11. Jahr befindet, weswegen als Exponent in der Gleichung für die Monatsmiete $x = 10$ gewählt wird.

$$566{,}40\ € \cdot 1{,}025^{10} \approx 725{,}04\ €$$

Vergleich der Mieten

$$p = \frac{725{,}04\ € \cdot 100\ \%}{648{,}60\ €} \approx 112\ \%$$

Die Monatsmiete nach 10 Jahren beträgt ca. 112 % der Vergleichsmiete und überschreitet damit nicht die erlaubte Steigerung von 20 %.

Alternativ können auch die Mietpreise pro Quadratmeter verglichen werden.

Berechnung des Quadratmeterpreises der Monatsmiete nach 10 Jahren

$$725{,}04\ € : 94\ m^2 \approx 7{,}71\ \frac{€}{m^2}$$

Vergleich der Quadratmeterpreise

$$p = \frac{7{,}71\ € \cdot 100\ \%}{6{,}90\ €} \approx 112\ \%$$

2. Berechnung der Höhe des Rundturmes

$h = 44{,}2\ m - 17{,}4\ m = 26{,}8\ m$

Berechnung des Außen- und Innenradius

$r_a = 8{,}50\ m : 2 = 4{,}25\ m$

$r_i = 4{,}25\ m - 2{,}70\ m = 1{,}55\ m$

Berechnung des Volumens des Hohlzylinders

$V = \pi \cdot (r_a^2 - r_i^2) \cdot h$

$V = \pi \cdot (4{,}25^2\ m^2 - 1{,}55^2\ m^2) \cdot 26{,}8\ m$

$V \approx 1\,318{,}5\ m^3$

Umrechnung in Kubikdezimeter ($1\ m^3 \mathrel{\hat{=}} 1\,000\ dm^3$)

$V = 1\,318\,500\ dm^3$

Berechnung der Masse

$m = V \cdot \rho$

$m = 1\,318\,500\ dm^3 \cdot 2\ \frac{kg}{dm^3}$

$m = 2\,637\,000\ kg$

Umrechnung in Tonnen ($1\ t \mathrel{\hat{=}} 1\,000\ kg$)

$m = 2\,637\ t$

Berechnung der Anzahl der Fuhren

$2\,637\ t : \left(1{,}5\ \frac{t}{Fuhre}\right) = 1\,758$ Fuhren

Rund 1 760 Fuhren waren notwendig, um das Baumaterial heranzuschaffen.

3. a) Wie viele Höhenmeter hat der Förderkorb zur Zeit t_2 zurückgelegt?
Die dafür benötigte Zeit ergibt sich als Quotient aus den zurückgelegten Höhenmetern und der Geschwindigkeit.

Berechnung der Zeit t_2

$t_2 = (480\ m + 18\ m) : 6\ \frac{m}{s}$

$t_2 = 83\ s$

Darstellung im Koordinatensystem

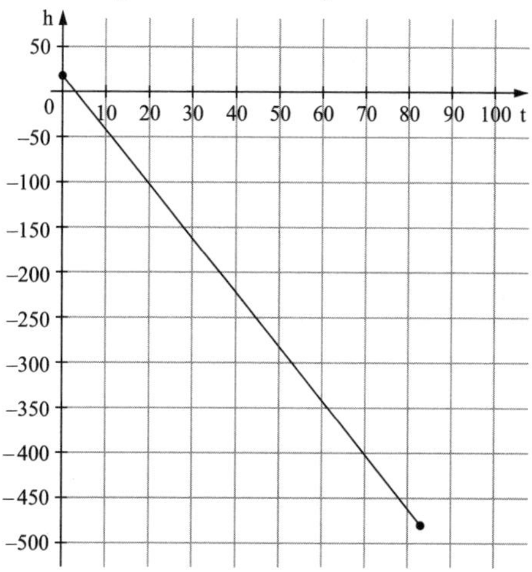

b) Die Nullstelle einer Funktion ist der x-Wert x_0, in dem die Funktion die x-Achse schneidet.

Die Nullstelle ist $x_0 = 3$.
Die Nullstelle beschreibt das Erreichen der Erdoberfläche.

c) Bei Funktionsgleichungen der Form $y = mx + n$ ist m der Anstieg und n der y-Wert, in dem die Funktion die y-Achse schneidet.
Da der Förderkorb auf einer Höhe von 18 m (über der Erdoberfläche) startet, gilt im vorliegenden Fall $n = 18$.
Der (in diesem Fall negative) Anstieg wird durch die Geschwindigkeit des Förderkorbes bestimmt, also $m = -6$.

Eine Gleichung der linearen Funktion f könnte $y = -6x + 18$ bzw. $h = -6t + 18$ lauten.

(Bitte blättern Sie um)